王军华 著

以学生成长为中心

高校"一站式"学生社区综合管理育人质效评价研究

立信会计出版社
LIXIN ACCOUNTING PUBLISHING HOUSE

图书在版编目（CIP）数据

以学生成长为中心：高校"一站式"学生社区综合管理育人质效评价研究 / 王军华著. -- 上海：立信会计出版社, 2025.6. -- ISBN 978-7-5429-7938-4

Ⅰ.G647.4

中国国家版本馆CIP数据核字第2025AJ3709号

责任编辑　　许　颖
美术编辑　　吴博闻

以学生成长为中心：高校"一站式"学生社区综合管理育人质效评价研究
YI XUESHENG CHENGZHANG WEI ZHONGXIN: GAOXIAO "YIZHANSHI" XUESHENG SHEQU ZONGHE GUANLI YUREN ZHIXIAO PINGJIA YANJIU

出版发行	立信会计出版社
地　　址	上海市中山西路2230号　邮政编码　200235
电　　话	（021）64411389　传　真　（021）64411325
网　　址	www.lixinaph.com　电子邮箱　lixinaph2019@126.com
网上书店	http://lixin.jd.com　http://lxkjcbs.tmall.com
经　　销	各地新华书店
印　　刷	上海颛辉印刷厂有限公司
开　　本	710毫米×1000毫米　1/16
印　　张	14.5
字　　数	275千字
版　　次	2025年6月第1版
印　　次	2025年6月第1次
书　　号	ISBN 978-7-5429-7938-4/G
定　　价	78.00元

如有印订差错，请与本社联系调换

序 言

在中国特色社会主义进入新时代的历史背景下,教育强国建设已成为支撑和引领中国式现代化的关键力量。高等教育作为培育创新人才的摇篮和促进科技进步的引擎,肩负着为社会主义现代化建设提供人才保障和智力支持的重要使命。在这一宏伟蓝图中,高校"一站式"学生社区综合管理模式的探索与实践,不仅是高等教育改革的重要内容,更是实现教育强国战略的必然要求。有鉴于此,专著《以学生成长为中心:高校"一站式"学生社区综合管理育人质效评价研究》应运而生,通过深入探索与系统总结,对高校学生社区综合管理模式进行了全面研究。

本书立足教育强国战略全局,以服务学生全面发展为核心目标,系统阐述了"一站式"学生社区综合管理模式的理论基础、实践路径和评价机制,为高等教育的改革与发展提供了宝贵的经验和启示。作者以深邃的学术洞察力和匠心独运的研究方法,致力于探索生活德育的创新路径,努力将培养时代新人的宏伟蓝图与完善立德树人机制紧密结合,精心勾勒出一幅反映教育现代化进程中,学生全面发展与个性化成长充分融合的育人画卷。本书对"一站式"学生社区综合管理模式进行了深入剖析,充满了对教育创新的深刻见解。作者不仅回答了"是什么""为什么",更提供了"如何做"的行动指南。在书中,我们看到了教育服务如何与学生的成长需求同向同行,教育工作者如何通过个性化的服务设计,满足学生多样化的发展目标。本书的创新之处还体现在多个方面:一是深化了"以学生成长为中心"的教育理念,强调在"一站式"学生社区综合管理模式中,应充分考虑学生的主体性,将学生的全面发展作为服务和管理的出发点和落脚点,充分彰显教育服务的发展性与个性化。二是书中提出的管理模式打破了传统的条块分割的困局,通过党建引领、管理协同、队伍进驻、服务下沉、文化浸润、自我治理六大功能耦合,构建了一个全方位、多层次、系统化的学生教育服务体系。三是开拓性地设计了高校"一站式"学生社区综合管理模式育人评价体系,构建了具体评价指标。这些指标涵盖了学生的成长发展、满意度、参与度等多个维度,可以帮助我们更加直观地把握"一站式"学生社区综合管理的育人成效,为高校学生社区服务管理和评价反馈提供了科学工具。此外，本书通过丰富的案例分析，展示了"一站式"学生社区综合管理模式在不同高校的具体应用和实践效果。这些案例不仅具有很高的理论价值，也具有很强的现实指导意义。面向未来，本书还详细探讨了如何利用现代信息技术，特别是数字化手段，来提升"一站式"学生社区的管理水平和服务质量，为高校学生社区管理提供了可借鉴的经验。

作为一部深入探讨高校"一站式"学生社区综合管理模式的专著，本书的出版无疑将对我国高等教育领域的发展产生积极而深远的影响。它不仅丰富了高等教育管理的理论体系，也为高校学生事务管理与服务的实践提供了新的思路和方法。

在此，我谨对本书的出版表示热烈的祝贺，并期待本书能够促使更多的教育工作者和学者对高校学生社区综合管理模式进行深入研究和探索，共同推动我国高等教育事业的繁荣发展，为实现教育强国的伟大目标贡献智慧和力量。

冯刚

2025 年 4 月 25 日

前言

在《教育强国建设规划纲要（2024—2035年）》的指引下，我国高等教育正加速迈向高质量发展的新征程。教育评价改革的深入推进，为高校育人模式的创新与优化提供了重要契机。高校育人模式正经历着从"管理本位"向"学生本位"的深层转型。在此背景下，高校"一站式"学生社区综合管理模式的探索与实践，成为推动教育强国战略落地生根的重要抓手。

高校"一站式"学生社区综合管理模式建设是深入贯彻落实习近平总书记关于教育的重要论述的生动实践，也是适应新时代高等教育发展需求、加强高校党的建设和思想政治工作的重要体制创新。"一站式"学生社区作为新时代中国特色大学治理体系的重要创新实践，既是落实"立德树人"这一根本任务的战略支点，也是推动"三全育人"系统改革的关键载体。如何在这一新型育人场域中突破传统质效评价的窠臼，构建科学、动态、可持续的效能评估体系，已成为当前高等教育理论研究与实践探索亟待回应的重大命题。

本书的写作缘于两个重要观察。其一，自2019年起，教育部推进"一站式"学生社区综合管理模式试点建设，各高校在物理空间整合与服务功能融合方面已取得显著成效，相关理论研究成果丰硕。然而，在社区运行质效的评价上，仍普遍依赖传统行政考核指标，难以全面反映以学生成长为中心的发展实效。其二，近年来，社会网络分析（social network analysis，SNA）在组织管理、知识传播等领域展现出独特价值，但在教育治理评价中的应用仍停留在静态结构的描绘上，缺乏与育人规律深度融合的指标体系与方法论创新。

本书立足"党建引领、管理协同、队伍进驻、服务下沉、文化浸润、自我治理"六大核心维度，创新性地将社会网络分析与教育评价理论深度融合，构建了"节点—关系—功能"三维互动研究框架，旨在为新时代高校学生社区治理提供兼具理论深度与实践温度的解决方案。本书以UCINET软件为分析工具，通过程度中心性、中介中心性、接近中心性三维指标，系统解析社区治理中主体互动的深层逻辑：程度中心性量化评估学生在学习小组、社团活动中的直接参与度，揭示自我治理维度下学生成长成才主动性的激发路径；中介中心性聚焦教师、学生骨干等关键节点在资源流通中的枢纽作用，为管理协同与队伍进驻中育人资源的优化配置提供依据;接近中心性则通过测量信息传播效率,精准定位服务下沉中的覆盖盲区与文化浸润中的传播节点,推动服务满意度与文化内生力的提升。实证研究发现,学生节点在网络中展现出显著的中心性优势,印证了自我治理中学生主体性的核心地位。同时,教学渠道与服务渠道的"双通道效应"揭示,强化党建引领下教师队伍与学生骨干的协同联动,是提升社区整体效能的关键机制。这一结论将价值引领的宏观要求转化为可量化的治理路径,为党组织统筹育人资源、增强引领效度提供了实证支撑。

本书突破了传统教育评价的质性局限,构建了动态监测框架,将中心性指标转化为"互动活跃度—资源分配—信息效率"三个可视化评价维度,使党建引领度可追踪、可评估。本书在治理效率评估模式上有所创新,通过中介中心性分析定位资源分配枢纽,既回应了管理协同对跨部门协作的需求,也为队伍进驻中教师角色的精准赋能提供了理论依据。此外,本书遵循了服务下沉的实践逻辑,基于接近中心性构建了"中心节点帮扶边缘节点"的资源共享机制,让"服务满意度"与"文化内生力"的提升有了具体的作用载体。

上述创新不仅彼此关联、层层递进,共同构成了本书所提出的"一站式"学生社区质效评估体系的理论基石,也为高校治理现代化提供了可操作、可复制、可推广的研究范式。需要说明的是,尽管本书在模型构建和技术路径上进行了系统探索,但由于动态网络的时变性与多因变量之间的复杂关系,时序分析与因果推断能力仍有进一步提升的空间。未来,随着数字孪生等前沿技术在教育领域的逐步渗透,虚实融合背景下的学生社区治理规律将成为更值得深入研究的新方向。

教育变革永无止境,"一站式"学生社区的改革与探索正处于起步阶段。本书仅作初步探讨,意在抛砖引玉,能激发更多学者对高校育人模式变革与教育治理现代化进行深层思考。谨以此书献给所有致力于中国高等教育创新与发展的实践者,愿我们共同见证这场"以学生成长为中心"的制度变革如何持续塑造更加包容、高效与智慧的大学治理图景。

目　录

- **第一章　党建引领：彰显学生成长成才引领度** ················ 1
  - 第一节　党建引领与服务学生成长成才的内在逻辑 ········· 3
  - 第二节　党建引领与服务学生成长成才的实践探索 ········ 12
  - 第三节　党建引领与服务学生成长成才的质效评价 ········ 27

- **第二章　管理协同：提升学生成长成才保障度** ················ 39
  - 第一节　管理协同与服务学生成长成才的内在逻辑 ········ 41
  - 第二节　管理协同与服务学生成长成才的实践探索 ········ 50
  - 第三节　管理协同与服务学生成长成才的质效评价 ········ 58

- **第三章　队伍进驻：增强学生成长成才支持度** ················ 69
  - 第一节　队伍进驻与服务学生成长成才的内在逻辑 ········ 72
  - 第二节　队伍进驻与服务学生成长成才的实践探索 ········ 83
  - 第三节　队伍进驻与服务学生成长成才的质效评价 ········ 94

- **第四章　服务下沉：提高学生成长成才满意度** ··············· 105
  - 第一节　服务下沉与服务学生成长成才的内在逻辑 ······· 107

第二节　服务下沉与服务学生成长成才的实践探索 ……… 115

第三节　服务下沉与服务学生成长成才的质效评价 ……… 124

第五章　文化浸润：滋养学生成长成才内生力 ……………139

第一节　文化浸润与服务学生成长成才的内在逻辑 ……… 141

第二节　文化浸润与服务学生成长成才的实践探索 ……… 150

第三节　文化浸润与服务学生成长成才的质效评价 ……… 163

第六章　自我治理：激发学生成长成才主动性 ……………175

第一节　自我治理与服务学生成长成才的内在逻辑 ……… 177

第二节　自我治理与服务学生成长成才的实践探索 ……… 189

第三节　自我治理与服务学生成长成才的质效评价 ……… 198

第七章　质效评价体系运行模式探究及未来研究展望 ………209

第一章

党建引领:
彰显学生成长成才引领度

以学生成长为中心：
高校"一站式"学生社区综合管理
育人质效评价研究

第一章　党建引领：彰显学生成长成才引领度

> 在新时代高等教育改革的进程中，"一站式"学生社区建设已成为落实立德树人根本任务的重要抓手，而党建引领则是推进"三全育人"综合改革的内在要求与理论基础。本章基于党建引领的理论视角，系统阐述党建工作与学生成长成才服务之间的内在逻辑关系，深入剖析其对学生成长的多维引领功能。
>
> 通过深入总结高校党建引领的创新实践与典型经验，本章旨在提炼出具有推广价值的实践模式。同时，科学构建党建引领效果的评价体系，为持续提升党建引领质量提供方法论支撑与实践路径，进而形成党建引领育人的"理论—实践—评价"的完整链条，为新时代高校党建与学生工作的深度融合提供理论借鉴与实践参考。

第一节　党建引领与服务学生成长成才的内在逻辑

党的二十大报告明确指出，"教育、科技、人才是全面建设社会主义现代化国家的基础性、战略性支撑"。①在世界百年未有之大变局与中华民族伟大复兴战略全局的历史交汇点上，高等教育作为科技创新的策源地和人才培养的主阵地，正面临着思想文化多元激荡、意识形态较量深刻复杂的新挑战。这一背景对高校思想政治工作提出了更高要求，亟须探索具有时代特色的育人新模式。

2022年12月，教育部等八部门联合印发《关于推动高校"一站式"学生社区建设的指导意见》（以下简称《意见》），首次从顶层设计上对学生社区党建工作进行系统部署。《意见》要求党建工作深度融入社区建设全过程，为解决思想政治工作与学生生活脱节的难题提供新路径。它从设计到实践全面覆盖，使党建引领思路更加清晰，为高校育人模式的创新指明方向。

大学生正面临着前所未有的成长挑战与发展机遇。高校思想政治工作需深入了解学生需求，积极回应关切，探索具有时代特色的育人模式。作为新时代加强和改进思想政治工作的重要抓手，党建引领的内涵和实践路径需进一步明确。

一、党建引领的内涵与要求

党建引领的内涵是多维度的，涵盖了理论溯源、功能结构、组织系统构建以及工

---

① 习近平. 高举中国特色社会主义伟大旗帜　为全面建设社会主义现代化国家而团结奋斗：在中国共产党第二十次全国代表大会上的报告[N]. 人民日报，2022-10-26(1).

作机制创新等多个方面。从理论溯源来看,党建引领根植于马克思主义政党建设理论、中国特色社会主义教育理论以及习近平新时代中国特色社会主义思想。马克思主义政党建设理论强调党的政治属性和先进性,赋予党建以引领和教育功能;中国特色社会主义教育理论突出党对教育事业的全面领导,确立了"立德树人"的根本任务;习近平总书记关于"培养什么人、怎样培养人、为谁培养人"的重要论述,为党建引领提供了明确的方向和准则。在功能结构方面,党建引领具有理想信念教育的引领性、政治素养提升的系统性和责任担当培育的实践性三个主要特征。理想信念教育通过理论武装和价值引导,帮助学生树立正确的世界观、人生观、价值观,筑牢理想信念根基;政治素养提升通过创新组织设置和教育方式,提高学生的政治判断力、政治领悟力、政治执行力,帮助学生增强"四个意识"、坚定"四个自信"、做到"两个维护";责任担当培育依托多样化的实践平台,激发学生的责任意识与创新精神,培养担当民族复兴大任的时代新人。从组织系统构建上来看,党建引领形成了"纵向贯通、横向协同"的系统化结构。在纵向上,建立起学校党委、二级单位党组织、基层党支部三级联动机制,明确学校党委的统一领导、二级单位党组织的具体落实以及基层党支部的深入推进,确保党建工作从上至下的有效传导;在横向上,职能部门的联席会议统筹教学、管理和服务资源,确保党建工作的全面覆盖。同时,基层党组织创新设置,在楼宇和楼层形成网格化布局,将党建覆盖到学生的生活空间,实现育人空间的全覆盖,确保党的关怀融入学生的日常生活。在工作机制层面,党建引领强化精准服务和智慧管理,构建学生党员网格化管理体系,将责任区、先锋岗、工作坊融入学生日常生活空间,实现党建工作的精细化管理;建立"线上+线下"双向互动机制,创新组织生活方式,便于学生参与政治学习和志愿服务;运用大数据技术建立学生画像系统,精准把握学生的个性化需求,为其成长发展提供针对性的指导和服务。这些创新举措有效提升了党建工作的科学化水平和育人实效。

新时代高校党建工作面临新形势和新任务,党建引领的基本要求主要体现在四个方面:一是政治性,始终把政治建设摆在首位,确保党对高校工作的全面领导,落实党委的主体责任,实现党建与立德树人的深度融合,健全党委统一领导、党政齐抓共管的工作机制。二是创新性,适应新时代的发展需求,创新工作理念和方法,借助现代技术提升工作效率,建设"智慧党建"平台,推进党建工作的信息化和精准化。三是系统性,强化统筹协调,整合资源,推进校院协同与部门联动,构建全员全过程全方位的育人体系,形成一体化的育人格局。四是实效性,坚持问题导向,精准把握学生需求，创新服务供给，完善评价机制，不断提高育人实效。党建引领是新时代高校思想政治工作的关键抓手，体现了"因事而化、因时而进、因势而新"的规律，并在"一站式"学生社区建设中实现了党建与育人工作的深度融合。准确把握党建引领的核心内涵，全面落实其基本要求，才能充分发挥其在高校育人体系中的引领作用，为培养德智体美劳全面发展的社会主义建设者和接班人奠定坚实基础。

二、党建引领是"一站式"学生社区培育学生成长成才的内在动力

习近平总书记在 2016 年全国高校思想政治工作会议上指出："思想政治工作从根本上说是做人的工作，必须围绕学生、关照学生、服务学生，不断提高学生思想水平、政治觉悟、道德品质、文化素养，让学生成为德才兼备、全面发展的人才。"[①]这一重要论述深刻揭示了党建引领思想政治工作的根本属性，即通过理想信念教育、政治素养提升和责任担当培育，激发学生成长成才的内在动力。

（一）党建引领通过理想信念教育凝聚学生成长的精神动力

理想信念教育既是党建工作的核心，也是"一站式"学生社区建设的关键。在多元文化交融的今天，大学生面临着复杂的价值选择。党建引领通过系统化的价值引导机制，有效凝聚和强化学生成长的精神动力。

"一站式"学生社区党组织创新理论教育方式，将马克思主义中国化的最新成果转化为青年群体易于接受的思想资源。一方面，通过建立分层分类的理论学习框架，根据不同年级和专业学生的特点定制教育内容，增强理论教育的针对性；另一方面，借助"线上+线下"融合的学习平台，运用新媒体技术增强理论传播的有效性。此外，通过完善学习、实践、反思的闭环机制，引导学生在知行合一中深化理论认知，实现理想信念的内化。

"一站式"学生社区党组织依托大数据平台构建精准的价值引导体系。该体系通过学生画像分析，系统掌握价值取向的动态变化；基于行为数据挖掘，科学识别价值认同的关键节点；利用智能推送技术，实现价值教育的精准推送。这一数据驱动的价值引导模式突破了传统教育的局限，实现了教育供给与学生需求的有效匹配，显著增强了价值引导的动力效应；同时，通过建立价值引导效果评估机制，及时优化工作策略，

---

① 习近平. 在全国高校思想政治工作会议上的讲话[N]. 人民日报, 2016-12-09(1).

确保价值引导的实际成效。

"一站式"学生社区党组织将价值引导与社会实践紧密结合,通过设计主题性实践项目,引导学生在服务社会中感悟真理;通过组织研讨交流活动,促进学生在对话互鉴中凝聚共识;通过开展志愿服务行动,帮助学生在奉献中升华价值追求,形成"三位一体"的实践育人体系。实践证明,这种以实践为导向的价值引导方式,能有效增强理想信念教育的说服力和感染力,使学生的理想信念更加坚定,价值追求更加明确,成长动力更加强劲。

(二)党建引领通过政治素养提升增强学生成长的组织动力

在"一站式"学生社区建设中,党建引领通过提升学生政治素养、强化组织认同,为学生的成长注入了强大的组织动力。这种动力主要体现在组织创新、深化政治教育和组织认同培育三个方面,为学生成长提供了有力的组织保障和持续动力。

"一站式"学生社区充分发挥党建工作的组织优势,通过创新组织设置激发学生成长动力。一方面,打破传统年级、专业和师生界限,形成灵活多样的党支部设置模式;另一方面,推动支部结对共建,构建全方位的政治教育网络。这种组织创新不仅扩大了党的组织覆盖面,更增强了党组织的凝聚力和影响力,为学生成长提供了坚实的组织支撑。

党建引领构建了系统化的政治教育体系。在学生社区的各个楼宇、楼层设立党团组织,将政治教育融入学生日常生活,使教育过程更加常态化、生活化。同时,依托大数据平台的智能推荐功能,为学生提供个性化的政治理论学习内容,增强教育的针对性和实效性;建立网格化管理体系和党员联系服务机制,确保政治教育落地生根。这些措施有效提升了学生的政治理论素养和政治判断能力,增强了学生成长的内生动力。

"一站式"学生社区党组织通过创新实践载体,深化了组织认同。具体创新举措包括:一是通过设立党员责任区、先锋岗、工作坊等载体,创造性地开展组织生活,增强了组织活力。二是借助智慧化管理平台,实现组织生活的科学化和规范化。三是运用大数据技术分析评价组织生活的实际效果,不断优化工作方式,使组织认同转化为学生成长的持续动力。这些创新举措显著提升了学生的组织归属感和认同感,进一步强化了党建引领的组织动力。

通过这些措施,党建引领在"一站式"学生社区中不仅提升了学生的思想政治素养,还通过组织创新和丰富实践载体,为学生成长提供了强大的组织动力,推动学生在思想政治素质和实践能力上全面发展。

（三）党建引领通过实践育人激发学生成长的创新动力

通过构建系统化的实践育人体系，党建引领有效激发了学生的责任担当意识，提升了其创新实践能力，成为推动学生成长的核心动力源。在"一站式"学生社区建设中，以党委统一领导为核心，以职能部门协同为支撑，形成了实践育人、能力培养与智慧支持"三位一体"的动力生成机制，构建了完整的育人闭环系统。

在实践育人体系的构建中，党建引领形成了一套系统化、逻辑严密的设计方案。在组织领导层面，通过强化统筹协调职能，整合学生社区的各类教育资源，突破传统育人资源分散的局限。在工作机制层面，创新性地应用网格化管理模式，建立健全学生党员联系服务机制，构建"点线面"相结合的服务网络，推动优秀经验与实践范式在全校范围内的推广。在过程管理层面，依托大数据平台对学生实践活动进行全程记录与科学评价，引导学生在实践体验中增强责任意识、提升创新能力。这种系统化的实践育人设计方案，为激发学生成长内生动力提供了科学而坚实的制度保障。

党建引领还构建了"三位一体"的多层次推动体系。从价值引领层面看，党组织的示范带动作用能够培养学生的责任意识与担当精神，激发学生成长的内生动力。从能力培养层面看，多样化的实践项目能够提升学生的创新能力与实践能力，增强学生发展的驱动力。从评价激励层面看，建立科学的评价体系能够精准评价学生实践成效，强化学生的实践动力与创新意识，形成持续而稳定的动力机制。研究表明，这种多层次、立体化的推动体系能够有效培养学生的责任担当意识和创新实践能力，形成育人效果的正向反馈循环。

在智慧支撑方面，党建引领充分运用大数据技术赋能实践育人。高校通过建设大数据集成平台，实现对学生实践活动的全程记录与科学评价，为精准育人提供数据支撑；运用数据分析的趋势预警功能，及时发现并解决实践过程中存在的问题与潜在风险；利用智能推荐系统，为学生提供个性化的实践机会与成长路径，促进学生的全面发展。智慧化支撑机制显著提高了实践育人的效率与精度，增强了育人工作的科学性与针对性，为学生成长发展提供精准服务。

通过将组织领导、协同机制与工作创新有机结合，党建引领在"一站式"学生社区建设中构建了系统化的动力生成机制，实现了多维度的动力整合，在学生成长成才过程中发挥了核心驱动作用。特别是在实践育人、能力培养和智慧支撑三个维度的有机统一与系统运行中，它为培养德智体美劳全面发展的社会主义建设者和接班人提供了持久而有力的动力支撑。

三、党建引领是"一站式"学生社区服务学生成长成才的关键路径

在新时代背景下，党建引领要从理论指导向实践探索转变。《关于加快构建高校思想政治工作体系的意见》明确提出，要创新工作载体，完善工作机制，提升工作实效。在"一站式"学生社区建设中，党建引领通过强化组织建设、发挥党员示范作用以及落实组织关怀，构建起全方位的育人体系，既符合党建的政治性要求，又能满足学生成长的实际需求。

（一）以组织建设提升思想政治教育实效

组织建设是思想政治教育的重要载体和根本保障。《中共中央关于加强和改进党的基层组织建设的意见》明确指出，应将党的政治建设放在首位，推动基层党组织成为宣传党的主张、贯彻党的决定、领导基层治理、动员群众、推动改革发展的坚强战斗堡垒。在"一站式"学生社区建设中，党建引领先体现在组织建设的系统性上，要确保多方力量和资源整合协同。

学生工作部门作为牵头部门，通过建立健全协调机制，发挥统筹协调的关键作用，推动形成党委统一领导、相关单位各司其职、全员参与的工作格局。社区党组织突破年级、专业和师生界限，灵活设置党支部，覆盖楼宇楼层；通过支部结对共建，推动组织联动，建立网格化管理体系，健全线上线下责任区、先锋岗、工作坊等机制。这种组织设置模式立足育人需求的深度变革，将党的组织优势真正转化为育人优势。

信息化建设为组织建设注入了新动能。智慧党建平台能够实现组织工作的数字化转型；大数据集成平台能够深度挖掘学生学习生活、成长发展纪实数据，实现一键画像、过程记录、趋势预警、智能推荐、科学评价等功能，最终实现精准育人、科学育人。在育人生态构建方面，组织建设的成效逐步显现。成熟的学生社区育人模式从覆盖部分学生拓展至各年级各学段的学生，形成覆盖全校学生的育人生态，显著提升了思想政治教育的实效。

（二）以党员带动促进学生学业进步

党员带动是促进学生学业进步的关键路径。在"一站式"学生社区建设中，高校

通过健全工作机制、实施党员导师制，深化育人工作，推动学生学业发展。优秀教师党员担任学业导师，开展常态化指导和成长辅导，深入了解学生需求，精准对接学业问题，充分发挥党员的示范引领作用。

党员导师制是育人工作深度融合的重要体现。优秀教师党员通过担任学生社区学业导师，开展经常性的学业指导和成长辅导，深入了解学生需求，帮助学生解决学业问题，有效发挥党员的示范引领作用。同时，党员联系服务制度构建了全方位的帮扶体系，通过明确工作职责、规范工作流程，确保帮扶工作精准落实。研究生党员骨干通过组织开展朋辈辅导活动，形成上下联动、互帮互助的学习氛围，有效促进学生的全面发展。

党员带动的关键在于实现精准帮扶。社区党组织针对学生在学习方法、学业规划、能力提升等方面的具体需求，提供针对性的指导和帮助。社区党组织通过设立党员示范岗、开展学术研讨、组织主题沙龙活动等形式，充分发挥党员在学风建设中的带动作用；将学业指导与实践锻炼相结合，引导学生将理论学习与实践体验统一起来，培养科学精神与创新意识，推动学生在学业和综合素质上全面发展。

（三）以组织关怀助力学生健康成长

组织关怀是党建引领服务学生成长成才的重要内容。《关于加强和改进新形势下高校思想政治工作的意见》明确提出，要关心学生成长，注重心理疏导，增强人文关怀。在"一站式"学生社区建设中，这一要求可以通过系统化的服务体系得到落实。社区设立了心理咨询室、生涯规划室、就业指导站等功能性场所，为学生提供专业化服务，保障服务质量，切实提升育人效果。特别是在心理健康服务方面，建立了多层级预警机制，做到早发现、早干预。同时，社区通过加强专业队伍建设，不断提升服务能力，确保各项工作落到实处。

精准服务是组织关怀的核心要义。相关部门可通过建立学生成长档案，开展需求调研，实施动态跟踪，准确把握学生的实际需求和发展诉求。党组织通过政治引领，帮助学生树立正确的世界观、人生观、价值观。同时，注重发挥党员骨干作用，组建服务队伍，开展个性化帮扶，增强组织关怀的针对性和实效性。

组织建设为思想政治教育提供基础保障，党员带动创新育人方式，组织关怀完善服务体系。这三个维度相互支撑、有机统一，构成了党建引领服务学生成长成才的系统路径。在实践中，这些措施的实施坚持政治性与服务性的统一，既突出党的领导，又注重服务实效；坚持显性教育与隐性教育相结合，既加强理论引导，又注重润物无声；坚持系统推进与重点突破相统一，既统筹全局，又抓住关键。通过这种系统化的实践路径，党建引领有效推动了"一站式"学生社区的建设，为学生成长成才提供了坚实支撑。

四、党建引领是"一站式"学生社区构建育人体系的创新探索

党建引领在"一站式"学生社区的创新实践，是对高校育人体系建设的重要探索。《中共中央 国务院关于全面深化新时代教师队伍建设改革的意见》指出，要创新育人机制，完善育人体系。在此背景下，学校党委通过强化领导责任、创新工作机制、完善服务体系，推动党建引领在"一站式"学生社区实现独具特色的育人创新。

（一）"一站式"学生社区成为党建工作的新阵地

党建工作新阵地的建设体现了高校育人体系的创新突破。学校党委发挥核心引领作用，由党委书记作为第一责任人牵头落实，领导班子成员履行"一岗双责"，将社区建设作为常委会、全委会和校长办公会的重要议题，每学期专题研究部署，及时协调解决机制构建、资源配置、经费保障等问题，形成党委统一领导、职能部门协同推进的工作格局。在组织架构上，"一站式"学生社区突破传统的单一管理模式，通过强化统筹协调、组织推进、管理监督职能，实现党建工作与育人工作的深度融合，确保各类资源在学生社区得到有效整合。同时，建立由学工、教务、后勤等部门参与的联席会议制度，定期研究、解决重点问题，提升育人工作的系统性和协同性。在空间布局上，社区党建工作实现创新性嵌入。社区通过科学规划，灵活设置党支部，推动支部结对共建，形成组织联动。这种空间布局既能确保组织覆盖的完整性，又为党建工作融入学生日常生活创造条件。在楼栋、楼层层面设立党群服务站、党员工作室等功能场所，有效提升了党建工作影响力。

（二）"一站式"学生社区打造党建实践的新平台

党建实践平台的创新主要体现在网格化管理和智慧化建设两个方面。在网格化管理方面，建立学生党员网格化管理体系，健全线上线下责任区、先锋岗、工作坊等机

制。这种精细化管理有助于实现党建工作的全方位覆盖。划分责任网格，有助于明确党员责任，建立联系服务制度，显著提升党建工作的精准性和有效性。智慧化建设则为党建工作注入了新动能。社区党组织通过打造大数据集成平台，实现对学生学习生活、成长发展纪实数据的深度挖掘，具有一键画像、过程记录、趋势预警、智能推荐、科学评价等功能。在数据驱动下，党建工作的科学化、精准化水平得到提升。此外，实践平台建设还注重发挥党员的示范引领作用。社区党组织通过选树优秀党建工作案例，将较为成熟的学生社区育人模式从覆盖部分学生拓展至各年级各学段，形成覆盖全校学生的育人生态。这种推广模式在实践中不断得到总结、完善和创新，形成了可复制、可推广的工作模式。

（三）"一站式"学生社区实现政治性与服务性的统一

"一站式"学生社区坚持把党的政治优势转化为服务优势，构建政治引领与服务育人深度融合的工作体系。一方面，强化政治引领。构建社区党委、楼栋党支部、学生党小组三级组织架构，设立"社区党建工作站"，形成党组织领导下的学习指导、心理咨询、就业帮扶等一体化服务格局。推行"党员先锋岗"制度，明确党员每周固定服务时段，在解决学生实际问题中发挥先锋模范作用。建立"书记接待日"制度，由社区党委书记定期接待学生，把握思想动态、回应现实需求，将组织关怀融入日常工作。另一方面，把服务融入政治引领。创新"双联双促"工作机制，即党支部联系楼层、党员联系学生，形成组织全覆盖、服务无死角的工作网络。完善"一站式"服务体系，设立综合服务大厅，推行"一门受理、一网通办"，让学生切实感受党组织的服务效能。构建"一生一档"成长记录，通过个性化分析和针对性指导，将思想引领贯穿服务全过程。

在实践中，"一站式"学生社区通过"三个统一"促进政治性与服务性的融合。第一，组织体系与服务体系统一。将楼栋党支部打造为学生服务中心，把支部建在学生最需要的地方，使基层党建与学生服务紧密结合。第二，政治引领与需求回应统一。依托"智慧党建"平台，开展线上主题教育、在线咨询辅导，把解决思想问题与解决实际困难结合起来。第三，品牌建设与价值引领统一。打造"青年思政空间""党员成长营"等特色项目，通过项目化运作推进理想信念教育。

政治性与服务性的统一是"一站式"学生社区的本质要求。社区通过把党建优势转化为服务优势，把服务过程转化为育人过程，形成了党建引领下的政治引领与服务育人良性互动格局，为培养德智体美劳全面发展的社会主义建设者和接班人提供了有力支撑。

总之，在高校"一站式"学生社区建设中，党建引领必须始终坚持以学生成长为中心，通过加强理想信念教育、提升政治素养、增强责任意识，为学生成长成才提供坚实保障。只有深入了解学生需求，回应学生关切，充分发挥学生主体作用，才能真正实现党建引领育人的目标。

第二节 党建引领与服务学生成长成才的实践探索

新时代背景下，党建引领与服务学生成长成才的实践探索已成为高校思想政治工作的重要内容。①习近平总书记在全国高校思想政治工作会议上强调，要坚持把立德树人作为中心环节，把思想政治工作贯穿教育教学全过程，实现全程育人、全方位育人，努力开创我国高等教育事业发展新局面。②在此背景下，"一站式"学生社区建设作为打通高校立德树人"最后一公里"的关键举措，备受社会各界关注。党建引领下的"一站式"学生社区建设，不仅是高校对"怎样培养人"的实践回应，也是高校培育时代新人的现实路径和坚定选择。③

本节将深入探究党建引领在高校"一站式"学生社区建设中的核心作用，展示如何通过创新党建活动、完善育人模式、强化社区服务功能和构建智慧社区，来提升学生的思想政治素质和社会责任感。这些实践不仅为学生的全面发展奠定了坚实的组织基础，而且提供了多元化的实践机会，加速了高校思想政治教育的革新，有效培育了能够肩负民族复兴使命的新时代青年。我们期望为高校党建工作提供有益的参考和启示，确保育人模式与时俱进，满足新时代人才培养的需求。

一、党建引领的理论基础与实践框架

习近平总书记指出："加强党对高校的领导，加强和改进高校党的建设，是办好中

---

① 王军华. 高校"一站式"学生社区建设的内生价值、现实挑战与突破进路[J]. 思想理论教育 2022(10): 108-111.
② 习近平. 在全国高校思想政治工作会议上的讲话[C]//全国高校思想政治工作会议. 北京: 中国, 2016-12-07/08.
③ 王鹏, 刘践丰. 高校党建引领下"一站式"学生社区建设路径探索[J]. 北京教育（高教）, 2024(8): 52-54.

国特色社会主义大学的根本保证。"①大学生党员是党员队伍中最具朝气、最显生机活力的青年群体，学生党支部则是高校开展学生党员和入党积极分子教育管理的基本单位。高校基层党建工作主要包括党务管理、党员发展、党员教育学习等内容，要围绕"培养什么人、怎样培养人、为谁培养人"这一根本问题，全面加强党对教育工作的领导，坚持立德树人，发挥基层党组织功能，开展学校思想政治工作②，从而服务广大师生，丰富校园文化，促进学生自主管理能力的提升。

2013年，中共中央组织部联合宣传部、教育部党组发布了《关于进一步加强高校学生党员发展和教育管理服务工作的若干意见》。该文件对提升学生党员的教育培养质量、完善管理体系、优化服务机制等方面提出了创新性要求。高校应积极响应，采取主动行动，致力于探索学生党员教育管理的新方法、新路径、新策略和新举措。"一站式"学生社区作为高等教育中不可或缺的课外培养平台、校园生活的关键组成部分，已成为塑造新时代青年的重要创新领域，并成为高校开展思想政治教育的核心平台。③高校在推进"一站式"学生社区建设时，必须坚持正确的政治导向，不断强化党建的引领作用。为了有效提升思想政治教育工作的成效，高校应致力于将"一站式"学生社区打造成一个综合性的教育平台。在党建的引领下，"一站式"学生社区集思想引导、行为规范、生活服务和文化营造等多功能于一体，确立了其作为加强学生思想政治教育的关键场所的地位。④

自21世纪以来，我国高等教育领域对学生社区的思想政治教育工作重视程度不断提升，教育部及相关政府部门相继出台了一系列文件，以推动高校"一站式"学生社区建设，实现对学生的全方位培养。2004年，教育部联合共青团中央颁布了《关于加强和改进高等学校校园文化建设的意见》，首次将"社区"概念纳入思想政治教育领域，强调了校园文化在提升学生思想道德修养、科学文化素养和身心健康水平中的重要作用。它表明了学生社区是思想政治教育的关键场所，其重要性开始被广泛认识。2007年，在第十五次全国高等学校党的建设工作会议上，刘云山同志提出要积极探索将党的工作融入学生社区的有效途径，以建立和完善党在学生社区中的工作机制。同年，教育部发布了《教育部关于切实加强高校学生住宿管理的通知》，要求高校加强对学生住宿管理的领导，做好宿舍和公寓中的党建与思想政治工作。2019年，教育部出台了《关于深化本科教育教学改革全面提高人才培养质量的意见》，强调高校应构建书院制学生管

---

① 何秀超. 坚持和加强党对高校的全面领导[EB/OL]. 2021-03-25[2024-06-27]. http://dangjian.people.com.cn/n1/2021/0325/c117092-32060308.html.
② 张耀. 高质量党建引领大学生思想政治工作高质量发展的机制研究[J]. 学校党建与思想教育, 2023(17): 13-16.
③④ 潘勇军. 高校学生社区思想政治教育工作阵地建设初探[J]. 延边党校学报, 2011, 26(2): 123.

理体制，并实施"一站式"学生社区综合管理的模式创新试点项目。2020年，教育部等八部门联合发布了《关于加快构建高校思想政治工作体系的意见》，提出将社区打造成为集思想教育、师生交流、文化活动、生活服务于一体的教育生活园地，为学生提供全面的成长支持。2021年3月，《中华人民共和国国民经济和社会发展第十四个五年规划和二〇三五年远景目标纲要》发布，强调了提高学生思想政治素质、提升大学生社区治理能力的重要性，这与加强学生社区党建引领的目标相契合。2022年，教育部再次强调推进"一站式"学生社区综合管理模式，计划实现对1 000余所高校的有效覆盖，多所高校开展试点工作，不断优化学生社区的育人功能。2023年，教育部进一步总结了"一站式"学生社区综合管理模式建设工作，强调构筑学生党建前沿阵地、建设"三全育人"实践园地、打造智慧服务创新基地、争创平安校园样板高地的重要性。

在构建高校党建引领下的"一站式"学生社区管理模式中，党组织作为学校教育的重要组成部分，发挥着领导核心作用。[①]通过"党建进宿区"，党组织能够及时了解学生的思想动态，利用基层党组织工作机能整合校内外资源，服务学生生活、学习和交流，引导学生树立正确的世界观、人生观、价值观，自觉践行社会主义核心价值观，增强爱国主义、集体主义意识，培养学生的社会责任感和家国情怀，使学生社区党组织真正成为加强学生思想引领的政治核心。[②]

此外，构建"一站式"学生社区党建育人模式，需借鉴先进经验，充分发挥各类资源的作用。各高校根据自身特点，采取了不同的模式，如书院下沉党组织力量、成立功能型社区党组织等，以适应新时代高等教育的发展需求。

二、典型案例介绍

（一）西安交通大学——"全生态"党建矩阵的深化探索

1. 形式与内容

在"一站式"学生社区建设的背景下，西安交通大学积极探索并深化"全生态"党建矩阵模式，极大地丰富了党建形式与内容。学校构建了多维度党建平台，涵盖思想引领、学业辅导、心理健康、职业规划以及志愿服务等多个领域，并通过设立楼宇党支部，将党建工作深入学生日常，实现了党建与学生社区生活的无缝对接。楼宇党

---

① 徐登伟. 基于情感共享与价值认同的"一站式"学生社区党建工作模式探索[J]. 学校党建与思想教育, 2024, (13): 77.
② 陈荣武. 论高校党建社会化机制的构建[J]. 思想理论教育, 2008(21): 53-58.

支部的创新设立，拉近了党员之间的距离，促进了党员间的交流与合作，便于党支部及时捕捉学生需求，提供精准服务。这种布局打破了传统党建活动的专业壁垒，鼓励不同专业学生间的互动与融合，拓宽了学生的视野。此外，"全生态"党建矩阵通过生态化的运行机制，如定期召开党建联席会议、共享资源、联合活动等，促进了各党支部和党员团队之间的紧密协作与协同发展，为学生提供了丰富多样的党建实践机会，增强了党建工作的吸引力和实效性。

2. 特色与成效

西安交通大学在党建引领"一站式"学生社区建设方面展现出鲜明的特色与卓越的成效。学校以党的政治建设为统领，传承与弘扬"西迁精神"，探索创新党建工作体系，构建了党建引领、知行兼修、师生共处、因材施教的"一站式"学生社区。学校成立思想政治工作领导小组，形成党委统一领导、单位各负其责、全员协同推进的工作格局，确保"一站式"学生社区建设的高效有序运行。

在实践中，西安交通大学注重全员下沉，形成同向同行的育人合力。校院领导定期深入学生社区，与学生面对面交流，指导学生成长，回应学生诉求。辅导员、班主任、学业导师、机关干部、校外导师等多元育人队伍常态化进驻学生社区，形成了强大的育人合力。同时，学校通过空间保障、资源下沉、技术支持等手段，打通了育人各环节，形成了全程贯通的育人链条，实现了育人力量的同频共振。在成效方面，西安交通大学"一站式"学生社区不仅提升了思想政治工作质量，还促进了学生的全面发展、健康成长。社区内丰富的育人空间和支持系统满足了学生分众化的成长需求，提供涵盖学业辅导、心理疏导、专业咨询、创新创业等精细化、差异化、专业化的成长服务。此外，学校还通过深化体制机制改革、提升育人体系内涵、加强社区文化浸润等措施，进一步激发了"三全育人"工作机制的育人活力，为培养德智体美劳全面发展的社会主义建设者和接班人奠定了坚实基础。

3. 育人价值

西安交通大学党建引领的"一站式"学生社区在育人方面展现了极高的价值，彰显了新时代高校思想政治工作的创新与实践。学校通过党建引领，将"一站式"学生社区打造成为集党建引领、师生共处、知行兼修、因材施教于一体的综合育人平台，全面激发了"三全育人"工作机制的活力。在这一模式下，学校建立了全员下沉机制，形成了校院领导、辅导员、班主任、学业导师、机关干部、校外导师等多元育人队伍的同向同行合力，确保了育人资源、育人力量聚合在学生社区中。通过空间保障、资源下沉、技术支持等手段，社区打通了育人各环节，形成了全程贯通的育人链条，实现了育人力量的同频共振，有效提升了思想政治工作的质量。此外，西安交通大学还进一步强化了"一站式"学生社区的育人功能。学校成立本科生院，整合教育资源，形成党建引领、双院协同的一体化育人格局；推进"四个一百"育人行动，实施"就业引领五项计划"，引导学生全面发展；加强社区文化浸润，以"西迁精神"为底色，举办各类文化活动，培育学生的家国情怀和社会责任感。

（二）苏州大学——打破专业壁垒，楼宇党建

1. 形式与内容

在"一站式"社区党建的引领下，苏州大学实施了党支部从建在院系转向建在楼宇的创新举措，这一模式不仅打破了传统的专业壁垒，更实现了党建与学生生活的无缝对接。学校通过在学生宿舍楼宇中设立党支部，将党建工作融入学生日常，形成了独特的"楼宇党建"模式。这些楼宇党支部不仅负责日常的党建工作，还积极参与社区治理、学业辅导、心理支持等多元化服务工作，为学生提供了全方位、多层次的帮助。通过定期举办楼宇党建活动、交流会以及开展志愿服务等举措，学生党员在实践中得到了锻炼，同时也带动了周围同学的积极参与，共同营造了积极向上的社区氛围。这种以楼宇为单位的党建模式，不仅增强了学生党员的责任感和使命感，也使得党建工作更加贴近学生实际，提高了党建工作的针对性和实效性。

2. 特色与成效

苏州大学在党建引领"一站式"学生社区建设方面取得了显著成效，形成了独具特色的党建育人新模式。学校以"铸魂逐梦"工程为统领，坚持鲜明的政治导向，通过党建引领，将"一站式"学生社区打造成为时代新人培育的崭新场域。苏州大学创新学生基层组织模式，构建党建矩阵，成立社区党建领航站，推动党建与学生社区建设深度融合。学校注重发挥党员的先锋模范作用，在各楼栋设立"党员示范岗"，开展"党员寝室"挂牌等活动，引导师生党员增强服务意识、积极争先创优。同时，学校还通过组建各类宣讲团、拓宽党建载体，持续巩固拓展党史学习教育成果。在党建引领下，苏州大学"一站式"学生社区在促进学生全面发展、提高服务质量、营造良好文化氛围等方面取得了显著成效，形成了"红色社区、书香社区、科创社区、幸福社区"等特色品牌，为培养高素质拔尖创新人才提供了有力支撑。

3. 育人价值

苏州大学党建引领的"一站式"学生社区在育人方面展现了深远的价值，深刻体

现了新时代高校党建与思想政治工作深度融合的创新实践特色。学校通过党建引领，将"一站式"学生社区打造成为集党建引领、思想浸润、精神引领、知学砺行、过程陪伴于一体的综合育人场域。在这一模式下，苏州大学注重发挥党组织的战斗堡垒作用和党员的先锋模范作用，通过成立社区党建领航站、设立"党员示范岗"、开展"党员寝室"挂牌等活动，引导师生党员增强服务意识，积极投身到学生社区的建设和管理中。学校还通过组建各类宣讲团、丰富党建载体，持续巩固拓展党史学习教育成果，将红色基因深植于学生心中，激发学生的爱国热情和社会责任感。

同时，苏州大学注重将思政元素引入社区空间，通过举办优秀学子事迹展、优秀毕业生去向展等活动，大力宣传身边榜样人物、先进事迹，强化榜样的引领示范作用。此外，学校还通过构建党建矩阵，打造出一批具有品牌特色的党建工作室，推动党建与学生社区建设深度融合，开展党课活动，组织专题教育，打造"党建+思政"阵地，打通立德树人、铸魂育人的"最后一公里"。在育人成效方面，苏州大学"一站式"学生社区不仅促进了学生的全面发展，提高了学生的综合素质，还营造了良好的文化氛围，增强了学生的归属感和荣誉感。学校通过实施"成长陪伴计划"、组建导师团进驻社区等措施，为学生提供精细化、差异化、专业化的成长服务，助力学生成长发展。同时，学校还注重发挥社区的自我治理功能，成立学生议事厅、先锋队等自治队伍，提升学生的参与感和荣誉感，培养学生的自我管理能力和自我服务能力。这种打破专业壁垒的"楼宇党建"模式，具有深远的育人价值。它不仅为学生提供了一个跨专业、跨领域的交流平台，使学生在互动与合作中拓宽视野、增长见识，还通过参与社区治理和服务活动，培养了学生的社会责任感和团队协作精神。同时，楼宇党支部的引领和熏陶，使学生党员在实践中不断锤炼党性、提升素质，成为德智体美劳全面发展的社会主义建设者和接班人。这种党建模式真正实现了育人与党建的有机融合，为高校党建工作注入了新的活力与动力。

（三）东华大学——探索实践"生态赋能型"学生社区党建工作矩阵

1. 形式与内容

东华大学在"一站式"学生社区建设中，积极探索实践"生态赋能型"学生社区党建工作矩阵，形成了独具特色的党建模式。该模式以党建引领为核心，通过构建多层次、多维度的党建工作体系，将党建工作与学生社区管理、学生服务、学业支持、文化浸润、生活服务等方面紧密结合。在形式上，它包括线下以社区楼宇为单位建立

"红色堡垒"党建空间,设置党员活动室,划定"党建文化墙""读书角"等区域,以及线上运用易班、视频号、微信公众号等平台助推社区党建工作模式创新。在内容上,它涵盖了思想教育、行为指导、学业支持、文化浸润、生活服务、安全防范等多个方面,为学生提供"安全、温暖、有意义"的和美成长家园。

2. 特色与成效

东华大学以党建引领将"一站式"学生社区打造为集思想教育、行为指导、学业支持、文化浸润、生活服务、安全防范等功能于一体的综合育人平台,实现了党建与思政工作的深度融合。在特色方面,东华大学注重将党建元素融入社区建设,通过设立"红色堡垒"党建空间、党员活动室,划定"党建文化墙""读书角"等区域,打造"生态赋能型"学生社区党建工作矩阵,使"一站式"学生社区成为党建领航的前沿阵地。同时,学校还通过线上线下相结合的方式,创新社区党建工作模式。例如,学校利用易班、视频号、微信公众号等平台打造"多语展风华"红色 e 站网络集群,共享优质党建资源,开展党员学习教育。在成效方面,东华大学"一站式"学生社区不仅提升了学生的思想政治素质,还促进了学生的全面发展。通过实施"一站式"学生社区综合管理模式,学校将思想教育、行为指导、学业支持等功能覆盖学生社区,为学生提供全方位、全过程的成长服务。同时,学校还通过设立"心知加油站"服务阵地、打造"你职得被看荐"生涯导航专区、建设"青春有我"实践育人基地等举措,加强心理健康教育、职业生涯规划和实践教育,助力学生高质量发展。此外,东华大学还注重将专业特色融入社区思政教育,通过组织国际赛事、外事交流等活动,培养输送大批优秀学生在国际舞台上贡献青春力量。这些举措不仅提升了学生的专业素养,也增强了学生的文化自信和道路自信。

3. 育人价值

党建引领的"一站式"学生社区在育人价值上主要体现在以下几个方面:一是强化思想引领,通过组织各类党建活动、开展主题教育等举措,帮助学生树立正确的世界观、人生观、价值观,坚定理想信念。二是促进学业提升,依托学业辅导中心、科研训练平台等载体,为学生提供个性化的学业指导和实践机会,提升学生的专业素养和创新能力。三是优化生活服务,通过设立"一站式"学生服务大厅,整合各类服务资源,为学生提供便捷、高效的生活服务,增强学生的归属感和幸福感。四是强化文化浸润作用,通过组织各类文化活动、开展志愿服务等形式,营造积极向上的文化氛围,培养学生的社会责任感和奉献精神。五是加强安全防范,通过完善安全管理制度、加强安全教育等措施，确保学生的人身安全和财产安全，维护校园的和谐稳定。

（四）上海立信会计金融学院——"融合创新型"学生社区党建工作新模式

1. 形式与内容

上海立信会计金融学院在"一站式"学生社区建设中，积极探索"融合创新型"学生社区党建工作新模式。该模式以党建引领为核心，通过融合党建与专业发展、职业规划、国际视野、心理健康等多方面内容，形成了全方位、多层次的党建工作体系。在形式上，学校在学生社区内设立了功能型党小组，定期开展专业相关的党建活动，如学术讨论会、职业规划讲座、模拟面试工作坊等，有效地将党建工作与专业学习、职业规划、心理健康等紧密结合。同时，学校还利用"一站式"学生社区平台，为学生提供个性化的职业规划服务，如建立实习资源库，帮助学生提前规划职业生涯，提升就业竞争力。在内容上，学校注重培养学生的综合素质和能力，通过党建引领，促进学生在学业、职业规划、国际视野、心理健康等方面的全面发展。

2. 特色与成效

上海立信会计金融学院注重将党建元素深度融入学生社区建设，构建了党建引领的"一站式"学生社区综合育人体系。学校通过实施"先锋引航"计划，搭建党建服务平台，指导学生党员在社区开展理论学习、党员服务、示范引领等活动，丰富了社区党建功能。同时，学校还鼓励学生党支部围绕生活社区的劳动实践、志愿服务、学业帮扶等方面，组织开展"党建+"系列活动，推动基层党建与思政教育深入社区、贴近学生。该模式将党建工作与专业学习紧密结合，特别是在会计、金融等涉及经济活动的专业领域，强调诚信教育的重要性。学校通过举办诚信讲座、开展诚信实践活动、设立诚信奖学金等方式，将诚信教育融入学生日常学习和生活，引导学生树立正确的职业道德观和价值观。该模式在提升学生诚信品质方面取得了显著成效。学生党员作为先锋模范，不仅在学业上追求卓越，更树立了诚信榜样。他们积极参与社区建设，通过实际行动践行诚信价值观，影响和带动周围同学共同营造诚信、公正的社区氛围。这种融合性的党建工作模式不仅提升了党建工作的吸引力和感染力，还使得诚信教育更加贴近学生实际，更加符合学生需求。此外，学校还注重完善组织领导，强化责任落实，建立由校领导牵头、相关职能部门共同参与的"一站式"学生社区建设工作领导小组，形成了党委统一领导、各职能部门协同配合的工作格局。

3. 育人价值

学校坚持党建引领，将"一站式"学生社区打造成为集思想引领、学业支持、生活服务、文化浸润、实践锻炼于一体的综合育人平台。在育人价值方面，首先，上海立信会计金融学院"一站式"学生社区建设强化了思想引领，通过党建活动和思政教育，帮助学生树立正确的世界观、人生观、价值观，坚定了理想信念，提升了政治素养。其次，社区提供了全面的学业支持和生活服务，通过配置学业辅导中心、心理健康咨询室、生活服务大厅等场所，满足学生多元化需求，助力学生全面发展。最后，社区文化浸润和实践锻炼活动的开展，丰富了学生的精神世界，培养了学生的创新精神和实践能力，增强了学生的社会责任感。尤为重要的是，学校通过党建引领，将思政教育融入学生社区生活的方方面面，实现了思政工作与学生日常生活的无缝对接，增强了思政工作的针对性和实效性。这种"润物细无声"的育人方式，使学生在潜移默化中接受思想洗礼，实现了自我成长和自我超越。

三、"党建引领"实践探索存在的问题、解决方案与未来展望

（一）"党建引领"实践探索存在的问题

尽管党建引领下的高校"一站式"学生社区建设在推动学生全面发展、促进思想政治教育、提升校园治理水平等方面取得了显著成效，但在深入实践的过程中，仍然面临着一系列问题。这些问题不仅影响了党建工作的质量和效果，也制约了高校"一站式"学生社区的长远发展。

首先，党建与业务工作的融合不够深入是当前面临的一大难题。部分高校在推进"一站式"学生社区建设时，往往将党建工作与业务工作视为两个独立的部分，缺乏有效的衔接和融合。这种"两张皮"现象导致党建工作难以真正融入学生社区的日常管理和服务，难以针对学生社区的实际需求开展有针对性的党建工作。因此，如何打破壁垒，实现党建与业务工作的深度融合，是当前需要重点解决的问题。

其次，学生参与度不高是制约党建工作发展的重要因素。尽管学生党员在党建活动中发挥了重要作用，但普通学生的参与度仍有待提高。部分学生对党建工作缺乏足够的认识和兴趣，导致党建活动的覆盖面和影响力有限。这既反映了党建工作在吸引学生参与方面的不足，也揭示了学生在党建活动中的主体地位没有得到充分体现。因此，如何提高学生的参与度，激发学生的积极性和创造性，是当前党建工作需要着力

解决的问题。

再次,数字化赋能程度不均也是当前面临的一大挑战。虽然数字化手段在党建工作中得到了广泛应用,但不同高校之间的数字化赋能程度存在较大差异。部分高校在数字化平台建设、数据分析应用等方面仍存在不足,导致党建工作的效率和质量受到影响。因此,如何加强数字化赋能,提升党建工作的智能化水平,是当前需要重点探索的方向。

最后,党建活动形式单一也是制约党建工作发展的一个重要因素。部分高校的党建活动形式较为单一,缺乏创新性和吸引力,难以满足学生的多元化需求。这既影响了学生参与党建活动的积极性和主动性,也限制了党建工作的创新和发展。因此,如何创新党建活动形式,增强活动的吸引力和感染力,是当前党建工作需要不断探索和实践的课题。同时,党建工作评价体系不完善也是当前面临的一个重要挑战。部分高校的党建工作评价体系仍不完善,缺乏科学、合理的评价指标和方法。这导致对党建工作的评价不够全面、客观,难以准确反映党建工作的实际效果。因此,如何完善党建工作评价体系,建立科学、合理的评价指标和方法,是当前需要重点研究的课题。

(二)"党建引领"实践探索问题的解决方案

1. 开阔视野和创新思维

在推进党建引领下的高校"一站式"学生社区建设的新征程中,高校应以更加开阔的视野和创新的思维,综合施策、系统推进,确保这一工作在新时代背景下取得更加显著的成效。

在高校"一站式"学生社区中,党建活动与思想政治教育的深度融合,对学生思想道德水平的提升和价值观念的塑造具有至关重要的作用。红色文化,作为中国共产党领导中国人民在革命、建设和改革中创造的先进文化,不仅体现了党的性质宗旨,更是党的初心使命的生动体现。①红色文化,以其深厚的历史底蕴和丰富的精神内涵,为学生的全面发展提供了坚实的思想基础和精神动力。②习近平总书记指出:"红色是中国共产党、中华人民共和国最鲜亮的底色。"③这一论断深刻揭示了红色文化在国家

---

① 陈翠峰,梁文能,卢朗滢."一站式"学生社区视域下"三全育人"的实践探索与经验总结:基于华南理工大学"一站式"学生社区建设试点[J]. 高教探索,2023(6):20-26.
② 周超,陈捷. 论红色文化在高校基层党建中的运用:以古田会议精神为例[J]. 学校党建与思想教育,2014(16):26-27.
③ 杜飞进. 在新时代大力弘扬红色文化[EB/OL]. (2024-04-10). [2024-04-10]. http://gd.people.com.cn/n2/2024/0410/c123932-40805116.html.

和民族发展中的核心地位。在学生社区内开展红色教育，可以采用多种方式进行。

首先，在高校"一站式"学生社区中，有效利用红色文化资源对开展教育活动至关重要。例如，通过在宿舍等生活区域悬挂宣传语横幅、设立宣传窗、开放党建图书角，张贴革命先烈画像和事迹介绍，播放红色主题影视作品等方式，营造了浓厚的红色文化氛围，让学生在日常生活中潜移默化地接受红色文化熏陶。特色寝室楼和党建主题会客室的设立，有效传播了红色正能量，进一步推动了社区文化建设，增强了学生的归属感和认同感。这种文化氛围的营造，不仅提升了思想政治理论课的感染力和说服力，而且对提升学生的政治素质和培育健全人格起到了积极作用。

其次，在高校"一站式"学生社区中，举办红色主题讲座、展览和研讨会等活动，是深化学生对党的历史和革命文化理解的重要途径。另外，还可以邀请党史专家和革命前辈走进社区，与学生面对面交流，这样不仅为学生提供一个深入了解党史的平台，而且这些生动的讲述，可以让红色基因和革命精神在学生心中生根发芽。通过对红色文化深层次的了解和体验，学生的思想道德观念和价值取向会得到积极塑造。红色主题讲座为学生提供党史知识的深度讲解，视觉艺术形式的展览让历史事件和人物形象更加生动，研讨会则鼓励学生就红色文化主题进行深入讨论和思考。学生在参与中不仅增长了知识，更在情感上与国家和民族的历史产生共鸣。这种体验激发了学生的爱国情怀，对塑造其思想道德和价值观念发挥了重要作用。

最后，党建引领的核心作用不仅体现在理论教育上，更在于红色文化的实践教育功能上。红色文化的精神内涵，特别是其中的奉献精神和社会责任意识，需要通过实践活动得以体现和传承。鼓励学生参与社区志愿服务和帮扶等社会实践活动，是将这些价值观转化为实际行动的有效途径。通过亲身参与，学生不仅锻炼了自身的组织协调能力和解决实际问题的能力，而且通过服务社区、帮助他人，加深了对社会多元需求的理解和对人民群众的感情，从而在实践中感悟到红色文化的真谛。此外，为了进一步提升红色文化的教育影响力，高校应通过建立校地、校企常态化合作机制，与校外的中华优秀传统文化传承基地、红色教育基地等进行联动，形成多渠道、多形式的联动育人模式。上海立信会计金融学院"一站式"学生社区联合立信会计出版社及社会企业，在社区内共建青马之家、青年小屋、心灵驿站等矩阵式共享空间。学生能够更全面地了解国家的历史、文化和社会发展，增强思想政治教育的实效性和吸引力，进而打造思想政治教育的新格局。华东师范大学孟宪承书院，是全国党建工作样板支部，有效推动了学生党建与思想政治教育的深度融合。书院成立了社区党员先锋队和微党课学生讲师团，通过易班优课全国共享课程平台宣讲中国理论、讲述中国故事、传递中国力量，观看人次超过 1 500 次。书院还主动融入党建联建，强化校社联动育人。例如，书院在吴泾镇居民区建立党员教育实践基地，将学生自主研发的微党课纳入社区党校课程体系；与上海翔宇公益基金会合作成立"周恩来学习社"；与上海市光明中学"周恩来班"结对，联合开展"周恩来上海革命生涯地图"大中学一体化区域研学项目，进一步传承红色基因，赓续红色血脉。

互联网技术的快速发展为高校党建工作带来了新的机遇和挑战。传统党建工作存在效率低下的问题，部分原因在于思想学习模式的枯燥性。现代互联网教育环境提供了丰富的教育资源和灵活多样的学习方式。利用互联网技术推动党建立体化平台的建设，能够提升社区党建工作的吸引力和教育效果。借助微信、微博、抖音、B 站等拥有活跃青年用户的新媒体平台，党的思想理念得以广泛传播，显著扩大宣传的覆盖面和影响力。这些平台可以及时发布国内外时事、社会热点、党的最新动态、政策解读和先进典型等内容，增强党建工作的时效性和针对性，培养学生对红色文化的兴趣和研究能力。高校在积极构建网络育人平台的同时，也应注重实体党建空间的建设，以红色文化为核心，丰富教育内容和形式。例如，上海交通大学在"一站式"学生社区建设中，以新时代"枫桥经验"为指导，常态化关注学生网络社区热议话题，打造具有学校特色的社区卡通动漫 IP 形象，构建以数据为基础的校园治理体系，发掘并培养学生社区的优秀党团员和学生骨干，定期组织开展学习党的二十大精神、红色观影、集体收看直播党课等活动。这些举措将党建引领延伸至学生社区的各个层面，成功地将红色文化和党建理念融入学生日常生活的方方面面。

线上，拓展数字媒体渠道，创建多样化的党建活动平台，增强思想政治教育的互动性和实效性。线下，精心设计党建活动场所，提供沉浸式的红色文化体验，以此激发学生的情感共鸣和价值认同。高校通过线上线下相结合的方式，推动思想政治教育的深入实施，建立立体化的党建活动实践基地。这对培养学生的历史责任感、民族自豪感和坚定理想信念具有不可替代的作用。

2. 充分发挥高校学生社区在育人工作中的作用

高校学生社区党组织在育人工作中发挥着核心作用，坚持"五育并举"的教育理念，即德智体美劳全面发展，以实现对学生从入学到毕业整个在校周期的全面培养。[①]

---

① 石中英，董玉雪，仇梦真. 从"五育并举"到"五育融合"：内涵、合理性与实现路径[J]. 中国教育学刊，2024(2)：65-69.

"一站式"学生社区的建设，不仅提升了第一课堂和第二课堂的协同性，而且为学生的全面素质提升构建了一个多元化的实践平台。① 在这一过程中，学生社区党建工作发挥了积极作用，通过组织体系联建、梯队管理联动、标杆品牌联创，将价值观的塑造、知识的传授、能力的培养与学生社区的持续发展紧密结合。② "一站式"学生社区作为重要的第二课堂平台，以社会主义核心价值观为基本遵循，确立育人目标、育人理念、育人体系。社区依托功能室构建"师生学习共同体"，将育人资源延伸到学生身边，注重因材施教、特色培养、环境浸润，为学生的共同成长、思维碰撞、交流互补提供了空间保障。此外，学生社区还开展宿舍文化建设、社区环境美化、实践平台搭建等活动，让学生在参与社区建设中感知劳动价值、感受美育内涵、加强身体锻炼，推动美育、劳育、体育与社区生活有机结合。上海立信会计金融学院在这一理念的指导下，精心打造了社区文化节、书香社区和特色文化阵地三大文化品牌。学校紧密结合其"诚信教育"的办学特色，通过举办诚信主题的宣传活动和组织各类诚信教育活动，增强了学生的诚信意识，有效提升了学生在社区生活中的幸福感、获得感和安全感。这些举措致力于营造和谐、诚信、充满活力的校园文化氛围，促进学生全面而健康地成长。清华大学为先书院的"大鱼前导，小鱼尾随"从游文化，也是社区文化建设的实践典范。通过开展师生交流会等活动，书院既为学生提供了个性化指导，又促进了教师深度参与学生生活。这种强调密切互动与共同成长的模式，不仅强化了师生联系，更推动了学生的全面发展，营造了一个充满活力、富有人情味的育人环境。"一站式"学生社区将理论教育与实践养成相结合，深化了显性教育与隐性教育的融合，促进了学生德智体美劳全面发展，为学生的个性化成长和终身发展提供了坚实的支持和广阔的平台。

3. 充分发挥党建引领下的"一站式"学生社区综合管理模式的作用

党建引领下的"一站式"学生社区综合管理模式在提升学生综合素质、增强社会责任感和公民意识方面发挥了显著作用，并为未来高校育人工作的持续创新和完善提供了宝贵经验。

在育人模式方面，校党委通过全面领导和统筹推进，为学生社区的稳定发展提供了坚实的组织保障。这种领导不仅体现在组织架构的完善上，更在于育人理念的贯彻和实施上。校党委通过顶层设计，确立了学生社区建设的指导思想、目标任务和实施

---

① 林冬冬，徐硕. "一站式"学生社区综合管理模式育人研究[J]. 学校党建与思想教育，2023(1): 90-93.
② 赵静. "一站式"学生社区党组织育人路径探析[J]. 党政论坛，2022(4): 35-37.

路径，确保了学生社区建设的正确方向和有效推进。首先，校党委坚持立德树人的根本任务，将思想政治工作贯穿于学生社区建设的全过程。校党委通过开展丰富多彩的思想政治教育活动，如主题讲座、研讨交流、志愿服务等，引导学生树立正确的世界观、人生观、价值观，增强其社会责任感和历史使命感。其次，校党委注重学生社区的组织建设，构建了以党组织为核心的社区组织体系。校党委通过建立学生党支部、团支部等基层组织，发挥党员的先锋模范作用，带动广大学生积极参与社区建设和管理。同时，校党委还加强了对学生社区干部的培养和选拔，选拔了一批政治素质高、业务能力强、工作热情高的学生干部，为学生社区的稳定发展提供了人才支持。再次，校党委推动学生社区的制度建设，建立健全了一系列规章制度，如学生社区管理办法、学生社区服务规范等，规范了学生社区的管理服务工作。这些制度的建立，既保障了学生社区的有序运行，也维护了学生的合法权益。最后，校党委还重视学生社区的信息化建设，利用现代信息技术手段，如大数据、云计算、5G、人工智能等，建立社区信息服务平台，实现了服务的线上线下融合，提高了学生社区的管理效率和服务质量。

在育人方法方面，党建引领发挥着不可或缺的核心作用。通过党建引领，高校能够将党的教育理念和社会主义核心价值观融入学生日常生活的各个方面，确保学生在正确的价值导向下成长。思想政治教育作为育人方法的重要组成部分，通过开展丰富多样的活动，如主题讲座、研讨交流、志愿服务等，不断提升学生的思想政治素质。党员发展是提升社区整体政治素养的关键途径。高校注重在学生社区中培养和发展党员，通过党员的示范作用，带动其他学生积极参与社区建设和服务，营造积极向上的社区氛围。社区自治是培养学生组织协调能力和团队合作精神的有效途径。高校鼓励学生参与社区的自我治理，通过实践锻炼，让学生在参与社区管理的过程中学会自我管理、自我服务、自我教育，从而提高自身的综合素质。此外，节日庆典、文艺演出等各类文化活动，不仅丰富了学生的文化生活，也提升了学生的文化素养。这些活动让学生在参与中体验和传承中华优秀传统文化，增强了学生的文化自信和民族自豪感。

在育人成效方面，学生获得了思想政治教育、专业知识技能、身体素质、艺术素养、人际交往能力和社会适应能力等全方位的培养。思想政治教育是育人的基础。通过党建引领，学生社区不断强化政治引领和价值引领，将党建与思想政治教育深度融合，确保了学生思想政治素质的提升。专业知识技能的培养是学生发展的核心。"一站式"学生社区通过提供学习共享空间、创客空间等，支持学生的专业学习和技能提升。身体素质是学生健康成长的保障。学生社区通过组织体育活动，如晨练、趣味运动会等，加强了学生体质的锻炼和健康意识的培养。艺术素养的培养是提升学生审美和人文素养的重要途径。学生社区通过组织艺术活动，如美术作品展览、音乐会等，提升了学生的艺术鉴赏能力和创造力。人际交往能力和社会适应能力的培养是学生融入社会的关键。学生社区通过提供交流平台和组织各类社会实践活动，加强了学生的沟通协作能力和对社会环境的适应能力。此外，智慧党建与信息化管理的应用，提高了社区管理服务的精准化水平，为学生的个性化成长提供了支持。

（三）"党建引领"实践探索的未来展望

展望未来，深化党建引领下的学生社区实践，将进一步强化党组织的核心作用，充分发挥其在育人工作中的引领和示范效应。创新党建活动，结合时代特点和学生需求，高校将更有效地提升学生的思想政治素质和社会责任感。创新育人方法，利用新媒体和虚拟现实技术，有助于增强教育的吸引力和实效性，让学生在参与中学习和成长。强化社区服务功能，提供个性化、精准化的服务，满足学生多元化需求，促进学生全面发展。鼓励学生参与社区自我治理，提升自我管理能力，培养组织协调能力和团队精神。构建智慧社区，利用大数据、云计算和人工智能技术为高校管理提供支持，提高社区管理智能化水平，为学生提供便捷、高效的服务，优化生活体验。形成长效机制，建立健全制度和规范，保障学生社区工作有序开展，实现育人工作常态化和制度化。持续探索和完善与时俱进的育人模式，满足新时代人才培养的需求，为学生的综合素质提升和全面发展提供坚实的平台。

党建引领下的高校"一站式"学生社区学生成长路径与能力培养，是一个系统工程，需要多方面的共同努力和协同配合。在这一过程中，党建的引领作用不仅体现在对学生思想认识的提升上，更通过制度创新、活动开展、环境营造等多方面工作，为学生营造一个积极向上、和谐友爱的成长环境。通过建立科学规范的管理制度和运行机制，确保学生社区的有序运行和高效服务，为学生提供稳定可靠的成长环境。通过开展丰富多彩的党建活动，不仅能激发学生的参与热情和创造活力，而且能培养学生的团队协作能力和社会实践能力，进一步促进学生的全面发展。通过营造富有特色的党建文化氛围，增强学生的价值认同和归属感，为学生的思想道德建设提供有力支撑。通过运用数字化技术，建立智能化管理平台，为"一站式"学生社区党建注入新的活力，实现对学生信息的精准管理，对党建活动的智能调度，以及对学生需求的快速响应，提高党建工作的效率和质量。"一站式"学生社区党建的全面实施，不仅为学生的全面发展奠定了坚实的组织基础，也提供了多元化的实践机会。通过推动理念、制度和方法的创新，这一模式加速了高校思想政治教育的革新，有效培育了能够担当民族复兴大任的时代新人。

第三节　党建引领与服务学生成长成才的质效评价

党的二十大报告指出："高质量发展是全面建设社会主义现代化国家的首要任务。"高质量的党建是推动高校事业高质量发展的关键，这不仅是响应新时代对党的建设总体要求的必然选择，也是实现教育强国战略、发挥高校在国家发展中引领作用的根本需求。[①]以学生成长为中心，全面提升教育质量和管理效能，是高校在"一站式"学生社区综合管理模式中必须坚持的原则。高校通过深入开展党建工作，可以更好地整合校内外资源，形成以学生发展为中心的教育合力。[②]开展党建引领"一站式"学生社区服务学生成长成才的质效评价，不仅是对党建工作成效的检验，更是推动党建工作与学生成长需求深度融合的重要手段。构建一个科学合理的"一站式"学生社区基层党建工作评价体系，对于激发党组织的活力、提升党建工作质量、实现基层党组织高质量发展具有重要意义。高校通过评价可以更准确地把握党建工作在服务学生成长成才中的作用和价值，发现问题和不足，为进一步优化党建工作提供依据和方向。

一、党建引领质效评价的目标、特点与原则

党建引领质效评价的理论基础是确保党组织在各领域发挥核心作用的关键支撑。这一理论基础不仅涵盖了对党组织引领作用的系统性认识，而且深入阐述了提升治理效能、促进社会发展等多维度目标。党建引领是推进国家治理体系和治理能力现代化的重要途径，尤其在教育领域，它被视为提升治理效能、构建全方位育人环境的重要手段。[③]在"一站式"学生社区综合管理模式中，党建引领通过整合教育资源、优化服务流程、提升管理效能，实现对学生的全方位教育和关怀。构建科学的评价体系，目

---

① 黄宝印, 陶好飞, 蔡永明. 高质量党建引领高校事业高质量发展：价值意蕴、评价探索及实践进路[J]. 思想教育研究, 2024(5): 138-143.
② 王鹏, 刘践丰. 高校党建引领下"一站式"学生社区建设路径探索[J]. 北京教育（高教）, 2024(8): 52-54.
③ 秦龙, 李维光. 以高质量党建引领教育强国建设[EB/OL]. (2024-07-18). [2024-07-18]. https://theory.gmw.cn/2024-07/18/content_37446088.htm.

的在于通过量化分析和实证研究,全面把握党建引领的实际效果,为持续优化党建活动、提升组织力和政治功能提供理论依据和实践指导。高校需要深入研究党建与业务深度融合的机制,评价党建工作对组织发展和社会进步的具体贡献。评价体系的建立为党组织自我完善、自我革新提供反馈和动力。

1. 党建引领质效评价的目标和价值旨归

党建引领质效评价的目标在于从理论和实践两个层面深入理解和衡量党建引领的成效。理论上,党建引领能够强化学生的政治素养和理想信念,通过党的理论知识学习和实践活动,引导学生树立正确的世界观、人生观、价值观,增强学生的社会责任感和使命感,为培养德智体美劳全面发展的社会主义建设者和接班人奠定坚实基础。实践上,党建引领将促进学生全面发展,通过搭建各类服务平台,如学业辅导、职业规划、心理健康等,为学生提供精准化、个性化的成长支持。同时,党建引领还能激发学生参与社会实践和志愿服务的热情,提升学生的实践能力和创新精神,为未来的职业生涯和社会责任履行做好充分准备。总之,党建引领与服务学生成长成才的深度融合,将在理论和实践两个层面共同推动学生全面发展,培养出更多具有坚定理想信念和社会责任感的高素质人才。

(1)党建引领质效评价的核心目标在于通过科学、系统的评价机制,全面审视并优化党建引领在学生成长成才过程中的作用与效果。这一过程旨在明确党建引领的具体目标、实施路径及成效评价标准,确保党建工作能够精准对接学生发展需求,有效促进学生全面发展。通过评价,我们期望达到以下几个具体目的:一是检验党建引领机制的有效性和科学性,及时发现问题并进行调整。二是优化党建资源配置,提高党建工作效率和服务质量。三是强化党建引领在学生思想政治教育、学业指导、职业规划、心理健康等方面的作用,为学生成长成才提供坚实保障。

(2)实施党建引领质效评价的价值旨归在于促进学生全面均衡发展,培养其成为具有社会责任感、创新精神和实践能力的社会主义建设者和接班人。这一评价过程深刻体现了"以生为本"的教育理念,将学生的全面发展作为党建工作的根本目标。通过评价,我们期望实现以下几个方面的价值:一是强化学生的理想信念教育和价值观塑造,引导学生树立正确的世界观、人生观、价值观。二是整合教育资源,创新教育模式,为学生提供个性化、多样化的教育服务,满足不同学生的成长需求。三是搭建学生参与社会实践的平台,培养学生的创新能力和实践能力,提升学生的综合素质。四是建立完善的学生发展支持体系,包括学业指导、心理健康、职业规划等,促进学生全面均衡发展。五是增强学生的社区归属感和社会责任感，培养学生的集体意识和服务精神，为学生未来融入社会和职业发展奠定坚实基础。

2. 党建引领质效评价的特点

党建引领质效评价是一个综合而深入的过程，它要求高校从多维度、多层次对党建工作的实际成效进行全面审视和分析。以下特点凸显了党建引领质效评价的独特性和重要性。

（1）全面性与深度结合。党建引领质效评价强调全面性，不仅关注党建工作的直接成果，如党员数量的增加、党组织活动的频次等，更注重评价党建工作对学生成长成才、校园文化建设、社会服务等深层次影响。这种评价模式通过深度挖掘党建工作与学生全面发展、学校整体发展之间的内在联系，实现对党建工作成效的全面把握。同时，评价过程注重深度分析，通过详细考察党建工作的实施过程、机制建设、资源投入等方面，揭示其对学生成长和学校发展的深层次推动作用。

（2）动态性与持续改进。党建引领质效评价具有动态性，随着党建工作的发展和学生需求的变化而不断调整和优化。评价过程不仅关注当前党建工作的成效，更注重对未来工作的指导和改进。通过定期评价和反馈机制，及时发现党建工作中的问题和不足，为党建工作的持续改进提供方向和依据。这种动态性确保了评价工作的时效性和有效性，使党建工作能够持续适应学生成长和学校发展的新要求。

（3）参与性与共治共享。党建引领质效评价强调参与性，鼓励师生员工广泛参与评价过程，共同推动党建工作的持续改进。通过问卷调查、访谈、座谈会等多种形式，收集师生员工对党建工作的意见和建议，确保评价结果的全面性和客观性。同时，评价过程注重共治共享，评价结果作为党建工作改进的重要依据，推动师生员工共同参与党建工作的决策和实施，形成党建工作与学生成长、学校发展良性互动的局面。这种参与性和共治共享的特点增强了党建工作的凝聚力和向心力，促进了学校整体治理水平的提升。

3. 党建引领质效评价的基本原则

在构建党建引领质效评价体系时，我们必须确立一系列基本原则。这些原则是评价指标体系的标尺，确保评价的正确性和有效性。以下是评价体系的基本原则。

（1）客观性。该原则强调评价必须基于事实，排除主观偏见，通过量化的关键绩效指标来确保评价的准确性和可靠性，真实反映党建引领在学生社区服务中的实际效能。

（2）系统性。该原则强调评价体系需全面覆盖党建引领的各个关键领域，包括组织结构、资源配置、服务流程、政策执行等，形成一个相互联系、相互支持的系统化评价框架，确保评价的全面性。

（3）发展性。该原则强调评价体系要有前瞻性，鼓励创新和发展，不仅评价当前的成效，也要考虑长远的发展和潜在的改进空间，促进学生社区服务水平的持续提升。

（4）参与性。该原则强调评价体系应鼓励学生、教职工、管理人员等社区内各群体的广泛参与，确保评价过程的多元性和评价结果的全面性。

（5）实效性。该原则强调评价体系要注重实际效果，将党建引领的成果转化为学生成长成才的具体成效，以实际服务和管理改进作为评价的重要依据。

（6）透明性。该原则强调评价体系的构建和实施过程应保持高度透明，确保所有参与者对评价标准、方法和结果有清晰的了解，增强评价的公信力。

（7）持续性。该原则强调评价不是一次性的活动，而是一个持续的过程，应定期进行，以便及时发现问题、总结经验、调整策略。

（8）激励性。该原则强调通过评价结果的正向反馈，鼓励党组织和社区成员积极投身于服务学生成长成才的各项工作中。

这些原则共同构成了评价体系的核心，确保评价不仅能够真实反映党建引领的成效，而且能够推动学生社区服务的持续优化，发挥党建在引领教育现代化进程中的关键作用。

二、党建引领质效评价指标体系的构建

在深入实施质效评价前，高校必须认识到构建一个全面而有效的党建引领质效评价指标体系的重要性。指标体系不仅是衡量管理协同效果的工具，更是推动教育改革和提升服务质量的指南针。一个科学、合理、系统的指标体系能够确保高校对"一站式"学生社区综合管理模式的评价既全面又深入，从而为持续改进提供准确的方向和依据。

1. 指标体系构建原则

以中央提出的党建引领战略规划为指导，对不同管理资源进行高效、系统的整合，构建一个具有多元价值和多维视角的质效评价指标体系。这一体系的建立，不仅为评价体系的构建提供了价值判断、选择和确认的标准，而且有助于明确质效评价的目标，

提升评价过程的合理性。

为此，在选取指标、构建指标体系时，我们应遵循以下基本原则。

（1）统筹性与典型性相统一。指标体系的构建应具有全局性和引领性，反映党建引领"一站式"学生社区建设的整体效应，同时要能够突出典型案例的特色经验。在指标选择时，既要考虑到党建引领的普遍性，也要关注其在不同情境下的特殊表现，确保评价结果能够全面而具体地反映党建引领的多维价值。

（2）可行性与动态性相结合。所选指标应有明确的量化标准，确保评价过程的可操作性。同时，指标体系要具备动态性，能够适应社会变化和时代发展的要求。

（3）科学性与灵活性相统一。指标体系的构建必须以科学的理论为基础，确保概念的严谨性和逻辑的合理性。其特点、性质以及运行的流程应该与"一站式"学生社区工作的内容一致。在评价的内容、指标以及结果的使用上都应该遵循科学的原则，精确地反映出"一站式"学生社区的特点。同时，要考虑不同楼层、不同学院和不同发展阶段党组织的实际情况，设置具有一定灵活性的指标，以适应不同情境下的具体需求。

（4）定量与定性相结合。在指标体系中，应合理运用定量分析方法，对可量化的指标进行精确测量。对于难以量化的指标，如群众满意度等，应通过定性描述进行补充，确保评价结果的全面性和准确性。

（5）全面性与具体性相结合。指标体系应全面覆盖党建引领的各个方面，同时在制定具体指标时，要考虑各高校不同的特色、特点，确保评价指标既具有普遍性，又能够反映个体的独特性。

2. 指标体系的逻辑基础

构建党建引领质效评价指标体系，需要在理论层面搭建起一个全面且系统的分析架构，深入梳理多元党建主体在社区建设中的内在联系，精准定位各育人队伍在党建引领大框架内的功能角色。在实践过程中，高校要依据所设评价指标，为参与党建引领的各类队伍制定清晰、可操作且能直观量化的执行指南，明确不同阶段各队伍助力学生成长成才的目标与重点任务。这种理论探索与实践推进相结合的过程，对于提升党建引领成效、强化"一站式"学生社区服务学生成长成才的能力至关重要。

从政策网络理论视角来看，可将"一站式"学生社区视为多元党建力量互动交融的场域，重点突出学校党委在领导与统筹方面的核心作用，通过协调各方党建资源与力量，实现服务学生成长成才效果的最大化。引入政策网络理论的网络视角，有助于剖析参与学生社区党建的各组织部门、各支队伍在持续且动态的党建引领进程中，如何通过彼此关联产生相互影响，从而影响整个党建队伍的结构布局与集体行动，最终构建一套系统且完善的行为阐释框架，用以准确评价党建引领在服务学生成长成才方面的实际效果。

3. 指标体系基本框架

构建党建引领质效评价的指标体系是评价系统的核心组成部分，它决定了评价的方向和深度。一般而言，该指标体系的构建主要包括评价主体与对象、评价流程、运行模式等方面。

（1）评价主体与对象。评价主体是评价工作的主导者，决定了评价的方向和内容；而评价对象则是评价的接受者，其表现直接影响评价结果。评价主体可以分为内部主体与外部主体。内部主体通常来自高校自身的管理体系，如学校党委、学生工作部门等，它们在党建引领学生社区建设质效评价中占据核心地位；外部主体则包括教育主管部门、第三方专业评估机构以及学生代表和社会公众等，它们的参与有助于提升评价的客观性和公信力。评价对象主要是指履行党建引领职责的高校学生社区及其管理部门。具体来说，评价对象应包括学生社区的组织机构、管理团队、服务项目以及社区内的党建活动和成效等。评价内容应涵盖社区的组织建设、党员作用发挥、党建活动创新性、社区治理效果以及学生满意度等方面。

（2）评价流程。评价流程是一个涵盖自评自查、现场考察、分工明确、具体实施、结果形成、应用反馈和持续改进的综合体系。这一流程首先要求学生社区各基层党支部组织进行自我评价，随后由学校层面的考核小组、各支部代表进行现场考察和民主测评，确保评价的公正性和准确性。最终评价结果将应用于绩效改进和政策调整。

评价流程一般包括以下几个阶段，每个阶段都有明确的工作任务和目标。

一是准备阶段。首要任务是明确评价的目标和需求，即确定党建引领质效评价的具体方向和重点。随后，制定详细的评价方案，包括评价的具体内容、标准、方法和工具。为确保评价工作的统一性和专业性，成立专门的评价工作小组，并对小组成员进行必要的培训，使其熟悉评价流程、标准和要求。

二是数据收集阶段。数据收集阶段是评价工作的基础。通过问卷调查、访谈、观察、案例分析等多种方式，全面收集关于党建引领效果的相关数据和信息。这些数据和信息应涵盖学生社区的组织结构合理性、多元合作效率、政策执行一致性、资源配置有效性以及问题解决时效性等多个方面，以确保评价的全面性和深入性。

三是数据分析阶段。在数据分析阶段,要对收集的数据进行整理、分类和深入分析。运用定性和定量分析方法,确定各项指标的表现和相互之间的关系,揭示党建引领效果的实际状况。此阶段应注重数据的准确性和可靠性,确保分析结果的客观性和科学性。

四是评价实施阶段。评价实施阶段是评价工作的核心环节。依据既定的评价标准和方法,对党建引领效果的各个方面进行全面评价。此阶段应广泛邀请学生、教师、管理人员等多方主体参与评价过程,以获取多元化的反馈信息和意见,确保评价结果的全面性和代表性。

五是结果反馈阶段。在结果反馈阶段,将评价结果及时、准确地反馈给相关的管理部门和利益相关者,包括学生社区的管理人员、学生代表等,确保他们充分了解评价结果,并认识到自身在党建引领工作中的角色和责任。通过反馈,增强评价结果的透明度和公正性,增强各方对评价工作的认同感。

六是结果应用阶段。结果应用阶段是评价工作的关键所在。根据评价结果,制定具体的改进措施和计划,优化学生社区的管理模式和服务策略。这些改进措施应针对评价中发现的问题和不足,旨在提升党建引领效果,促进学生成长成才。同时,将评价结果应用于日常管理和决策中,提高管理效能和服务质量。

七是持续改进阶段。持续改进阶段是评价工作的长期任务。基于评价结果和反馈意见,不断优化评价体系和流程,形成闭环管理。通过定期回顾和总结评价工作,及时发现和解决问题,确保评价工作的持续性和有效性。同时,鼓励各方积极参与评价改进过程,共同推动党建引领质效评价体系的不断完善。

八是监督与调整阶段。监督与调整阶段是确保评价工作质量和效果的重要保障。建立有效的监督机制,对评价过程和结果进行监督和检查,确保评价工作的规范性和有效性。根据反馈和监督结果,适时调整评价指标和方法,以适应不断变化的教育需求和社区发展。通过持续的监督和调整,确保评价工作始终符合党建引领和学生成长成才的实际要求。

党建引领"一站式"学生社区建设质效评价体系实践流程如图 1-1 所示。

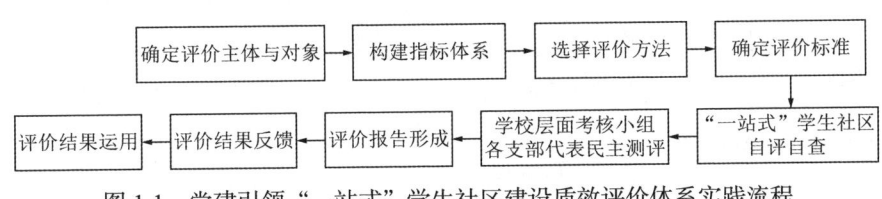

图 1-1 党建引领"一站式"学生社区建设质效评价体系实践流程

（3）运行模式。党建引领、"一站式"学生社区建设以及"一站式"学生社区质效评价之间的逻辑联系如图1-2所示。

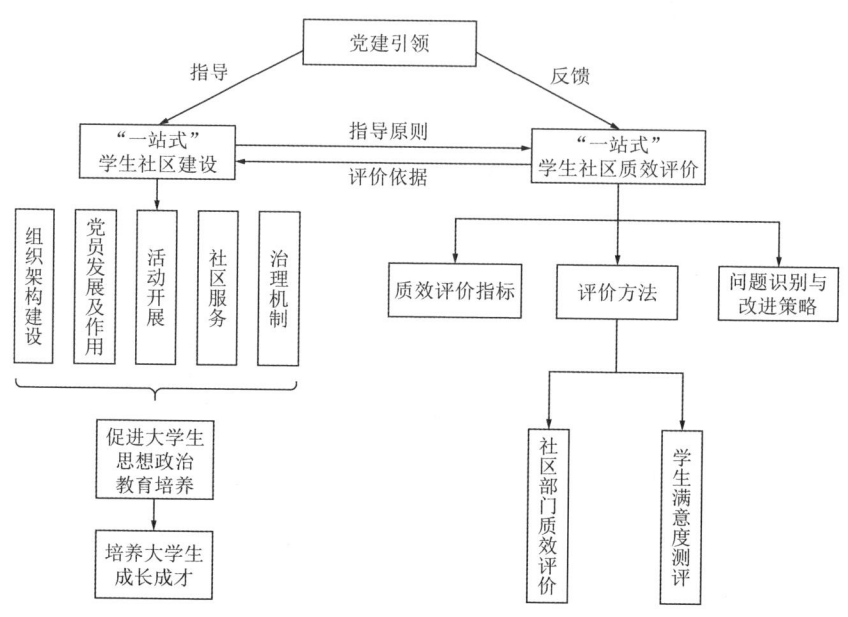

图1-2 党建引领、"一站式"学生社区建设及其质效评价关系诠释

4. 评价体系的构建方法

基于政策网络理论，采用德尔菲法，通过问卷调查和专家咨询对指标体系进行实证分析与系统验证，筛选关键绩效指标，最终构建符合信度、效度与解释力要求的自定性质效评价指标体系。

从学生社区党建的实际需求出发，明确评价体系的最终目标，确保评价指标能够全面反映党建引领下的学生社区发展情况。吸取社区部门质效评价方法和学生满意度测评方法的精华，对这一目标进行多维度、多层次的拆分细化，以提升评价指标的精确度，并确保评价结果的真实性和可靠性。在实施过程中，注重数据的收集和分析，确保评价结果的准确性和可靠性。同时，强化结果应用，将评价结果反馈给相关部门，用于优化社区服务、提升党建活动效果，以及提高学生满意度。最后，建立持续优化的机制，根据评价结果和反馈，不断调整和完善指标体系，确保其适应性和有效性。通过这一方法论，旨在构建一个科学、合理、有效的党建引领"一站式"学生社区建设指标体系。

5. 评价指标筛选

本节以《高校"一站式"学生社区综合管理模式建设提质增效指南》（第一版）

中党建引领的指标内涵及观测重点为参考,通过网络调研兄弟院校在党建引领"一站式"学生社区建设中的经验做法,选取并归纳关键要素,梳理出党建引领质效评价自定指标。在构建党建引领"一站式"学生社区建设质效评价指标体系的过程中,采取系统化的方法,确保评价体系的全面性和科学性。一级指标包含组织建设、党员作用、活动开展、社区治理、服务效果和学生满意度等关键领域,既反映了社区建设的宏观要求,又体现了对学生个体发展需求的关注。二级指标在一级指标的基础上进行了细化,包含组织架构完善度、规章制度执行情况、党员参与度、党员示范效应、活动频率与多样性等,是衡量社区建设成效的重要维度。三级指标则进一步具体化,包含党组织结构的规范性和覆盖范围、组织内部沟通机制的有效性、党员参与社区活动的频率等,为评价工作提供了可操作的量化标准。经过不断比较、筛选、调整和系统整合,最终构建党建引领质效评价的三级指标体系,如表 1-1 所示。

表 1-1 党建引领"一站式"学生社区建设质效评价指标

一级指标	二级指标	三级指标
组织建设	组织架构完善度	党组织结构的规范性和覆盖范围
		组织内部沟通机制的有效性
	规章制度执行情况	党建规章制度的完备性
		规章制度的执行与监督
党员作用	党员参与度	党员参与社区活动的频率
		党员在活动中的积极作用
	党员示范效应	党员在思想政治教育中的表率作用
		党员解决社区问题的能力
活动开展	活动频率与多样性	党建活动的举办次数
		活动类型的多样性
	活动质量与参与度	活动的教育意义和实际效果
		学生的参与度和反馈
社区治理	治理结构合理性	治理结构的科学性和民主性
		治理层级的清晰度

（续表）

一级指标	二级指标	三级指标
社区治理	治理机制有效性	决策过程的透明度和公正性
		问题解决的效率和满意度
服务效果	学业支持服务	学术资源的丰富度和可获取性
		学业辅导和支持服务的效果
	职业发展与心理健康服务	职业发展指导的质量和效果
		心理健康服务的覆盖面和满意度
	全方位发展支持度	德智体美劳教育的均衡发展
		学生个性化发展支持的多样性
学生满意度	服务满意度	社区服务的及时性和有效性，服务人员的态度和专业度
	治理满意度	社区治理的参与度和透明度
		治理决策的合理性和接受度
	环境满意度	社区环境的安全性和舒适性，社区文化和氛围的活跃度

各级指标及其具体观测点为评价提供了可量化、可操作的评估点，构建一个全面、多维度的评价体系，为准确评价管理协同效果提供科学依据。

6. 评价反馈应用

评价反馈应用是在深化对党建引领"一站式"学生社区服务学生成长成才效果的认识基础上，进一步探讨效果提升策略。这些策略不仅涉及组织架构的优化、党员作用的强化，也包括活动创新、治理改进、服务丰富及满意度提升等多个层面。具体包括：一是强化组织建设，通过规范党组织结构和优化内部沟通机制，确保信息畅通和决策执行的高效率。二是激发党员活力，提升党员的参与度和示范效应，鼓励他们在社区服务和思想政治教育中发挥领导和榜样作用。三是优化党建活动，增加党建活动的频率和多样性，确保活动内容具有实际教育意义，以吸引更多学生参与活动。四是优化社区治理，完善治理结构，提高治理的科学性和民主性，并通过透明的决策过程和高效的问题解决能力，增强学生的满意度和社区的和谐度。五是提升服务效果，丰富学业支持、职业发展指导和心理健康服务，满足学生全面发展的需求。六是提升学生满意度,包括增强社区服务的及时性和有效性,提高治理的透明度和环境的舒适性,营造积极的社区文化氛围。

除此之外,高校要建立有效的党建引领效果信息采集机制,明确数据来源,确保评价数据的全面性和准确性,为评价提供坚实的数据支撑。识别并解决信息采集过程中的问题,如数据的不完整性和时效性不足,确保评价结果的客观性和有效性。

第二章

管理协同：
提升学生成长成才保障度

以学生成长为中心：
高校"一站式"学生社区综合管理育人质效评价研究

> 在当代高等教育的发展中，高校学生社区已成为育人工作的重要阵地。管理协同作为提升学生成长发展保障度的关键策略，其目标在于整合校内外资源、优化管理流程、提升服务质量，实现对学生的全方位教育与关怀。管理协同不仅是管理模式的创新，更是育人理念的体现。它强调通过跨部门、跨领域的合作，打破传统管理壁垒，构建一个全方位、多层次的，以学生成长为中心的教育、管理与服务综合体系。这一体系的最终目标在于实现育人功能的系统化、精细化和高效化，促进学生的全面发展，并为高校治理体系和治理能力的现代化提供有力支撑。
>
> 在"一站式"学生社区综合管理模式下，探讨管理协同如何在服务学生成长成才中发挥作用，其理论基础涵盖教育学、心理学、社会学以及管理学等多个学科领域。教育学理论为育人目标的设定与教育活动的组织提供了科学依据；心理学理论助力深入理解学生需求与行为动机，实现精准关怀；社会学理论从社会环境与群体互动的视角，为营造良好的社区育人氛围提供了有益参考；管理学理论为优化管理流程、提升管理效能指明了方向。这些多学科的理论基础相互融合，为"一站式"学生社区综合管理模式的实施提供了坚实的理论支撑和明确的实践指导。

本章深入探讨了管理协同在高校学生社区建设中的理论与实践意义，着重分析了其在促进学生全面发展中的重要作用。作为提升学生成长发展保障度的关键策略，管理协同通过整合校内外资源、优化管理流程、提升服务质量，实现对学生全方位的教育和关怀。基于全面发展教育理论和以人为本的教育理念，以及协同管理理论和服务管理理论，本章详细阐述了管理协同的教育学和管理学内涵，为服务学生成长成才提供理论基础。复旦大学、西安交通大学和北京航空航天大学的实践案例，展示了管理协同在"一站式"学生社区中的具体应用和显著成效，具体包括数字化育人平台的搭建、双院协同育人机制的形成以及党建引领下的一体贯通新格局等方面。最后，本章还讨论了管理协同评价指标体系的构建，包括指标选取原则、评价内容和典型实践等方面，并提出了管理协同评价的提升策略，以确保评价的有效性和持续改进。

第一节　管理协同与服务学生成长成才的内在逻辑

"一站式"学生社区综合管理模式下的管理协同，其核心在于打破传统管理壁垒，通过深度整合校内各类资源、全面融合功能以及创新服务集成，构建一个全方位、多层次、以学生成长为中心的教育、管理与服务综合体系。其最终目标是实现育人功能的系统化、精细化和高效化，促进学生全面发展，并为高校治理体系和治理能力的现代化提供有力支撑。秉持"以学生成长为中心"的理念，管理协同致力于通过跨部门、跨领域的资源整合，形成一个集教育、管理、服务于一体的综合性学生生活成长环境，实现育人工作的全面优化，服务学生成长成才，提升学生综合素质，进而推进高校治理体系的现代化。

一、管理协同的理论基础与内涵

在"一站式"学生社区综合管理模式下，本章探讨管理协同如何在服务学生成长成才中发挥作用，其理论基础主要涵盖教育学、心理学、社会学以及管理学等多个学科领域。这些理论基础为"一站式"学生社区综合管理模式的实施提供了有力的理论支撑和实践指导。

（一）管理协同的教育学内涵

教育学理论中的全面发展教育理论和以人为本的教育理念都依托于管理协同。全面发展教育理论强调学生的德智体美劳等多方面综合素质的均衡发展，包括智力、体力、情感、道德、社会交往等多方面的能力提升，不仅关注学生的知识获取，还重视学生的身心健康、个性发展、社会适应等综合能力的培养。"一站式"学生社区综合管理模式通过整合校内外资源，提供集学习、生活、娱乐、服务于一体的综合空间，旨在服务学生成长成才和全面发展。在这一过程中，管理协同尤为重要，它要求校内各相关部门、各类资源以及不同层级的管理者之间形成高效、有序的协作机制，整合各类教育资源和服务，共同服务于学生的全面发展目标，满足学生在不同方面的成长需求。以人为本的教育理念认为，教育的核心在于关注学生的个体发展，尊重学生的个性差异。在"一站式"学生社区综合管理模式下，这一理念体现为以学生成长为中心，注重学生的个性化需求，为其提供针对性的服务与支持。这更需要管理协同提供支撑，主要体现在精准把握学生需求、提供个性化与定制化的服务、强化学生参与自主管理以及保持管理机制的灵活性与创新性等方面。只有实现这些方面的协同配合，才能确保"一站式"学生社区在促进学生全面发展方面发挥最大效能。

（二）管理协同的心理学内涵

心理学理论中的需求层次理论和社会学习理论，体现管理协同在服务学生成才方面的必要性。马斯洛需求层次理论指出，人类的需求从低到高分为生理需求、安全需求、社交需求、尊重需求和自我实现需求。在"一站式"学生社区中，管理协同与服务学生的过程正是不断满足学生生理、安全、社交、尊重和自我实现需求的过程。管理协同实现资源整合和调配，逐步满足学生需求，进而促进学生成长成才。阿尔伯特·班杜拉（Albert Bandura）的社会学习理论认为，人们通过观察他人的行为来学习新的行为模式。在"一站式"学生社区综合管理模式中，学生之间的相互学习、教师的榜样作用以及社区文化的熏陶，都是社会学习理论的具体实践，也是管理协同的价值体现，有助于促进学生良好行为习惯的养成和综合素质的提升。

（三）管理协同的社会学内涵

社会学理论中的社区发展理论和社会资本理论，体现管理协同在服务学生成长成才方面的必要性。社区发展理论认为，社区是社会发展的基本单位，通过社区的发展可以促进社会的整体进步。在"一站式"学生社区中，高校通过管理协同与服务学生，可以推动学生社区的发展和完善，进而促进学生的成长成才和学校的整体发展。社会资本理论认为，社会资本是个人或组织在社会网络中所拥有的资源总和。在"一站式"学生社区中，高校通过管理协同促进学生之间、师生之间以及学生与社区之间的互动与交流，有助于形成紧密的社会网络，积累丰富的社会资本，从而为学生的成长成才提供有力支持。

（四）管理协同的管理学内涵

管理学理论中的协同管理理论和服务管理理论，为管理协同服务学生成长成才提供理论基础。协同管理理论强调不同主体之间的协同合作以实现共同目标。在"一站式"学生社区综合管理模式中，管理协同正是协同管理理论的具体应用。管理协同通过学校内部各部门的紧密协作与资源整合，为学生提供全方位、高效的服务支持。服务管理理论关注如何提供高质量的服务，以满足客户需求。在"一站式"学生社区中，管理协同服务学生成长成才正是服务管理理论的核心任务之一。通过不断优化服务流程、提升服务质量以及提供个性化的服务方案等措施，可以确保学生得到满意的服务体验，并实现健康成长与全面发展。

二、管理协同是"一站式"学生社区服务学生成长成才的现实基础

在"一站式"学生社区综合管理模式中,管理协同与服务学生成长成才紧密相连、相互影响、相互参与、相互贯通,保持动态变化。管理协同通过整合校内外资源,打破部门壁垒,实现信息共享与资源互通;通过系统性整合与创新,为"一站式"学生社区服务学生成长成才奠定坚实基础。

(一)管理协同有利于增进教育理念与育人目标的一致性

在"一站式"学生社区综合管理模式中,管理协同与服务学生成长成才在理念与目标上具有高度的一致性。首先,"一站式"学生社区综合管理模式始终秉持"以学生成长为中心"的教育理念,将学生的成长成才置于首位,所有管理活动和服务措施都围绕学生的实际需求和发展目标展开。无论是管理理念还是服务目标,都致力于实现学生的全面发展。其次,管理协同强调资源整合和部门协作,以提供更加全面、系统的支持;而服务学生成长成才则注重满足学生在知识、能力、素质等多方面的需求,两者在全方位育人的目标上高度一致。再次,管理协同通过优化资源配置、提高服务效率等方式,为学生提供更加个性化、差异化的支持,这有助于满足学生多样化的成长需求,促进学生个性化发展;而服务学生成长成才的最终目标也是实现学生的全面发展,包括个性化潜力的挖掘和发挥。最后,"一站式"学生社区综合管理模式作为推动高校治理体系现代化的重要举措之一,要求学校各部门之间加强沟通与合作,形成协同育人的良好机制。这有助于打破部门壁垒、优化资源配置、提高工作效率,推动高校治理体系的不断完善和创新。

(二)管理协同有利于形成良好的组织架构与育人功能

在"一站式"学生社区中,学校各部门之间将建立起紧密的协作关系,形成跨部门协作的组织结构和管理协同。这一机制打破了部门壁垒,实现了资源的共享和优化配置,为服务学生提供了有力的组织保障。各部门在职能上相互补充与融合,共同为学生提供全方位的服务。例如,教务处负责课程学业指导,学生处负责生活管理,心理咨询中心负责心理健康辅导等。这些职能在"一站式"服务模式下得到更加紧密的整合与协调,确保了服务的高效性和针对性。在育人功能上,"一站式"学生社区综合

管理模式将思想政治教育融入学生社区日常生活，通过面对面的思想引导、学业辅导、心理疏导、就业指导等，有效解决学生在成长过程中的问题和困惑。同时，构建学生自治体系，设立学生自治组织，引导学生参与社区事务管理，实现自我管理、自我教育、自我服务，从而提升学生的自主意识、自律能力和社会适应能力，为走出校园步入社会打下坚实基础。

（三）管理协同有利于建立合理的服务流程与服务内容

"一站式"学生社区综合管理模式通过整合各部门的服务功能，形成统一的服务平台或窗口，为学生提供便捷、高效的一站式服务；通过平台搭建实现管理协同。这类平台或窗口简化了服务环节，提高了服务效率，并且在社区环境下即可及时、有效地解决学生的问题，提高学生的满意度和幸福感。在服务学生成长成才方面，"一站式"学生社区注重学生的个性化需求，服务内容更加多元。它通过深入了解学生的兴趣爱好、发展特点等，为学生提供量身定制的服务内容。这些服务内容贴近学生需求，可能包括学业规划、职业规划、心理咨询、社会实践等多个方面，旨在促进学生的全面发展。

（四）管理协同有利于畅通反馈渠道与持续改进服务

首先，"一站式"学生社区综合管理模式通过问卷调查、座谈会、意见箱等多元化渠道收集学生的反馈意见与建议，渠道更为贴近学生，场景更加亲民。这些多元化的反馈渠道丰富了学生的诉求表达途径，为改进管理提供了宝贵的参考依据，有效提高了管理协同的效率和服务水平，保障了管理协同的高效运行。其次，畅通的反馈渠道能够及时更新信息并收集有效意见，这将促进服务水平的持续提升。最后，基于反馈结果制订具体的改进计划并付诸实施，有助于激励学生积极参与监督并主动了解反馈结果。该模式通过不断优化服务流程、提升服务质量、加强师资培训等措施，实现管理的持续改进和服务的持续优化。

（五）管理协同有利于建构健康的现实环境与精神家园

"一站式"学生社区注重社区文化氛围的营造。高校可以通过在学生生活社区举办各类党团红色活动、校园文化活动以及建设文化设施等方式，打造红色空间，营造积极向上的社区氛围，使学生社区成为党建引领的新阵地。此外，还可依托社区开展思想政治教育，以润物细无声的方式贴近学生，营造良好的育人氛围；充分发挥党员学生的先锋模范作用，在生活社区中开展红色教育、朋辈教育。这种文化氛围有助于引导学生树立正确的世界观、人生观、价值观，促进其健康成长和全面发展，最终将学生社区打造成为健康的精神家园。同时，高校通过在社区内打造学习讨论室、自习室等学习空间，将学习与生活环境有机融合在"一站式"学生社区中，使学生能够在良好的环境中安心学习、快乐生活。这不仅提高了学生的生活质量和学习效率，还促进了学生之间的交流与互动，为其成长成才提供了良好的平台。

（六）管理协同有利于实现高效的资源配置与资源利用

"一站式"学生社区将校内各部门的人力、物力、财力等各类资源整合到统一平台上，实现资源的优化配置和共享。这种资源整合不仅提高了资源利用效率，还为学生提供了更加丰富多样的学习和发展机会。针对学生成长成才的关键领域和环节，如学业发展、心理健康、职业规划等，"一站式"学生社区能够提供有效的资源利用计划和保障措施。这些计划和措施确保了学生在关键时期能够得到及时有效的帮助和支持。无论是在资源配置还是资源的开发利用上，管理协同和服务学生成长成才都能够相互协调、相互配合、持续发展。

综上所述，在"一站式"学生社区综合管理模式下，管理协同在增进教育理念与育人目标的一致性等多个方面为服务学生成长成才提供现实基础，为学生提供全方位、多层次的服务和支持。

三、管理协同是"一站式"学生社区服务学生成长成才的重要支撑

（一）管理协同增进校内资源整合

"一站式"学生社区综合管理模式要求校内各部门打破壁垒，实现资源的共享和优化配置。这种资源整合不仅限于物质资源，还包括人力资源、信息资源等，确保社区能够为学生提供全方位的服务。在资源整合与优化配置上强化管理协同，更有助于实现跨部门的协作与沟通。高校通过搭建专门的"一站式"学生社区管理平台，明确牵头部门和其他各部门的职责，确保在服务学生过程中形成合力，提高整体效能。高校应制定相应的实施方案和管理制度，为"一站式"学生社区综合管理模式的运行提供制度保障。这些制度包括资源分配机制、考核评价机制、反馈改进机制等，以确保管

理协同的顺利进行。同时，高校应牢固树立"以学生成长为中心"的教育理念，将这一理念贯穿于"一站式"学生社区综合管理的全过程。

（二）管理协同满足学生的个性化需求

首先，"一站式"学生社区综合管理模式注重学生的个性化需求，通过在社区场景下与学生进行深入的交流与沟通，加之生活上的观察调研，可以充分了解学生的兴趣、特长和发展目标，为其量身定制个性化的服务方案。这些方案可能包括日常社交、学业课程、生活帮助等多个方面。其次，"一站式"学生社区不仅为学生提供基本的生活服务，还致力于为学生提供未来发展的全方位支持与帮助，这可能包括学术上的指导、心理上的疏导、职业规划上的建议等，确保学生在大学生活中的每个阶段都能得到及时的帮助。最后，"一站式"学生社区还特别注重培养学生实践与创新能力，通过组织各种实践活动和创新项目，为学生提供展示自我、锻炼能力的平台。例如，科创活动可以使科创组队更加便捷、学生间的沟通更加高效，打破社区原有壁垒，为学生成长成才提供培育沃土。这些活动有助于提升学生的实践能力和创新能力，为其未来的职业发展奠定坚实的基础。

（三）管理协同促进可持续化发展

管理协同与服务学生成长成才具有目标一致性、过程互动性和成果共享性。首先，管理协同与服务学生成长成才在"一站式"学生社区综合管理模式中具有高度的目标一致性。管理协同的目标是提高整体效能，优化资源配置；而服务学生成长成才的目标则是促进学生的全面发展。两者相辅相成，共同推动学生社区的持续发展。其次，在实施过程中，管理协同与服务学生成长成才呈现明显的互动性。管理协同为服务学生提供了坚实的保障和支持；而在服务学生的过程中又不断反馈新的需求和问题，推动管理协同的不断优化和完善，两者相辅相成。最后，"一站式"学生社区综合管理模式的管理协同与服务学生成长成才将共同取得显著的成果。这些成果不仅体现在学生个人的成长与发展上，还体现在高校整体办学水平和社会声誉的提升上，将推动学校管理水平迈上新的台阶。

四、管理协同是"一站式"学生社区服务学生成长成才的必然选择

在"一站式"学生社区综合管理模式下，管理协同是确保各项服务和育人资源有

效整合与利用的关键环节,最终目标是服务学生成长成才和全面发展,这就要求"一站式"学生社区拥有切实可行的各项实践条件,能够推动各项措施落实落地。

(一)"一站式"学生社区构建跨部门协作机制

学校各部门、院系在学生社区管理中的具体职责和分工应该得到明确,避免工作重复和盲区。通过制订详细的工作方案和计划,确保各部门能够各司其职、协同配合。成立由多部门参与的"一站式"学生社区管理小组或平台,明确各部门的职责与任务分工;定期召开联席会议、建立信息共享平台等方式,加强跨部门的沟通与协作,确保在服务学生过程中能够形成合力。

(二)"一站式"学生社区实现职能互补与融合

制定详细的职能互补与融合方案,明确各部门在服务学生过程中的角色与定位,定期召开跨部门的联席会议,共同研究学生社区建设和管理中的重大问题,制定解决方案。联席会议可以邀请学生代表参加,听取学生意见,增强决策的民主性和科学性,更加贴近学生需求。推动各部门之间的信息共享和资源整合,确保学生社区内的各类资源能够得到充分利用。例如,教务处负责学业指导课程的开发与实施,学生处负责学生日常行为规范的引导与管理,心理咨询中心则提供专业的心理健康服务。同时,鼓励各部门在服务过程中相互支持、相互配合,共同促进学生的全面发展。

(三)"一站式"学生社区优化服务流程

对现有的服务流程进行全面梳理与评价,识别出流程中的瓶颈与冗余环节。以学生需求为导向,合理配置社区内的软硬件设施。通过问卷调查、座谈会等方式收集学生的反馈意见,结合学校的实际情况,制定科学合理的资源配置方案。通过简化流程、整合资源等方式,提高服务效率与质量。例如,可以设立统一的服务窗口或在线平台,集中处理学生的各类需求与问题。同时,建立快速响应机制,确保学生的问题能够得到及时解决。

(四)"一站式"学生社区提供个性化服务

深入了解学生的个性化需求与发展特点,关注特殊学生群体,为其提供量身定制的服务方案，提供专业师资队伍作为校内导师，全方位、多层次关注学生个性化发展。例如，可以根据学生的专业背景与兴趣爱好制订个性化的学业规划，根据学生的职业规划需求提供针对性的就业指导与培训，针对学生的心理健康问题提供个性化的心理咨询与辅导等。

（五）"一站式"学生社区实现数字化管理

利用大数据等数字化技术建立"一站式"学生社区数据集成平台，对学生学习、生活、心理等方面的数据进行集成和分析。基于数据分析结果开展智能推荐和预警工作。例如，根据学生的兴趣爱好和学业表现推荐相关课程和活动，对存在心理问题或学业困难的学生进行及时预警和干预。同时，重视数据安全和保护，防止泄露和滥用学生信息。通过数据分析，了解学生的需求和需要解决的问题，为精准开展思想政治教育和提供个性化服务提供依据。

（六）"一站式"学生社区建立多元化的反馈渠道

社区通过问卷调查、座谈会、意见箱、在线评价系统等多种方式收集学生的反馈意见与建议，并建立积极有效的反馈机制，使学生能够感受到社区解决问题的诚意（如学生提出的合理建议被重视和采纳），从而形成良性互动，共同推动"一站式"学生社区建设。同时，鼓励教职工、社区工作人员、家长及社会各界参与反馈过程，为改进服务提供更多视角与思路，共同打造良性互动的学生社区。

（七）"一站式"学生社区实施持续的服务改进计划

基于反馈结果制订具体的服务改进计划并付诸实施。这些计划可能包括改进服务流程、提升服务质量、加强师资培训等。同时，建立跟踪评估机制，对改进效果进行定期评估与调整，确保服务能够持续满足学生的成长需求。

综上所述，"一站式"学生社区综合管理模式中的管理协同与服务学生成长成才的充分融合是一个复杂而精细的过程。高校在构建跨部门协作机制、职能互补与融合、"一站式"服务流程优化、个性化服务、数字化管理、建立多元化反馈渠道、实施持续的服务改进计划等多个层面进行深入实践，以确保为学生提供全面、优质、个性化的服务支持，促进其全面发展与成长成才。

第二节 管理协同与服务学生成长成才的实践探索

在"一站式"学生社区建设中,管理协同理念的提出与高校管理事务面临的挑战密切相关,这标志着从单一主体管理模式向多主体协同管理模式的转变。管理协同作为一种高效、灵活的管理模式,逐渐成为高校提升学生成长发展保障度的重要途径。管理协同不仅是理论框架,更是实践中的具体行动指南。教育部思想政治工作司对推进"一站式"学生社区综合管理模式建设的"管理协同"提出了明确要求:将办学治校各领域、教育教学各环节、人才培养各方面的育人资源和育人优势,推广应用到学生社区综合管理模式建设中去。按照依法依规、改革创新、协同善治的原则,建立健全学生社区综合管理体制,合理划分社区、院系、学校职能部门、宿舍管理服务中心及家庭的权责,确保多方联动制度化常态化,有效激发学生社区育人活力和内生动力。探索建立全方位协同育人机制,处理好党建和思想政治工作与教务教学管理的协同、通识教育与专业教育协同、第一课堂与第二课堂协同、软件建设与硬件建设协同等关系。多部门协作,推动社区学生的学习、消费、上网、运动、心理、资助、评奖评优、第二课堂等数据的集成与挖掘,实施画像分析、成长报告、舆情分析、趋势预警、智能推荐等计划,为精准开展学生思想政治教育提供靶向决策支持。本节还将深入探讨管理协同在服务学生成长成才中的实践探索,分析其作用机制及典型案例,为高校管理协同的实践提供有益的参考。

一、管理协同的作用机制解析

"一站式"学生社区建设的最终目标是培养可堪大任的时代新人。管理协同的目标是通过提高管理效能,实现提质增效,为学生的全面发展和成长成才创造更加有利的环境和条件。在这一目标的指引下,管理协同的四大机制——资源整合机制、信息共享机制、沟通协作机制以及激励约束机制,共同推动"一站式"学生社区高效运行。

(一)资源整合机制

资源整合机制通过统筹育人力量,推动校院领导力量、管理力量、思政力量、服务力量下沉至"一站式"学生社区一线,落实"人在一线""心在一线""思在一线"

"干在一线",把实现好、维护好、发展好学生的根本利益作为一切工作的出发点和落脚点,用最温暖的关爱陪伴学生健康成长。同时,整合校内外的教育资源,包括教学设施、师资力量、科研项目等进入"一站式"学生社区,形成优势互补、相互促进、协调发展的局面,为学生提供更加丰富多样的学习和发展机会。

(二)信息共享机制

信息共享机制主动顺应信息化发展趋势,贯彻落实数字化发展战略,通过数字化手段赋能学生社区建设,充分利用数字信息、智能平台、现代设施,科学研判学生成长规律和发展需求,建立高效的信息共享平台,实现各管理部门间的信息互通与共享,消除信息孤岛现象,全时空开展智慧社区创新基地建设,打造集"价值引领—成长助力—资源整合—风险化解"于一体的数字化育人工作矩阵,以精准化服务更好满足学生成长需求。

(三)沟通协作机制

沟通协作机制加强各管理部门之间的沟通与协作,建立定期联席会议制度,共同研究解决学生成长成才过程中遇到的问题和挑战,形成合力,提升服务效率和质量。高校应成立"一站式"学生社区育人工作领导小组,成员包括相关部门负责人、学院辅导员、学生代表,负责统筹规划、协调推进一站式社区各育人载体的建设与运行,明确工作目标和任务分工,确保各载体间信息共享、功能互补、协同配合。

(四)激励约束机制

激励约束机制通过建立科学合理的激励与约束体系,鼓励各管理主体积极参与协同管理,并对其工作成效进行客观评价。高校应设立协同育人贡献指标,将"一站式"学生社区工作成效纳入学校领导干部述职评议、专任教师及职能部门工作人员的考核体系。这一机制不仅确保了管理协同的持续性和有效性,还通过表彰奖励取得突出业绩的教职员工,进一步激发其工作热情和创造力。

二、典型案例介绍

(一)浙江大学——"一核多方"的主体聚合机制

1. 形式与内容

浙江大学通过构建"一核多方"的主体聚合机制,在学生社区场域中,实现了基层党组织、行政部门、教师、校友以及学生等多方主体的有效整合。"一核多方"主要是指基层党组织领导下的高校社区多方主体参与，通过制度化的协同治理、资源共享和联动服务，构建高校社区育人共同体，形成党建引领下的多元共治格局。在组织体系建设维度，浙江大学十分重视基层党组织自上而下的组织延伸建设及其在多方主体中发挥的引领与聚合作用。一方面，做实党建"网格化"管理模式，打造"党委—党支部—党小组—党章学习小组—寝室"纵向工作链条，实现全员覆盖目标。另一方面，建立多维联动机制，成立试点工作领导小组，由分管思想政治教育和本科生教育的校领导担任双组长，横向建立"社区—院系""社区—部处""社区—宿管"有效联动机制，确保各主体间信息互通有无、资源互补共享、管理无缝连接。在此基础上，通过系列制度设计及安排、基层党组织的统筹协调，实现多方力量和资源在学生社区的汇聚和有效互动。通过完善专兼职辅导员、班主任等选聘和管理细则，"新生之友"寝室联系制度、专业导师入园育人制度等制度体系，将包括学校领导、专业教师、行政部门人员等在内的多方主体力量下沉到学生社区。例如，校领导担任"新生之友"，定期与结对寝室的学生进行深入交流，解决学生学业、生活及生涯规划等方面的困难和问题；学习借鉴"书院制"学生管理模式，探索通识教育新途径和校内外资源联动育人机制；动员和组织专业院系教授、青年教师等力量入园开展交流活动等。与此同时，"一核多方"主体聚合机制的有效运转，需要相应的资源条件配置作为基础。浙江大学以"利益"驱动主体协同，将包括"新生之友"在内的活动作为教师重要工作内容，并在相应的职称评聘、年度考核中占据一定的比重，从而扭转教师日常"重科研、轻育人"的观念，进一步激发教师参与学生社区建设的内驱动力。

2. 特色与成效

浙江大学管理协同的特色在于其系统性、创新性和实效性。在"一站式"学生社区建设中，浙江大学构建了"空间—主体—服务—技术"相融合的四重机制，即社区物理空间与社会空间的联动机制、"一核多方"的主体聚合机制、自上而下的公共服务与学生自我管理自我服务的融合机制、数字化改革全面服务学生社区建设的技术支撑机制。"一核多方"的主体聚合机制在其中发挥着核心枢纽功能，成为驱动四重机制协同运转的动力引擎。管理协同需要基于系统化的视角与路径，有效实现四类机制的协同，只有通过"一核多方"主体聚合机制为牵引推进系统化建设，实现四重机制的同步运转和有效运作，以学生社区建设为重要载体的高校协同育人工作目标才能有效实现，这也应成为后续高校学生社区建设的重要实践方向。浙江大学"一核多方"的主体聚合机制不仅将基层党组织作为核心引领力量，还充分调动了行政部门、教师、校友及学生等多方主体的积极性，形成了一个全方位、多层次的育人网络。该机制显著提升了学生社区的管理水平和育人质量。通过多维联动机制，各主体之间的信息得以高效传递，资源实现了互补共享，管理形成了无缝连接，为学生提供了更加便捷、高效的服务。同时，通过系列制度设计及安排，将多方主体力量下沉到学生社区，使学生能够在日常生活中得到更加全面、细致的关怀和指导。值得一提的是，浙江大学还通过"利益"驱动主体协同，将教师参与学生社区建设纳入职称评聘、年度考核等评价体系，有效激发了教师参与学生社区建设的内驱动力。这种激励机制的引入，不仅提高了教师的育人积极性，还促进了教师与学生的互动交流，增强了师生之间的信任。

3. 育人价值

浙江大学通过"一核多方"主体聚合机制，在学生社区建设中展现了显著的育人价值。首先，该体系强化了学生社区作为学习生活共同体的属性，通过多方主体的共同参与，培养了学生的团队协作能力和社会责任感。在这种全方位互动的环境中，学生更深刻地理解了个人与集体、局部与整体的关系，提升了其融入社会和服务社会的能力。其次，浙江大学实现了学校管理单元与学生学习生活共同体的有机衔接，管理单元不仅履行行政管理职责，更成为学生成长的伙伴，使得管理更加人性化，服务更加贴心。更重要的是，这一体系增强了学生的归属感和认同感，每个学生都感受到被尊重和重视，因而更加珍惜和热爱自己的社区，愿意为社区发展贡献力量。最后，浙江大学还通过完善评价机制和培养模式，激发了资源投入和人才汇聚的活力，为学生提供了更广阔的平台，助力其自信面对未来挑战，从而为社会培养具有创新精神和实践能力的新时代人才。

（二）复旦大学——数智技术赋能

1. 形式与内容

复旦大学作为国内最早一批建成网上"一站式"大厅的高校，已将所有学生社区传统服务项目上线复旦大学网上办事服务大厅；针对学生住宿、物业管理等日常业务，已全面实现"一网通办""不见面审批"的一站式社区服务，极大地提升了社区管理服务的便捷性；推出移动机器人助理辅导员"小云""旦宝"，通过云端储存的语料库，收集学校各类信息，如同百科全书般为社区学生快速应答并提供便捷生活服务；在社区生活界面建成住宿社区手机终端查房系统，便于管理督导员将学生寝室卫生评分、违章违纪等社区安全稳定动态事项及时拍照上传，实时推送给管理人员和院系学生工作负责人，实现对学生社区日常行为的动态化、精准化管理。复旦大学推动育人平台数字化，智慧赋能教学，助力学生成长。学校通过数字化手段，着力提升学生参与校园文化活动的积极性。学校以学生综合素质评价改革试点为契机，通过学生综合素养评价工具"智慧书院"小程序的建设，鼓励学生参与其中。目前五大书院自主设计和开展的品牌活动已全部上线，实现了书院教育资源的汇聚和师生参与活动的记录集成，为全面了解师生参与活动和评价教育管理提供了数据分析依据。"智慧书院"小程序每月推出不同主题，全景式展现复旦这片育人沃土、学术沃土、文化沃土，使大学文化在潜移默化中滋养师生，丰富其学术旨趣和校园生活。此外，学校积极推动校园文化资源的数字转化工作，打造多个面向学生的品牌文化项目。

2. 特色与成效

复旦大学在推动育人平台数字化方面取得了显著成效，其中"智慧书院"小程序是重要的一环。该程序融教育、管理、服务为一体，不仅解决了书院制下常规学生工作和教育管理创新不足的问题，还解决了学生综合素质提升和全面发展牵引不足、数据支撑缺乏的问题，以及平台用户黏性不足、师生互动较少、育人活动信息不对称等问题。从技术层面看，该平台使复旦大学的学生发展平台与学校大数据集成平台实现了互通，搭建了线上线下协同发展平台，支持导师数据分析和呈现，实现了学生学习生活、成长发展纪实数据的收集和分析整理。此外，该平台的建设遵循了统一性、高可靠性、高安全性、成熟性、个性化定制和可拓展性六大原则，充分考虑了高等教育改革的必然性，直观呈现了学生发展态势和能力图谱。在创新性方面，复旦大学探索了基于"一站式"学生社区建设的模式，完善了书院育人体系，通过联动第一、第二课堂，构建了育人资源汇聚平台，促进了学生的全面发展。同时，它还密切了师生交流，实现了全员参与。该平台贯穿本科培养全过程，实现了全过程管理，并构建了激励体系，形成了素养能力分析模型，为学生提供了个性化指导。此外，复旦大学还通过积分体系激发了学生参与活动的积极性，支持兑换书院文创用品，并对学生参与活动后的能力进行分析和及时反馈，形成了可追溯的学生综合能力培养体系。

3. 育人价值

复旦大学通过数字化手段推动育人平台的升级和创新，不仅提升了管理服务的便捷性和效率，更为学生的全面发展提供了有力支持。通过"智慧书院"小程序等平台的建设，复旦大学实现了教育资源的汇聚和共享，促进了师生互动，为学生的综合素质提升和个性化发展提供了广阔的空间。同时，这些平台的建设也为学生提供了更加便捷、高效的学习和生活服务，进一步提升了学生的满意度和幸福感。此外，复旦大学在推动育人平台数字化过程中，还注重数据的收集和分析整理，为学校教育管理和"一站式"学生社区的建设提供数据支撑。这不仅有助于学校更加精准地掌握学生的发展状况和需求，也为学校制定更加科学、合理的教育政策和管理措施提供有力依据。

（三）西安交通大学——以书院制为基础

1. 形式与内容

西安交通大学以书院制为基础，实施覆盖全体本科生的学生社区实体化建设，着重解决将党建和思政全程融入学生社区的问题。西安交通大学将9个书院全部纳入试点，凝聚党建、教学、学工、管理、服务等29个部门，制定"工作责任清单"和"单位责任清单"，打造党团组织、思想引领、学生发展、生活服务、国际合作等十大工作体系。在试点过程中，西安交通大学设立专门党组织统筹9个学生社区的党建工作；以本科生院作为各部门统筹协调的管理中心；建设党政干部、辅导员、班主任、学业导师、朋辈导师、校外导师等育人队伍和"思政论坛""大学生思想教育与实践研究中心"等工作平台；营造以"西迁精神"为底色的社区文化氛围，大力弘扬爱国主义、集体主义、英雄主义、乐观主义精神。学生社区建设重点围绕四个领域：一是以温馨便捷服务为导向的学习生活服务体系，二是以学业进步为导向的学生学业辅导体系，三是以学生个性发展为导向的大学生综合能力提升计划，四是以培养社会责任感为导向的学生自我治理平台。同时，形成了"双院"协同育人机制、知心工程、"四个一百"育人行动、大数据分析与学生事务服务平台四个品牌。

2. 特色与成效

西安交通大学管理协同方面最大的特点就是注重顶层设计，强化党建引领。在领导机制上，学校党委统筹部署，成立了学生思想政治工作领导小组，学校党委书记、校长担任"双组长"，党委学工部牵头，党委组织部、宣传部、统战部、教务处、就业创业指导中心、团委等18个相关职能部处通力合作，形成了党委统一领导、单位各负其责、全员协同推进的工作格局。在运行机制上，校党委常委会、校长办公会定期专题研讨试点建设工作；校党委书记履行试点工作第一责任人职责，牵头召开"一站式"学生社区综合管理模式建设推进会，对相关工作进行部署；主管校领导具体负责，统筹协调校内外各项资源。在制度保障方面，学校出台《党建引领加强学院书院协同育人举措》《学院书院协同育人工作方案(试行)》,形成了学院书院协同联动、各有侧重、资源共享、优势互补、信息互通、责任共担的工作模式,共同开展本科生思想政治教育和日常管理工作,实现双院协同育人。

3. 育人价值

西安交通大学通过管理协同,成功地将党建和思政工作融入学生社区,实现了全员全过程全方位的育人目标。在学生个人发展方面,学校通过构建多元化的学业辅导体系和实施综合能力提升计划,帮助学生提升专业素养和实践能力。同时,学校通过建设学生自我治理平台,培养学生的社会责任感和公民意识。在精神引领方面,西安交通大学以"西迁精神"为底色,营造了浓厚的社区文化氛围。这种文化氛围不仅激发了学生的爱国热情和社会责任感,还培养了其集体主义精神和乐观主义态度。这些精神品质将成为学生未来人生道路上的宝贵财富。此外,学校还通过大数据分析与学生事务服务平台,实现了对学生需求的精准把握和及时响应。这不仅提高了管理效率和服务质量,还为学生提供了更加个性化、人性化的学习生活环境。

(四)北京航空航天大学——构建一体贯通新格局

1. 形式与内容

北京航空航天大学以党建引领,构建一体贯通新格局。学校加强顶层设计,成立试点工作领导小组,由党委书记和校长任组长,定期研究机制构建等关键问题,制定本科生导师制等制度文件。学校通过构建"三横三纵"学生工作体系,压紧压实各方责任。具体措施包括:一是系统打造工作体系。以校级、院级、学生基层组织为"三横",党组织线、学工线、团学线为"三纵",构建社区学生工作体系,确保工作任务落到底、基层组织建得强,有效避免"上热中温下凉"。二是分级分类压实责任。出台社区学生工作体系及有关职责规定,规范校院各级会议关于学生工作的议事内容,理顺各级组织间学生工作联席会议机制,明确辅导员等学生工作队伍责任要求,实现校院生贯通、党团班联动,全面提升工作水平。三是推动思政力量进社区。制定《辅导员驻楼工作指南》《思政课教师入社区管理办法》《新时代学生积极心理健康教育服务体系建设实施方案》等制度;要求新生专职辅导员每周至少 5 天与学生同吃同住同生活,思政课教师每周 1 天入驻社区与学生探讨理论问题,专职导师每月至少与学生进行 1 次面对面交流,全面掌握学生思想动态和身心状态,实现思政工作阵地的有效延伸。

2. 特色与成效

北京航空航天大学在党建引领下构建的一体贯通新格局，展现出鲜明的特色和显著的成效。其独创的"三横三纵"学生工作体系，通过校级、院级、学生基层组织的"三横"覆盖，以及党组织线、学工线、团学线的"三纵"交织，形成了一个紧密联结、协同工作的网络。这一体系不仅确保了工作任务的顺利传达和执行，还强化了基层组织的建设，使得学生工作能深入每个角落。此外，学校还注重分级分类压实责任，通过出台相关职责规定和理顺联席会议机制，确保各级组织间的学生工作能够有序、高效地开展。党建引领工作成效显著：一是通过建立本科生导师制等制度，加强了对学生学业的指导和帮助，提高了学生的学习成绩和综合素质。二是通过推动思政力量进社区，实现了思政工作阵地的有效延伸，加强了对学生的思想引领和价值观塑造。这些举措不仅提升了学生的思想政治素质，还促进了学生的全面发展和健康成长。此外，学校还通过定期研究机制构建，不断优化和完善学生工作的各个环节，提高工作效率和服务质量。

3. 育人价值

北京航空航天大学在党建引领下构建的一体贯通新格局，对于育人工作具有重要的价值。首先，这一格局强化了学生的思想政治教育。通过推动思政力量进社区、制定辅导员驻楼工作指南等措施，学校加强了对学生的思想引领和价值观塑造，帮助学生树立了正确的世界观、人生观、价值观。这对于培养学生的社会责任感、创新精神和实践能力具有重要的意义。其次，这一格局促进了学生的全面发展。学校通过构建"三横三纵"学生工作体系、制定本科生导师制等制度，强化了对学生的学业指导、心理辅导和职业规划等方面的帮助。这些举措不仅提高了学生的学习成绩和综合素质，还培养了学生的团队协作精神、创新能力和实践能力。这对于学生未来的职业发展和社会适应能力的提升具有重要的意义。

三、管理协同实践探索存在的问题

各高校在进行"一站式"学生社区建设中，纷纷引入辅导员、专业教师、党政干部等多元育人力量，并涉及多个职能部门共同参与，这确实是一项全校性的系统工程。然而，由于其复杂性较高，且尚在建设摸索期，各高校在管理协同过程中会不可避免地出现一些问题。

一是管理协同共识不强。师生们对"一站式"学生社区的认知存在偏差。"一站式"

学生社区的建设主要由学工部门牵头推进，因此辅导员、思政课教师对社区建设的重要意义认识较为深刻，投入度也较高；但专任教师、党政干部、行政人员等育人群体对其重视程度相对较低，投入的精力也较少。这种认知偏差主要源于非学生口、非思政口的教师群体对"一站式"学生社区这种育人新模式缺乏了解，受传统认知影响，他们更倾向于将教学课堂视为育人的主要阵地，而对学校要求的社区育人工作往往持被动接受态度，而非主动探索。

二是资源整合与配置不足。尽管"一站式"学生社区建设强调资源整合与优化配置，但在实际操作中，往往存在资源分散、配置不均的问题。这主要表现为学生社区缺乏足够的资金、场地、人员等支持，难以满足学生多样化的需求。同时，校内外资源的整合度不够，也影响了学生社区服务的深度和广度。

三是跨部门协作机制不畅。在"一站式"学生社区建设中，需要多个职能部门共同参与，但实际操作中往往存在跨部门协作不畅的问题。这主要表现为各部门间职责不清、沟通不畅、协作不力，导致工作效率低下，服务效果不佳。

四是评价与反馈机制不完善。针对"一站式"学生社区建设的成效，需建立完善的评价与反馈机制进行评价和改进。然而，目前很多高校在这一方面还存在不足，主要表现为评价指标不明确、评价过程不透明、评价结果未能有效应用等问题，这严重影响了学生社区建设的持续改进。

在现有机制下，多元育人队伍同时涌入"一站式"学生社区，但由于缺乏沟通交流的机制，常发生工作交叉重叠的现象，出现"同一个问题多人过问但没人帮助解决"、过度关心学生等新问题，给学生带来不必要的压力与负担。因此，"一站式"学生社区治理作为高校治理的一项有益探索，如何将"好事办好"，关键在于建立一套协同高效的运行管理机制。

综上所述，高校在推进"一站式"学生社区建设过程中，应充分认识到管理协同的重要性，并针对存在的问题采取相应的措施进行改进和优化。只有这样，才能确保"一站式"学生社区建设取得实效，为学生的全面发展和成长成才提供更好的支持和保障。

第三节 管理协同与服务学生成长成才的质效评价

随着高等教育的快速发展，学生需求日益多样化，传统的管理模式已难以满足现代教育的需求。教育部在发布的文件中，对高校"一站式"学生社区综合管理模式提出明确的要求和指导，强调以学生成长为中心，全面提升教育质量和管理效能的重要性，明确高校应通过整合教育资源、优化服务流程、提升管理效能，实现对学生的全方位教育和关怀。在这一背景下，管理协同作为"一站式"学生社区综合管理模式的关键组成部分，其质效评价尤为重要。构建科学、合理的评价指标体系是管理协同质效评价的前提。评价指标应涵盖组织结构的合理性、多元合作的效率、政策执行的一致性、资源配置的有效性以及问题解决的时效性等方面。这些指标不仅能够全面反映管理协同的实际效果，而且能够为高校提供改进管理和服务的依据。高校通过系统科学的量化评价，深入了解管理协同在服务学生成长成才中的具体表现和存在的问题，并提出相应的改进策略，从而优化管理协同机制，提升服务学生成长成才的效果。同时，也将为未来探讨如何在数字化、智能化背景下，进一步创新管理协同模式，为适应教育现代化的发展需求提供理论和实践依据。

一、管理协同评价的目标、特点与原则

随着教育改革的不断深入，高校学生社区管理逐渐从单一的行政管理向综合服务转变。在这一过程中，管理协同的概念应运而生，它强调的是通过不同部门、不同层级间的有效合作，实现资源的优化配置和信息的快速流通，促进学生全面发展和教育目标的实现。管理协同的内涵丰富而深刻，它不仅关乎组织内部的和谐运作，更是跨组织合作与整合的关键。在组织结构上，管理协同要求构建一个开放、灵活的组织架构，以适应快速变化的教育环境。这种结构能够促进不同部门间的信息共享和资源整合，打破传统壁垒，更高效地做出决策。例如，学生事务、教学管理、后勤服务等不同部门间的协同，可以为学生提供更加全面和个性化的服务。在运行流程上，管理协同要求建立一套标准化、系统化的流程体系，确保各项服务和管理活动能够有序进行。这不仅涉及流程的优化和简化，更要求在流程设计中考虑不同参与者的需求和反馈，以实现流程的持续改进和创新。文化是管理协同的灵魂。以学生成长为中心的校园文化，能够激发组织成员的内在动力，鼓励其积极参与到协同管理中来。这种校园文化强调团队合作、共同目标和持续学习，为管理协同提供了强大的精神支撑。管理协同促进组织内部和跨组织的整合，是实现教育目标的重要途径。整合不仅是物理资源的合并，更是理念、目标和行动的统一，可以形成更加强大的教育合力，为学生提供更加丰富和高质量的教育资源。

管理协同的质效评价不仅需要关注协同机制的建立和运行,更要深入探讨其在促进学生成长成才方面的实际效果。这就要求高校从多维度、多角度出发,综合运用定性和定量的研究方法,全面评价管理协同在育人过程中的作用和价值。

1. 管理协同评价的目标

管理协同评价的目标在于从理论和实践两个层面深入理解和衡量管理协同的成效。在理论层面,评价要明确管理协同的主要目的,即通过有效的组织协调和资源整合,实现高校学生社区管理的优化和升级。在实践层面,评价重点考量管理协同在促进学生全面发展和成才方面的作用和效果。

(1)实施管理协同评价的核心目标在于显著提高服务质量。实现这一目标需要对现有的服务流程进行细致的梳理和优化,以确保服务流程的高效性和迅速响应客户需求的能力。通过强化跨部门间的沟通与协作,高校可以消除流程中的冗余环节,从而提升服务的透明度和客户可及性。此外,管理流程的优化同样至关重要。建立一套标准化、流程化的管理机制,不仅能够降低管理成本,还能显著提升管理效率。这为组织提供了一个更加稳定和可预测的操作环境,在面对复杂多变的市场条件时,有助于保持服务的连贯性和一致性。组织效能的增强是管理协同评价的另一重要成果。这不仅涉及提升组织内部运作的效率,更有助于增强组织对外的适应性和灵活性。通过有效的管理协同,组织能够更加敏锐地感知外部环境的变化,并能够迅速调整策略,以满足教育改革和发展的新需求。

(2)实施管理协同评价的价值旨归在于促进学生全面成长成才。这一宗旨在服务学生成长成才的过程中体现在多个关键层面。首先,管理协同评价深刻体现了"以学生成长为中心"的教育理念,将学生的需求和利益置于优先考虑的位置。这种理念要求高校在管理协同中不仅要关注学生的学业成绩,更要全面关怀学生的心理健康、社交能力、创新精神等非学术领域的发展。其次,管理协同评价在营造一个支持学生全面发展的教育环境中扮演着至关重要的角色。不同部门和主体间的协同合作为学生提供更加丰富和多元的学习和发展机会,从而形成育人合力,共同推动学生的成长和成才。例如,组织教务部门、学生工作部门、后勤部门等协同开展活动,通过对管理协同机制的考核与激励,所有教职员工被动员起来,参与到学生的教育和培养中来,共同为学生提供学习和生活的全方位服务。

2. 管理协同评价的特点

管理协同评价是一个复杂且多维的过程,它要求高校从不同的角度来审视和分析学生社区管理的各个方面。因此,这一评价体系不仅要能够准确反映当前的管理成效,还要能够为未来的改进提供指导。以下特点展现了管理协同评价的独特性和重要性。

（1）系统性与多维度融合。管理协同评价强调系统性思维，将评价活动融入学生社区管理的各个层面和环节。它不是关注单一维度的成效，而是从多个维度综合评价管理协同的成果。这些维度包括且不限于组织结构的优化、跨部门合作的流畅性、政策执行的连贯性、资源配置的合理性，以及问题响应的敏捷性。多维度融合的评价方式有助于提升管理协同的实际效果，为持续改进提供坚实的数据支持和分析基础。

（2）精准性与数据驱动。管理协同评价的精准性源于大数据和人工智能技术的应用。通过收集和分析不同来源和层面的大量数据，评价结果能够更精准地反映管理协同的质量和效果。评价指标和方法的选取严格依据数据驱动的原则，确保评价结果的客观、可信。此外，数据的实时分析和处理能力使得评价活动能够快速响应管理实践的变化，为动态管理和决策提供支持。

（3）参与性与透明度。管理协同评价注重各利益相关方的广泛参与，确保评价过程的开放性和透明度。通过鼓励学生、教师、管理人员以及其他社区成员积极参与评价过程，高校不仅可以获得多元的视角和深入的见解，还能够提升评价结果的接受度和执行的有效性。透明度体现在评价标准、过程和结果的公开，确保所有参与者都能够清晰地了解评价的导向、方法和结论，从而增强评价的公正性。

3. 管理协同评价的原则

为了公正、全面且精准地评价管理协同的效果，必须采取科学方法，确保评价工作充分体现客观性、系统性、发展性、公平性、可持续性和参与性。这些原则是科学衡量并提高管理协同效率的基石。

（1）客观性。客观性原则要求我们在评价管理协同的效果时，必须基于事实和数据进行分析，避免主观偏见对评价结果的影响。例如，为客观考量管理协同在"一站式"学生社区综合管理过程中的实际效能，多数高校将学生满意度、服务响应时间、问题解决效率等关键指标纳入年度考核观测点。

（2）系统性。系统性原则强调评价过程需要全面考虑管理协同的各个方面及其相互关系。在"一站式"学生社区中，管理协同不仅是部门间的合作，还涉及流程、文化、技术等多个层面的整合。相应的，在评价管理协同效果时，应从组织结构、运行机制、人员配置等多个维度进行综合分析，以全面把握管理协同的系统效应。

（3）发展性。发展性原则着眼于管理协同质效评价的长远目标和动态过程。评价不仅要关注当前的协同效果，还要预测管理协同在未来的发展趋势和潜在影响。在教育评价改革的背景下，高校应关注如何通过管理协同促进学生的全面发展，包括对知识能力、综合素质和创新精神的培养。

（4）公平性。公平性原则要求管理协同质效评价要确保评价标准的一致性和公正性，避免因部门利益的冲突而影响评价的客观性和公平性。建立透明的评价机制和公正的评价标准，可以增强各方对评价结果的认可度。

（5）可持续性。可持续性原则关注管理协同质效评价的长期性和连续性。评价不仅要反映短期内的协同效果，还要考虑长期的可持续性，确保管理协同能够适应未来教育发展的需求。这要求高校在评价过程中考虑资源配置、政策支持和制度保障等因素，支持管理协同的长期发展。

（6）参与性。参与性原则强调评价过程中各利益相关者的参与和意见征询。学生、教师、管理人员等都应该有机会表达对管理协同的看法和建议，可以增加评价的多维度视角，提高评价的全面性和实用性。

在以上原则的指导下，高校可以更加科学、合理地评价"一站式"学生社区综合管理模式中的管理协同效果，从而不断优化管理实践，更好地服务于学生的全面发展和成长成才。

二、管理协同评价的指标体系构建

在深入实施质效评价前，高校必须认识到构建一个全面而有效的管理协同评价指标体系的重要性。指标体系不仅是衡量管理协同效果的工具，更是推动教育改革和提升服务质量的指南针。一个科学、合理、系统的指标体系能够确保高校对"一站式"学生社区综合管理模式的评价既全面又深入，为持续改进提供准确的方向和依据。

1. 指标选取原则

指标体系的构建是一个复杂的过程，它要求我们在选择评价指标时，既要考虑指标的科学性、系统性，也要考虑其实用性和可操作性。因此，确立一套严格的原则来指导指标的选择和应用，对于确保评价体系的有效性和可靠性至关重要。

（1）目标一致性。指标选取应与"一站式"学生社区综合管理模式的建设目标相一致，确保评价指标能够全面衡量管理模式在促进学生全面发展、实现教育创新、维护校园安全等方面的成效。

（2）系统全面性。评价指标体系应全面覆盖管理协同的各个方面，包括组织结构、流程优化、文化建设、技术应用等，以系统地评价"一站式"管理模式的整体效能。

（3）可操作性。所选指标应具有明确的操作定义和评价方法，确保在实际评价过程中可量化、可观测、可比较，便于数据的收集和分析。

（4）发展性。指标体系应具有前瞻性，能够适应教育改革的发展趋势，评价"一站式"学生社区管理模式在促进学生全面发展和创新能力培养方面的潜力和效果。

（5）公平性。评价指标的选取和权重分配应保证公平公正，反映不同利益相关者的需求和期望，确保评价结果的客观性和权威性。

（6）动态适应性。指标体系应具备动态调整的能力，能够根据教育环境和管理实践的变化及时更新和优化，以适应不断变化的评价需求。

2. 指标体系的构建方法

指标体系的构建方法包括：目标导向法，确保指标与评价目标的一致性；专家咨询法，利用专家的知识和经验来指导指标选择；德尔菲法，通过多轮匿名咨询达成专家共识；层次分析法，确定指标权重的相对重要性；因子分析法，识别变量间的潜在关系以简化指标体系；案例研究法，从成功案例中提炼关键指标；数据驱动法，基于现有数据资源选择可量化的指标；综合评价法，融合多种方法构建全面的评价体系。

本节主要采用目标导向法来确保评价指标与评价目标的一致性，并通过专家咨询法和德尔菲法来收集和整合专家意见，形成对评价指标的共识。同时，运用案例研究法和数据驱动法来确保所选指标的实用性和可操作性。本节通过综合应用以上这些方法，构建一个全面的评价指标体系，以真实反映管理协同的实施效果。

3. 指标体系的基本框架

指标体系的基本框架是构建管理协同评价指标体系的蓝图，它决定了评价的具体方向和结构。其关键要素涵盖评价主体与对象、评价流程，以及评价指标体系的详细划分等。基于政策网络理论，该框架将"一站式"学生社区视为各类主体间的互动关系，基于学校党委的领导和统合，协调多元力量和资源，提升服务学生成长成才的效果。引入网络视角，有助于理解进驻社区的各部门、各主体如何在持续、动态的互动中相互影响，进而影响整体结构和集体行动，形成系统、全面的行为解释框架。

（1）评价主体与对象。评价主体在管理协同与服务学生成长成才质效评价中起着至关重要的作用，是评价工作的策划者和执行者，决定了评价的范围、方法和标准。

基于政策网络理论，评价主体可以是内部主体，如学校管理层、学生事务部门、教师团队等，其在评价过程中发挥着主导作用，确保评价与学校教育目标和学生需求紧密结合；也可以是外部主体，如教育行政部门、第三方评估组织、行业专家、学生家长以及更广泛的社会公众，其有助于提高评价的透明度和公正性，确保评价结果的社会认可度。评价对象则是评价过程中的焦点，其表现和反应是评价信息的直接来源。

本节中的评价对象特指高校"一站式"学生社区及其管理服务体系。具体而言，评价对象应覆盖学生社区的组织结构、管理流程、服务内容、政策执行以及问题解决机制等方面。从政策网络理论视角来看，评价对象也包括各主体间的互动关系及其对学生社区管理的贡献。

（2）评价内容。评价内容在管理协同与服务学生成长成才质效评价中起着举旗定向的作用。

基于政策网络理论，评价内容不仅为管理协同与服务效果提供了明确的评价目标和方向，确保评价工作能够有的放矢。此外，还指导着评价指标的选取和设计，确保所选指标能够全面覆盖学生成长成才的关键方面以及各主体之间的互动关系。评价内容有助于识别教育资源配置的合理性和有效性，促进教育资源向最需要的领域和学生群体倾斜，提高资源使用效率。因此，评价内容是管理协同与服务学生成长成才质效评价的核心，它不仅确保评价工作的科学性和系统性，而且对提升教育质量和促进学生全面发展具有重要意义。

2023年1月，教育部门户网站发布的《用最温暖的关爱陪伴学生成长——高校"一站式"学生社区综合管理模式建设工作综述》，对"各高校通过科技助力、管理协同、服务融合，营造良好的校园数字生态，助力师生共同成长，不断提升人才培养质量，保障学生全面发展"的典型做法给予肯定。例如，华中科技大学构建了"学校＋社会"的综合服务体系，入驻单位25家，服务满意率近100%；贵州大学构建了"线上线下"两个服务平台，建立了受理、保障、监督三个机制，实现了办结率、办事效率、服务质量、满意度四个提升，通过深度协同管理服务，推动了智慧社区的内涵式发展。

在持续推进"一站式"学生社区建设的同时，各高校也积极探索如何对管理协同效果进行评价，关注内容主要包括以下几个方面：一是管理协同机制建设情况，观测点包括是否成立专门的领导小组，建立统筹协调"一站式"学生社区综合管理工作机制，设立管理服务中心，并明确相关职能部门、各学院的工作任务和责任人等。二是协同育人环境营造情况，观测点包括是否致力于构建一个温馨便捷的社区育人环境，如党团活动室、心理晤谈室、辅导员值班室等，是否开展各类文化活动和主题教育，强化社区文化建设。三是服务下沉联动情况，观测点包括是否推动校院领导力量、管理力量、服务力量下沉到学生社区。高校通过设立"一站式"学生事务大厅，整合各部门面向学生的服务，实现"一站式"服务、"一站式"办结。四是智慧服务创新探索情况，观测点包括高校是否利用信息技术，建设线上线下相结合的"一站式"服务平台，是否运用大数据、人工智能等技术促进学生全面成长的支持能力以及提升社区管理的智能化水平能力等。这些观测点体现了高校在推进"一站式"学生社区建设中的创新思维和系统理念，旨在通过多方面的努力，实现学生社区的全面发展。

综上所述，上级指导文件和管理协同建设的典型实践，构成了本节评价管理协同内容的理论基础和实践依据。本节在充分借鉴典型做法的基础上，聚焦组织结构的合理性、多元合作的效率、政策执行的一致性、资源配置的有效性以及问题解决的时效性等方面，对管理协同效果进行评价。

（3）指标体系构建。基于政策网络理论，评价指标体系包括一级指标、二级指标和三级指标。一级指标围绕组织结构合理性、多元合作效率、政策执行一致性、资源配置有效性以及问题解决时效性等关键维度展开。其中，组织结构合理性指标，主要观测评价管理架构是否合理以及是否能够满足学生和社区的需求；多元合作效率指标，主要分析校内外不同管理部门间的协调和合作是否顺畅，以及合作效率情况；政策执行一致性指标，主要考察各项政策和措施在执行过程中的一致性和连贯性；资源配置有效性指标，主要评价资源是否得到有效配置，以及是否能够满足学生社区的实际需求；问题解决时效性指标，主要分析管理协同在面对问题和挑战时的响应速度和解决效率。每个一级指标进一步细化为二级指标，如管理架构清晰度、学生需求响应速度等，从而更具体地反映评价维度的各个方面。三级指标是对二级指标的进一步拆分，如管理层级数量、职责明确性等。从政策网络理论视角来看，指标体系的构建还应关注各主体间的互动关系及其对学生社区治理的贡献，包括主体间的信任程度、资源共享程度、合作频率等。管理协同服务学生成长成才质效评价指标体系如表2-1所示。

表2-1 管理协同服务学生成长成才质效评价指标体系

一级指标	二级指标	三级指标
组织结构合理性	管理架构清晰度	管理层级数量
		职责明确性
	学生需求响应速度	需求响应时间
		需求处理效率
	社区参与度与反馈机制	社区成员参与度
		反馈处理机制

（续表）

一级指标	二级指标	三级指标
多元合作效率	校内外部门协调机制	协调流程简化程度
		合作成效评估
	合作流程的顺畅度	合作流程等待时间
		合作流程瓶颈分析
政策执行一致性	政策传达准确性	政策知晓率
	执行过程标准化	执行偏差率
	政策更新及时性	更新周期与影响范围
资源配置有效性	教育资源分配公平性	教育资源分配公平性
	社区资源利用效率	资源使用率与满意度
	特殊需求满足度	响应时间和效果
问题解决时效性	问题识别速度	问题报告至识别时间
	解决问题流程效率	解决方案制定/执行时间
	解决方案实施速度	解决后的学生满意度

各级指标及其具体观测点为评价提供了可量化、可操作的评估点，构建了一个全面、多维度的评价体系，为准确评价管理协同效果提供了科学依据。

三、管理协同评价体系的运行模式

1. 选取评价方法

在构建"一站式"学生社区管理协同质效评价体系时，我们可采用以下方法：平衡计分卡（balanced scorecard，BSC），这是一种综合性的管理工具，通过将组织的愿景和战略转化为一组指标来监控企业的绩效。在学生社区管理中，平衡计分卡可以帮助高校全面理解管理协同的效果，确保评价不仅关注短期成果，也考虑长期发展和员工成长。关键绩效指标（key performance indicator，KPI），是衡量组织、团队或个人在实现目标方面表现的关键量化指标。在管理协同质效评价中，学生满意度、服务响应时间、问题解决效率等KPI指标，能确保评价聚焦于对学生成长最关键的领域。标杆管理（benchmarking，BM），通过比较高校与其他类似组织在管理协同方面的实践和成果，识别最佳实践并进行学习。这种方法有助于高校不断提升管理协同实践水平。本节选取的具体方法是结合平衡计分卡和关键绩效指标，确保评价的全面性和深入性。

2. 明确评价流程

评价流程一般包括准备阶段、数据收集阶段、数据分析阶段、评价实施阶段、结果反馈阶段、结果应用阶段、持续改进阶段以及监督与调整阶段等，每个阶段都有明确的工作任务。

（1）准备阶段。明确评价目标和需求，制定评价方案，包括评价的具体内容、标准、方法和工具。成立评价工作小组，进行成员培训，确保评价的统一性和专业性。

（2）数据收集阶段。通过问卷调查、访谈、观察、案例分析等多种方式，收集关于学生社区的组织结构合理性、多元合作效率、政策执行一致性、资源配置有效性和问题解决时效性的数据和信息。

（3）数据分析阶段。对收集的数据和信息进行整理和分析，使用定性和定量分析确定各项指标的表现和相互之间的关系，确保评价结果的准确性和可靠性。

（4）评价实施阶段。依据既定的评价标准和方法，对管理协同的各个方面进行评价。此阶段需要学生、教师、管理人员等多个主体的参与，以获得全面的反馈信息。

（5）结果反馈阶段。将评价结果反馈给相关的管理部门和利益相关者，包括学生社区的管理人员、学生代表等，确保评价结果的透明度和公正性。

（6）结果应用阶段。评价结果应用于改进管理协同工作，优化服务流程，提高服务质量，促进学生成长成才。根据评价结果，调整和优化学生社区的管理模式和服务策略。

（7）持续改进阶段。基于评价结果，制订改进措施和计划，持续优化评价体系，形成闭环管理，确保评价工作的持续性和有效性。

（8）监督与调整阶段。建立监督机制，确保评价过程和结果得到适当的关注和应用。根据反馈和监督结果，适时调整评价指标和方法，以适应不断变化的教育需求。

四、管理协同评价的提升策略

在高校"一站式"学生社区建设管理协同评价实践中，提升策略是多方面的，具体可以从以下几个角度进行。一是构建多维度协同评价指标体系。高校需确立评价指标的权重分配机制，确保评价结果的客观性和公正性。同时，建立动态调整机制，以适应教育环境和学生需求的变化，并建立数据收集和分析的标准化流程，提高评价工作的效率和准确性。二是优化跨部门沟通与协作机制。应定期召开跨部门协调会议和建立共享信息平台,促进不同部门间的信息流通和资源共享;制定明确的沟通协议和协作流程,减少部门间的误解和冲突,提高协同工作的效率。三是强化评价结果的应用与反馈循环。建立评价结果的公开和透明机制,让所有利益相关者了解评价过程和结果;制订基于评价结果的改进计划,明确责任分配和时间表,并建立持续的反馈机制,收集利益相关者的意见和建议,不断优化评价体系。

此外,高校在实施"一站式"学生社区建设管理协同评价时,还应考虑以下几个方面。一是突出政治导向,筑牢党建前沿阵地,确保党的领导和正确的政治方向贯穿于社区建设的全过程、各方面。二是落实立德树人根本任务,高校应围绕学生、关照学生、服务学生,提高学生思想政治工作的针对性和实效性。三是推进高校治理改革,实现多元主体协同共治。四是利用智能技术赋能高校治理现代化,打造智慧社区平台,实现新时期高校师生的价值引领。这些具体举措有助于确保高校"一站式"学生社区建设管理协同评价的有效性,推动社区可持续发展,从而更好地服务于学生的全面发展。

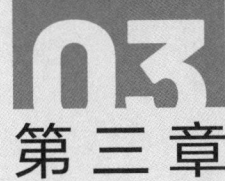

第三章

队伍进驻：
增强学生成长成才支持度

以学生成长为中心：
高校"一站式"学生社区综合管理
育人质效评价研究

第三章　队伍进驻：增强学生成长成才支持度

> 高校"一站式"学生社区综合管理模式是一项庞大而复杂的科学系统工程，其中，队伍进驻作为重要的子系统，是高校"三全育人"理念的关键体现。其结构、分工、质量、能力与素质等方面均具有明确的目标导向，是实现"一站式"学生社区综合管理模式建设提质增效的必然要求。
>
> "队伍"的本质特征在于文化背景的共同性、行为目标的一致性以及行为方式的组织性。高校"一站式"学生社区建设的育人队伍同样具备这些特征。具体而言，队伍进驻是依据高校"一站式"学生社区综合管理模式建设的目标要求，是党建引领和管理协同的具体行动。它紧密围绕"强国建设、教育何为"这一时代课题，主动适应中国式现代化对教育提出的新要求，致力于实现人才培养质量的新提升。同时，队伍进驻紧扣"培养什么人、怎样培养人、为谁培养人"这一时代之问，积极将专业优势转化为服务学生成长成才的效能优势。
>
> 因此，系统总结和分析队伍进驻的逻辑遵循、实施策略、育人效果及其评价机理，是充分发挥社区育人功能、破解部门工作壁垒、推进思想政治工作守正创新的客观要求。

本章将围绕队伍进驻在"一站式"学生社区建设中的作用展开系统阐述，从内在逻辑、实践探索和质效评价三个方面进行深入分析。在内在逻辑方面，队伍进驻与服务学生成长成才紧密相连，其核心体现在"三个统一"：合规律性与合目的性的动态统一、整体推进与重点突破的有机统一、工具理性与价值理性的对立统一。这"三个统一"不仅揭示了队伍进驻的内在规律，更明确了以习近平新时代中国特色社会主义思想为指导，铸魂育人、服务学生成长成才的目标追求。在实践探索方面，本章将从队伍进驻的内涵出发，以"顶层设计""全局视角"和"底层逻辑"为切入点，深入剖析其在"一站式"学生社区建设中的重要性和必要性。本章通过梳理不同高校的典型案例，分析当前高校在开展队伍进驻学生社区建设过程中所面临的现实问题，并提出针对性的解决策略。在质效评价方面，本章立足"以学生成长为中心"的理念，明确学生的全面发展是"一站式"学生社区建设的根本目标。构建队伍进驻质效评价指标体系，需要从理论和实践两个层面展开：在理论层面，形成整体性的分析框架，厘清多元主体间的结构关系，明确各类育人队伍的功能定位；在实践层面，分析影响队伍进驻稳定性和持续性的关键因素，确定各指标的设计、分层、赋值等内容，形成流程化、可量化、可操作的执行指引。明确各类队伍的目标要求及阶段性侧重点，是增强队伍工作绩效、提升"一站式"学生社区管理水平的关键。

本章通过逻辑梳理、调研分析和指标构建，旨在为高校管理者、教育工作者和政策制定者提供理论与实践相结合的参考，为推动高校"一站式"学生社区建设队伍进驻的发展与创新，满足国家和社会对高等教育的更高期待，做出积极的探索与实践。

第一节 队伍进驻与服务学生成长成才的内在逻辑

队伍进驻是推动形成全员全过程全方位育人格局的重要组成部分，也是"一站式"学生社区综合管理模式建设的关键环节。之所以关键，是因为它立足的是实现学生全面发展和个性化支持的关键要素，要解决的是提升学生体验感、满意度、幸福度、参与度的关键问题。队伍进驻与服务学生成长成才有其内在逻辑，厘清两者必然、应然、实然的逻辑关系，对于深化学生成长成才规律的认识，巩固"三全育人"工作成效，提升新时代人才培养工作的系统化、精细化水平具有重要意义。

一、队伍进驻的必然要求：合规律性与合目的性的动态统一

高校"一站式"学生社区综合管理模式建设，是将"三全育人"从资源要素的重新整合上升为体制机制优化再造的改革创新，是构建高校思想政治工作新生态的重要支撑。①队伍进驻学生社区，既是落实育人责任、贯穿育人环节、融入育人系统的参与者和践行者，也是推进"三全育人"改革落地见效的重要力量。

基于辩证唯物主义和历史唯物主义的理论视角，队伍进驻必须把合规律性与合目的性动态统一起来。队伍进驻的合规律性突出反映在学生全面发展和个性化成长两大方面，蕴含着用习近平新时代中国特色社会主义思想铸魂育人的目标追求。将队伍进驻学生社区全面纳入学校整体发展规划和人才培养大局，统筹各领域、各环节、各方面的育人资源和育人力量，把握好思想政治工作规律、学生成长规律、学生现实需要与完善制度建设、培育高素质主体、构建育人载体的动态统一。

（一）遵循思想政治工作规律与完善制度建设相统一

习近平总书记指出："国家治理体系和治理能力是一个国家的制度和制度执行能力

---

① 中华人民共和国教育部. 教育部召开高校"一站式"学生社区综合管理模式建设工作推进会[EB/OL]. (2023-03-27). [2025-03-05]. http://www.moe.gov.cn/jyb_xwfb/gzdt_gzdt/moe_1485/202303/t20230327_1052950.html.

的集中体现,两者相辅相成。"①制度建设事关根本性、全局性、稳定性问题。队伍进驻制度是"一站式"学生社区治理体系的具体化和实体化,是确立领导、思政、专业、管理服务人员地位的制度,是对育人目标、育人方式、育人活动的制度安排,强调对各方育人力量工作协同的系统性与学生双向联动的有效性。

1. 以落实立德树人根本任务推进制度建设的权威性

立德树人是教育的根本任务和宗旨,符合教育规律和人才培养规律。立德树人的成效是衡量队伍能力水平的根本标准。因此,制度建设应坚持"德育为先"的育人导向,将情感教育、意识形态教育和法治教育与有用、有趣、有爱的生活相结合。在教育学生从利己到利他的转变过程中,要注重把情感教育与实践教育统一起来、把人文教育与国情教育统一起来、把法治教育与安全教育统一起来,将学生培养成有教养、有健全人格、有优秀品格的人。若制度设计充分体现对个体的尊重与包容,则容易增强个体遵守制度的自觉性,从而确立制度权威。

2. 以压实主体责任提高制度建设的科学性

科学的制度设计以完善党的领导体制为前提条件,规范指导育人力量在实践过程中始终围绕人才培养目标开展工作。习近平总书记在全国高校思想政治工作会议上指出:"高校党委对学校工作实际全面领导,承担管党治党、办学治校主体责任,把方向、管大局、作决策、保落实。②"高校党委越重视队伍进驻在学生社区建设中的重要作用,就越能促进各单位、各部门对上级决策部署的贯彻落实。压实主体责任,就是要让各类育人主体明确下沉一线的任务分工和目标分解,清楚为什么做、做什么、做到什么程度等问题,结合工作实际细化主体责任清单,把坚持以学生成长为中心、建立汇聚各方育人合力机制、育人榜样选树建立、队伍素质能力培训等重点观测点纳入其中。

3. 以夯实评价体系保障制度建设的可持续性

队伍进驻开展育人工作就是落实立德树人根本任务的过程。科学有效的评价体系从维度、指标、方法、反馈等要素全面反映了制度从形成到落实再到见成效的完整建构。例如,"队伍结构的多样性与专业性"维度评价队伍构成多样性以及在学生社区中发挥的专业支持作用;"师生互动的频率与深度"维度评价辅导员、专业教师、育人队伍与学生之间的互动频率、互动深度和互动质量;"个性化服务的提供情况"维度评价队伍进驻是否能够根据学生的具体需求提供个性化的服务和指导;"学生满意度与反

---

① 习近平. 习近平谈治国理政: 第一卷[M]. 北京: 外文出版社, 2018: 105.
② 中共中央. 中国共产党普通高等学校基层组织工作条例[EB/OL]. 2021-04-22[2024-06-27]. https://www.gov.cn/zhengce/2021-04/22/content_5601428.htm.

馈"维度了解学生对进驻队伍提供服务的满意程度及改进建议;"队伍进驻的持续性与稳定性"维度评价进驻队伍在学生社区中的持续性和稳定性,以及他们对社区长期发展的贡献;"队伍对社区治理的参与度"维度考察进驻队伍在社区治理中的作用,包括参与决策、提出建议和实施管理等方面。

(二)把握学生成长规律与培育高素质主体相统一

青年学生处在思想活跃、观念碰撞、文化交融的时代,队伍进驻要充分把握学生成长的阶段性特点,在交往互动中了解学生的意愿与需求,实现活动本身与互动预期在价值追求方面的一致性,增强人际关系与价值理念的统一。培育高素质育人主体,强调的是育人主体之间的沟通、理解与统一,不断提升对学生成长发展的规律性认识和前瞻性引导的能力。

1. 政策环境不断完善

2019 年教育部启动"一站式"学生社区综合管理模式建设试点工作,推动校院领导力量、管理力量、思政力量、服务力量践行"一线规则",将育人队伍建设提升到全新高度。2023 年,教育部出台了《高校"一站式"学生社区综合管理模式建设工作指南(2023 年)》,明确提出了"一站式"学生社区育人队伍建设的举措。2024 年,教育部发布了《高校"一站式"学生社区综合管理模式建设提质增效指南》,对育人力量持续凝聚提出了明确的指标内涵及观测重点。各高校准确对标对表并积极落实"一站式"学生社区队伍建设新要求,通过完善选聘、管理、培养和发展机制等方式,落实队伍建设和培养的实施举措,推进"一站式"学生社区育人队伍建设朝着更加标准化、特色化和专业化的内涵式方向发展。

2. 人员结构不断优化

《高校"一站式"学生社区综合管理模式建设提质增效指南》中队伍进驻的基础指标涵盖了领导力量、思政力量、专业力量和管理服务力量,并对思政教育引入情况、校内外教育队伍走进社区情况做出明确规定,育人队伍的规模逐步扩大并不断充实,各育人主体的角色定位和职责分工也更加明确、可量化。队伍建设进入持续凝聚育人力量的新阶段。各高校聚焦学校人才培养工作的战略方向和重点领域,分阶段明确队伍建设标准要求,以清单化推进、闭环化落实、科学化评价把握育人队伍提质增效的关键,提升队伍把握形势、分析问题、谋划工作的整体水平。

3. 育人能力不断提升

育人队伍进驻社区是多元双向互动的实践过程。高校承担着立德树人的根本任务,育人主体自然需要具备提升育人能力的现代化自觉。以领导力量为代表的决策主体要确保领导干部联系学生相关制度或工作方案的制定及落实，带头践行"一线规则"，讲好思政课，带头给予学生具体且实际的关爱；以思政力量为代表的引导主体，要在思想政治教育的互动中，持续保持信息畅通与反馈，在各类课程及活动中挖掘思政元素，发挥思想政治教育的正向引导作用；以管理服务为代表的保障主体，要注重政策制度的高效执行，各方育人力量对在一线遇到的新问题、学生培养存在的深层次问题、学生"急难愁盼"的问题等，应分门别类建好清单、逐项落实；以专业力量为代表的指导主体，要充分挖掘专业育人潜力，积极整合学术名家、行业专家、校内外专业安全教育专家等资源，提升育人能力的内生性、有效性和创造性。

（三）聚焦学生现实需要与构建育人载体相统一

队伍进驻源于学生的现实需要，其过程就是不断满足学生的精神生活需要和全面发展需要，既关注学生的微观生活，又着眼于其未来发展。马克思指出："人的需要是人追求自己对象的本质力量，是人的一种'内在的必然性'。"① 队伍进驻善用管理、教学、传播等育人载体，满足学生求知、向善、审美等精神需求，在凝聚共识、涵养心态、构建信任的过程中引导学生融入集体生活、增强社会联系。

1. 队伍进驻学生社区要用好管理载体

学生社区长期实行实体化管理，且拥有完善的组织架构、健全的工作队伍、相对成熟的工作体制机制和丰富的社区管理服务经验。自上而下的约束式管理具有管理的传统优势，但队伍进驻在提供管理服务过程中不是简单套用管理模式，而是立足学生成长需要和意见诉求反馈，把规范管理的严格要求同春风化雨、润物无声的教育方式结合起来，让学生在共同参与和历练中重塑师生关系和生生关系，贯彻"以学生成长为中心"的育人理念和育人模式为学生自主管理提供天然的教育环境，引导学生健康成长、努力成才。

2. 队伍进驻学生社区要用好教学载体

各类育人主体有意识、有计划、有组织地在社区开展第二、第三课堂"教学"，包括思想政治理论课、组织生活或主题党日活动、思政教育活动、各类文化艺术体育活动、深度交流活动、主题讲座或沙龙分享、学涯生涯指导、心理个体辅导和团体辅导等。在这些教学载体应用的过程中，要始终坚持以学生成长为中心，尊重多元评价和

---

① 马克思, 恩格斯. 马克思恩格斯文集: 第一卷[M]. 北京: 人民出版社, 2009: 194.

个性培养，有效整合资源，讲求育人实效，发挥学校特色，打造系列育人品牌，让每个学生都能找到成长之路，推动学生社区持续健康发展和先进典型不断涌现。

3. 队伍进驻学生社区要用好传播载体

随着现代数字技术的迅猛发展，网络空间已经成为大学生学习生活的"第一环境"。各方育人力量充分利用网络空间覆盖的广度、深度、灵活度的优势，结合人工智能、元宇宙、VR、大数据等信息技术，以贴近学生的认知特点和信息接收方式，优化"层次立体、全面覆盖"的网络教育内容，强化对学生成长发展数据的记录与挖掘，精准化提供网络空间场域的互动交往与咨询服务，为打造社区价值共同体、成长共同体和情感共同体提供基础与保障。

二、队伍进驻的应然要求：整体推进与重点突破的有机统一

习近平总书记指出："学习掌握唯物辩证法的根本方法，不断增强辩证思维能力，提高驾驭复杂局面、处理复杂问题的本领。"①从根本上讲，各方育人力量进驻社区，要围绕满足学生追求自身进步、实现自我价值的美好愿望，更好地满足学生成长成才的迫切需求，并以改革实效彰显马克思主义的实践品格，把握好系统集成、重点突破、注重实效与主动布局、改革创新、质量提升的有机统一，为学生厚植理想信念和专业发展"浸入式"教育提供强大的"铸魂"力量。

（一）队伍进驻注重系统集成，是适应高校"育人新生态"的主动布局

队伍进驻学生社区开展育人工作是一项系统性工程，既需要外在的制度设计，也需要发挥主体的内生动力。系统观念是马克思主义认识论和方法论的重要范畴，也是基础性的思想和工作方法。②习近平总书记强调："推进中国式现代化是一个系统工程，需要统筹兼顾、系统谋划、整体推进，正确处理好顶层设计与实践探索、战略与策略、守正与创新、效率与公平、活力与秩序、自立自强与对外开放等一系列重大关系。"③

1. 各方育人力量要加强前瞻性思考

育人主体始终坚持"以学生成长为中心"的发展思想，从当前"一站式"社区建

---

① 中共中央宣传部. 习近平总书记系列重要讲话读本[M]. 北京：学习出版社，人民出版社，2016: 280.
② 颜晓峰. 系统观念是具有基础性的思想和工作方法（深入学习贯彻习近平新时代中国特色社会主义思想）[EB/OL]. (2023-04-14). [2025-03-09]. http://theory.people.com.cn/n1/2023/0414/c40531-32664290.html.
③ 习近平. 以中国式现代化全面推进强国建设、民族复兴伟业[J]. 新长征, 2025(1): 4-17.

设中无法高效满足学生需求的突出问题出发，以前瞻性思考对下沉社区的一系列安排进行宏观谋划。立足"一站式"学生社区建设的重要战略机遇期，回归高校育人的教育本质，充分理解高校思想政治教育生态系统和谐发展需重视个体生态发展规律，在生态系统发展过程中注意"能量"递减规律①，探究学生成长规律，看清发展大势，准确找到工作质量提升的时空定位，提出因时而化的策略。

2. 各方育人力量要加强全局性谋划

育人主体应正确认识和理解构建"高质量教育体系"的重要任务，以多元协商共治满足培育时代新人的需求，善于把本部门进驻社区开展工作放到学校大局中进行思考和定位，把"着力发挥高等教育龙头引领作用"的部署同本校、本部门的实际工作结合起来，不断完善相关制度设计，使校内各方育人力量能够在制度的框架下高效协同开展工作，在实践中提升各育人力量相互协同的能力，做到各领域、各维度、各层级的无缝衔接。

3. 各方育人力量要加强战略性布局

育人主体始终站在立德树人的战略全局，探寻系统内部各层面结构、构成要素的相关性，把思想政治教育、社会、人作为三位一体的整体对象进行综合考察。②把谋当下和谋未来统一起来，将制度的制定、育人项目的设置与解决实际问题、满足学生成长发展统一起来，推动形成全员育人的主体自觉、全过程育人的系统合力、全方位育人的多维格局，在内容和措施上实现顺畅沟通、优势互补，形成多元联动、深度融合、协商互动的共治善治局面。

（二）队伍进驻注重突出重点，是推动高校"精准思政"的改革创新

毛泽东曾指出，"思想政治工作，各个部门都要负责"③。育人力量进驻学生社区践行"一线规则"，是推进高校"一站式"学生社区内涵建设的关键举措，是坚持精准思维的教育实践活动，需要在精准定位、精准对接、精准联动中提升协同育人能力。

1. 精准定位，把准育人方向

高校"一站式"学生社区综合管理模式建设带动全国高校领导力量、思政力量、专业力量和管理服务力量下沉至教育管理服务学生一线，以服务加快建设高质量教育

---

① 向津清，戴元星. 高校思想政治教育生态系统的运行机制及演化规律[J]. 吉首大学学报（社会科学版），2010, 31(5): 166-170.
② 张洪春. 论思想政治教育生态思维的价值向度[J]. 社会科学家，2009(4): 45-47.
③ 毛泽东. 毛泽东文集：第七卷[M]. 北京：人民出版社，1999: 226.

体系为宏伟愿景，以服务学生成长成才为价值立场，这些都离不开思想政治教育的价值引导。因此，各方育人力量要不断提升工作亲和力和针对性，把解决思想问题与解决实际问题、广泛覆盖与分类指导相结合，以大数据技术对学生信息进行智能化匹配和可视化读取，增强信息和资源在交往互动中的匹配程度，使新时代高校思政工作始终保持生机活力，形成精准思政的强大合力。

2. 精准对接，提供人才支撑

实现"一站式"社区综合建设的关键在于人，各类育人主体只有具备了培养"有理想、有本领、有担当"时代新人所需要的素质，支持学生成长发展才能真正落到实处。育人主体通过精准把握学生主体特点和需求动态，以及优化供给配置来塑造大学生的政治、文化和道德人格，坚持共性与个性相结合的分类育人模式，确保每位学生不掉队、不做旁观者。

3. 精准联动，构建育人生态

提升"一站式"学生社区育人实效，既需要育人力量精准联动、统筹资源，也需要积极构建"生态圈"、营造良好的育人氛围。育人主体只有充分认同"将学生社区打造为学生党建前沿阵地、'三全育人'实践园地、平安校园样板高地"的建设目标，才能从思想认识、价值观念、精神状态等角度渗入下沉社区的各项环节，明确阶段目标和重点任务，在拓展研学实践和专题教育中有序衔接，在构建风险预警和应急处置机制中有效对接，在建设服务平台和管理信息系统中有力链接，从而实现校内校外力量精准联动，营造良好的育人环境。

（三）队伍进驻注重改革实效，推进高校"高质量发展"的能力提升

习近平总书记提出的"把是否促进经济社会发展、是否给人民群众带来实实在在的获得感，作为改革成效的评价标准①"，为评判改革实效提供了指导。队伍进驻学生社区要取得实实在在的育人成效，必须紧扣立德树人根本任务，推动形成全员协同育人的工作格局，把是否增强学生在学业、心理、生活等方面的支持力度，是否给学生带来实实在在的归属感和参与感作为改革实效的评价标准。

1. 注重改革实效，要在构建"大思政"工作格局上见成效

各方育人力量"要把领导格局、工作格局、反馈格局统筹起来，共同推动形成高

---

① 习近平. 在中央全面深化改革领导小组第二十一次会议上的讲话[EB/OL]. 2016-02-23[2024-06-27]. http://theory.people.com.cn/n1/2017/0602/c40531-29313850.html.

校大思政体系"[①]。"大思政"的核心内涵是"一体化领导、专业化运行、协同化育人"的思想政治工作理念和体制机制。[②] 从"一站式"社区育人主体的角度看，构建"大思政"需要建设"大队伍"，凸显思想政治教育整体功能。育人主体在活动安排和整体功能发挥上将学生成长规律与工作目标、内容、方法、载体、评价等方面进行统筹考虑，推进进驻队伍在人员上的聚合、工作上的契合、管理上的融合、考核上的组合以及资源上的整合，形成"大思政"工作格局。

2. 注重改革实效，要在打造"动态闭环"工作样态上见成效

思想政治教育以人为本，强调人的主观能动性和主体发挥。对"一站式"学生社区的育人工作来说，规章制度的不断完善与成熟是一个动态过程，要随着队伍进驻的实践发展和动态反思与时俱进，要将制度执行和评价监督贯穿到学校、部门、基层工作全过程，始终围绕学生所需、契合学校人才培养目标，避免制度执行上出现可选择、打折扣、搞变通的现象。此外，"一站式"学生社区建设要紧跟时代发展的进路和教育综合改革的方向，牢牢抓住"习近平总书记关于高校思想政治工作的重要论述贯穿高等教育各体系各环节各方面"的时代主题，关注各环节反映出的问题，制定事前、事中、事后的监督评价方案，动态化跟进，保障队伍进驻运行制度的可持续性，确保"一站式"学生社区协同育人工作的连贯与规范。

3. 注重改革实效，要在形成"共建共享"工作合力上见成效

各方育人力量下沉学生社区开展工作是校内与校外、线上与线下、管理与服务、教学与实践、指导与陪伴的深度融合。作为"一站式"社区内涵式建设的重要抓手，各方育人主体应更加注重同向而行、协调发展，坚持资源的共建共享，形成集群效应和共建合力。具体表现为：在资源整合和分配中始终以学生为本，注重提高学生的思想水平、政治觉悟、道德品质、文化素养，并增加与科教融合、产教融合相适应的教育资源，积极开发有助于学生实现自我价值、促进自我全面发展的资源，提升队伍进驻的整体协同竞争力，让"一站式"学生社区建设成果更多、更公平，惠及各方育人力量，实现成效最大化的教育共赢。

三、队伍进驻的实然要求：工具理性与价值理性的对立统一

马克斯·韦伯（Max Weber）在研究社会行动时提出"理性人"假说，即人的行为

[①] 孙其昂. 推进高校构建"大思政"格局[J]. 群众, 2018(9): 45-46.
[②] 共产党员网. 构建"大思政"格局推进全员全程全方位育人：东北师范大学打造思想政治教育新高地的探索与实践[EB/OL]. (2019-07-16). [2025-02-09]. https://www.12371.cn/2019/07/16/ARTI1563248624621747.shtml.

的发展必须服从一定的目的和体现一定的意义,因为人类的行为一般是合乎理性的,进而提出以目的为趋向的工具价值和以价值为趋向的价值理性。①队伍进驻是高校"一站式"学生社区建设工具理性与价值理性对立统一的要求。它要求高校在建设过程中既要注重效率、专业和资源整合等工具理性方面的要求,也要注重人文关怀、教育功能和文化传承等价值理性方面的要求,实现两者的有机统一和相互促进。

(一)工具理性与价值理性的对立统一:高校"一站式"学生社区建设育人资源全面整合

马克斯·韦伯在研究社会行为的理性时,将理性划分为工具理性和价值理性。工具理性主要强调社会行为手段和方法的合理性,关注效率和实际功利结果。价值理性强调社会行为所追求的价值目标,关注伦理和结果的价值性。②在马克斯·韦伯的论述中,工具理性和价值理性呈现对立统一关系。在具体的高校"一站式"学生社区建设中,工具理性和价值理性也存在着一定的对立统一性。

1. 工具理性和价值理性的对立统一贯穿学生社区建设全过程

工具理性和价值理性在高校"一站式"社区建设中的关注点不同,工具理性取向的高校"一站式"社区建设主要关注效率和实用性,关注社区的硬件设施建设、组织管理流程的优化,可能忽略学生本身的全面发展和主观能动性的发挥;价值理性取向的高校"一站式"社区建设更加关注学生的全面发展和学生本身的主体性,可能造成一定程度实际操作的困难,影响社区建设的实际效率和效果。因此,在高校"一站式"社区建设中,需要关注工具理性和价值理性的对立统一,关注两者的相辅相成。

2. 队伍进驻社区遵循工具理性和价值理性的对立统一原则

队伍进驻应从学生发展的实际出发,既要追求学生管理和服务的效率和便捷性,又要关注学生的全面建设和个体发展,以立德树人为基本点,整合育人资源,建构多维育人体制机制。

(二)工具理性转向价值理性:高校"一站式"学生社区建设育人机制多维建构

高校"一站式"学生社区建设的目标是以全员育人为导向,开辟学生文化生活空间,形成全员育人格局;挖掘各群体、各岗位的育人元素;制定各环节职责要求和考

---

① 魏永强,郑大俊. 工具理性和价值理性思想政治教育分析[J]. 求实, 2014(9): 79.
② 林思佳. 试论工具理性和价值理性的整合[D]. 哈尔滨: 黑龙江大学, 2022: 1-59.

核内容；使思想引领更有力度、立德树人更有效度、社区育人更有温度，不断拓展"一站式"学生社区的育人广度和深度。在此目标下，智慧社区建设的相关讨论被引入高校"一站式"社区建设。伴随着互联网的发展、人工智能的应用、数字化的推进和教育大数据的布局，智慧化、智能化社区共同体建设获得了较多关注，而高校"一站式"学生社区建设是其重要组成部分。

1. 多阶段社区建设关注工具理性和价值理性的失衡难题

高校"一站式"学生社区围绕立德树人，是以学生共同生活区域为基础，以服务学生在课堂学习之外的成长成才为目标，以共同价值观念为联结的学生教育生活成长共同体。在具体的学生社区建设中，要关注工具理性与价值理性失衡的难题。在高校"一站式"学生社区建设的初期，可能更多地体现了工具理性的特点，如注重社区设施的完善、管理流程的优化等。然而，单纯依赖工具理性容易忽视学生的主体性、多样性和全面发展需求，可能导致建设目标单一、服务内容单一等问题。相比之下，价值理性则更强调目的和价值本身，关注人的行为是否符合道德、正义等更高层次的价值追求。在高校"一站式"学生社区建设中引入价值理性，就是要从学生的发展需求出发，注重培养学生的综合素质、创新精神和实践能力，以实现全面育人的目标。

2. 队伍进驻是从工具理性到价值理性的多维建构整合的必要方式和途径

随着互联网和虚拟社交的发展，青年学生倾向于在线交往互动，现实联结弱化，催生学生群体间出现了"熟悉的陌生人"这一现象。在互联网和资本的双重推动下，个体的"脱域化"进一步加剧了社区中居民的人际疏离以及对公共事务的漠视，淡化了陌生人之间利益相关性，破坏了"互利"精神。这表明社区居民在满足基本生存和物质需求的基础上，关注价值判断和心理需求的价值理性尤为重要。[①]因此，在社区治理中需要充分考虑社区学生的主体性，以学生为本，从学生的角度和需求出发，精准思政，下沉队伍进驻，实现多维建构整合合力，推动高校"一站式"学生社区建设。

3. 队伍进驻推动构建全员育人机制，多元主体共同参与激发育人合力

高校"一站式"学生社区建设应构建全员育人机制，打破传统意义上的部门壁垒，形成多元主体共同参与、协调联动的育人机制，确保各部门在"一站式"学生社区建设中各司其职，形成合力。坚持线上线下融合，利用互联网、大数据等技术手段，建立线上事务办理中心，提高服务效率；同时，注重线下空间的打造，为学生提供丰富的交流、

---

① 毛春合，宋启东. 从工具理性到价值理性：智慧社区共同体的多维建构[J]. 华北水利水电大学学报（社会科学版），2024: 110-111.

学习和休闲场所。线上线下融合，有助于实现全方位、立体化的育人效果。整合学校、学院、职能部门以及社会资源，共同参与学生社区建设，形成协同育人的合力。

（三）工具理性迈向价值理性：高校"一站式"学生社区建设育人主体成效提升

1. 队伍进驻中教育工作者的身份认同

在高校"一站式"学生社区队伍建设中，队伍进驻中教育工作者的身份认同是激活育人效能的重要因素，直接决定社区育人的实践深度和品质高度。因此，队伍进驻机制需强化科学规划与资源整合：既要以学生成长规律为逻辑基点，又要围绕教育工作者身份特性优化资源配置。通过专业能力与岗位需求的精准对接、育人理念与社区文化的深度耦合，实现人力与物质资源的协同增效，最终以身份认同的内生动力，显著提升育人成效。①

2. 队伍进驻中教育工作者的角色定位

《高校"一站式"学生社区综合管理模式建设提质增效指南》对队伍进驻中的教育工作者有明确的角色定位，其中提出："校院两级负责同志带头践行'一线规则'，常态化深入学生社区，建立与学生常态化交流互动机制，体察学情、关爱学生、释疑解惑，及时解决涉及学生思想、学习、生活、发展等实际问题，带头给予学生具体且实际的关爱。"因此，在高校"一站式"学生社区建设中，教育工作者应注重工具理性和价值理性的对立统一，建立协调机制，强化校企共建，促进资源共享；同时，应特别关注育人成效。在育人过程中，要注重将社会主义核心价值观等价值理念融入其中，引导学生树立正确的世界观、人生观、价值观。

3. 队伍进驻中教育工作者的育人成效

在具体的教育实践过程中，要以学生成长为中心，进驻队伍通过丰富多彩的德育实践活动，让学生在实践中体验、感悟和内化价值理念，促进其道德品质的提升；充分考虑学生的个体差异和多样化需求，提供个性化的育人服务和支持；建立科学、全面的育人资源整合评价体系，对资源整合的过程和效果进行定期评价；根据评价结果，及时发现问题和不足，并采取相应的措施进行调整和改进；确保育人资源的整合能够持续优化，不断提升育人成效。综上所述，整合育人资源实现工具理性与价值理性的统一需要明确育人目标、科学规划布局、加强协调合作、注重价值引导以及持续评价

---

① 王强, 赵岚. 从工具走向价值: 高校教师教育者身份认同的现实困境与理性复归[J]. 黑龙江高教研究, 2022, 40(3): 75-80.

改进。采取这些措施，可以确保育人资源得到有效利用并促进学生全面发展。

第二节 队伍进驻与服务学生成长成才的实践探索

"培养什么人、怎样培养人、为谁培养人"是教育的根本问题，这就要求高校要坚持把立德树人作为根本任务，持续深化对"三全育人"的探索与实践。[①]高校"一站式"学生社区建设契合"三全育人"要求，通过队伍进驻策略，引入领导力量、思政力量、专业力量和管理服务力量直接参与社区建设。队伍进驻是实现学生发展中心目标的关键行动，通过近距离接触和了解学生，育人队伍在学生学业指导、心理健康、生涯规划等方面提供精准服务、管理和指导，促进学生在"一站式"学生社区建设过程中提升自我、发展自我、实现自我。

本节将深入探究高校"一站式"学生社区综合建设中队伍进驻与服务学生成长成才的实践探索。首先，从队伍进驻的内涵出发，以"顶层设计""全局视角"和"底层逻辑"三个方面为突破口，分析队伍进驻在"一站式"学生社区建设中的重要性和必要性。其次，援引不同高校的典型案例，以试点高校的建设过程为样板，突出队伍进驻在"一站式"学生社区综合建设中的育人理念和价值。最后，在分析整理当前高校开展队伍进驻学生社区建设过程中所遇到的现实性问题的基础上，进一步提出解决之道，以期为未来"一站式"学生社区综合建设提供有借鉴意义的工作方案。

一、队伍进驻的实践形式解析

队伍进驻是高校"一站式"学生社区综合建设的重要一环，是践行"三全育人"理念的重要体现，即立足"一线规则"，推动校院领导力量、思政力量、专业力量、管理服务力量下沉学生社区一线，打通育人"最后一公里"，进而建设具有中国特色、体现思政要求、贴近学生实际的生活社区，推动形成全员全过程全方位育人格局。

2019年，教育部印发《关于开展"一站式"学生社区综合管理模式建设试点工作的通知》，委托北京航空航天大学等10所高校开展"一站式"学生社区综合管理模式建设试点工作，提出校院领导力量、管理力量、思政力量和服务力量四种育人

---
① 王军华. 高校"一站式"学生社区建设的内生价值、现实挑战与突破进路[J]. 思想理论教育, 2022(10): 108-111.

力量入驻"一站式"学生社区综合管理模式建设过程。2021年，教育部印发《关于深化"一站式"学生社区综合管理模式建设试点工作的通知》，扩大"一站式"学生社区综合管理模式建设试点范围。2023年，教育部印发《高校"一站式"学生社区综合管理模式建设工作指南》，在队伍进驻方面提出了五项基本要求和五项拓展要求。2024年，教育部印发《高校"一站式"学生社区综合管理模式建设提质增效指南》（第一版），在队伍进驻方面深化四种育人力量，并进一步提出指标内涵、指标内容及观测点，从多维度优化"一站式"学生社区建设，确保队伍进驻的实效性。对此，深入解析高校"一站式"学生社区建设队伍进驻，应从建构、规范和价值等角度，把握"顶层设计"，通盘谋划"一站式"学生社区建设的"四梁八柱"，立足"全局视角"，深入挖掘队伍进驻元素的内涵，坚守"底层逻辑"，持续探索学生成长成才的实践形式。

（一）把握"顶层设计"，以机制为牵引探索全员育人体系建设

正确认识党和人民事业所处的历史方位和发展阶段，是我们党明确阶段性中心任务、制定路线方针政策的根本依据，也是我们党领导革命、建设、改革不断取得胜利的重要经验。①国家的治理体系是一个制度系统，包括政治、经济、社会、文化、生态等各个领域，一定要从整体上考虑和规划各个领域的改革方案，从中央宏观层面加强对治理体制改革的领导和指导。②在高校"一站式"学生社区综合管理模式建设过程中，把握顶层设计，就是要在党的统一领导下，通过一系列的制度安排，厘清不同层级、不同主体在建设过程中所扮演的角色以及分工，并以体制机制为网络，统筹连接所涉主体，实现高层次的设计与规划，进而为后续实践环节奠定基石。

1. 落实立德树人，以制度化蓝本推进管理模式统筹推进

宏观层面，我国高等教育正处于新的发展阶段，面对新问题、新挑战，党和国家立足教育事业发展现状，宏观把握、统筹推进，提出了高校开展"一站式"学生社区综合管理模式建设试点工作的新要求，从国家层面以制度文本的形式，拉开了高校"一站式"学生社区综合管理模式建设的帷幕。高校"一站式"学生社区综合管理模式建设工作是深入学习贯彻习近平总书记关于教育的重要论述，适应新形势新情况、加强高校党的建设和思想政治工作的重要体制创新。

---

① 习近平. 习近平谈治国理政：第四卷[M]. 北京：外文出版社，2022: 161.
② 俞可平. 走向善治[M]. 北京：中国文史出版社，2016: 4.

2. 搭建育人网络，以体系化建设推动育人工作落实落地

中观层面，高校作为"一站式"学生社区建设的责任主体，要在新发展阶段中贯彻新发展理念，在国家顶层设计的统筹指导下，在体制机制、经验举措、方式方法上积极探索。高校"一站式"学生社区综合管理模式建设工作，就是要回答好"实现什么样的建设目标"以及"怎样建设"的问题，这是高校开展"一站式"学生社区建设工作的重中之重。高校要持续构建协同化、网格化的工作体系，以制度机制为规范，以人员队伍为抓手，纵向层级牵引，横向部门联动，形成以高校为主体的"顶层设计"育人工作模式，进而因地制宜地指导具体工作的稳步开展，形成真正的"一站式"学生社区综合管理模式建设育人合力。

3. 坚持"三全育人"，以服务学生推动队伍进驻见行见效

微观层面，在教育部和高校的制度性规范和系统化引领下，具体实践主体应从微观角度织牢、织密社区育人网络，逐步构建全员育人体系，形成部门协同、队伍进驻和资源共享等方面的联动，进而构建国家引导、高校主导、教师主体共同参与的育人机制。各高校通过队伍进驻学生社区，引入领导力量、思政力量、专业力量和管理服务力量直接参与社区建设，形成"三全育人"格局下的有效治理。领导力量是学校顶层设计在人员安排上的重要体现，学校党委应高度重视此项工作，在常委会、全委会和校长办公会中开展专项议题研讨，在高校领导层强化共识[1]，并深入一线了解学生的最新思想动态和学习生活需求。思政力量主要体现在一线学工力量，如高校辅导员群体以及其他学生工作者。具体活动形式包括：辅导员和学生同吃同住、社区值班办公，"大学工"开展心理咨询、职业规划、学业指导等。专业力量主要体现在学生导师、校友、校外资源等育人主体，他们通过答疑解惑、课后辅导等形式与学生开展面对面交流互动，为学生解答学业和人生发展等问题。管理服务力量主要体现在高校后勤保障处、保卫处、园区办等队伍群体，重点解决学生在生活中遇到的各种问题，并为学生住宿和生活提供基础保障和有效服务，切实做到以学生成长为中心。

国家既定的顶层设计，在宏观上把握了高校育人的新发展阶段，由上而下对各高校提出了"一站式"学生社区建设的具体要求。作为回应，高校坚持把立德树人作为根本任务，从中观层面持续深化"三全育人"在"一站式"学生社区建设中的探索与实践，明确在承接顶层设计的同时，落实社区建设中队伍进驻的路径选择，有效衔接教育部的相关要求。微观层面，各育人主体以教育部和高校规划为指引，以队伍进驻

---

[1] 马成瑶. 整体性治理视域下推进高校"一站式"学生社区综合管理的思考[J]. 思想理论教育, 2022(3): 96-101.

的形式，深入学生社区开展育人工作。从制度到实践，从提出到落实，在宏观、中观、微观三个层次实现了体制机制的耦合，学生社区从传统的生活休息空间向高校的重要育人场域转变，形成可复制、可推广、制度化、体系化的"一站式"学生社区综合管理模式，进而呼应国家层面提出的从试点高校到增加试点高校，以及从工作指南到建设提质增效工作指南的实现逻辑。

（二）立足"全局视角"，队伍进驻探索全过程育人格局构建

在党对教育事业的全面领导下，我们坚持立德树人这一根本任务，坚持优先发展教育事业，扎根中国大地办教育。习近平总书记站在中国特色社会主义事业全局的高度，深刻洞察教育的基础性、先导性、全局性作用，强调要把教育摆在优先发展的战略地位。①学生社区的育人功能作为高校实现立德树人根本任务的重要一环，也需立足全局视角，多角度、多方面探索"一站式"学生社区建设的实践路径。自"一站式"学生社区综合管理模式建设试点工作提出以来，各高校面临着机遇与挑战并存的局面，如学生人数扩招导致的社区物理空间紧张，建设经费不足导致的相关项目得不到有效开发利用，以及高校各部门与二级学院协同配合不够流畅导致学生信息存在偏差等问题。在学生社区从单纯的物理生活空间转型为全方位育人空间的过程中，高校在体制机制建设、部门人员安排、校内外资源调动等方面都会遇到新问题和新情况。当然，各高校在"一站式"学生社区建设的逐步开展中，也取得了较为丰硕的成果，尤其是队伍进驻的规范操作，为学生社区建设注入了强大的育人活力。

1. 遵循队伍进驻之育人根本，保持原则性与包容性

立足全局视角来看"一站式"学生社区建设，大学生作为学生社区的"主人"，个体间存在明显的发展差异性，这就要求高校在队伍进驻开展育人工作时，要尊重学生成长发展规律。为党育人、为国育才，既要体现学校管理规章制度的原则性和权威性，又要兼具人文关怀的包容性和灵活性。高校大学生是最具活力的群体，也正处于最需要正确引导和帮助的年龄段。在"一站式"学生社区建设的过程中，既要看到学生发展的普遍性，也要看到学生成长的特殊性，以学生成长为中心，把握原则性与包容性的平衡点，兼容并包，因材施教，这样才能帮助大学生在"一站式"学生社区中找到归属感和幸福感。

---

① 教育部课题组. 深入学习习近平关于教育的重要论述[M]. 北京：人民出版社，2019：62.

2. 明确队伍进驻之现实特征，突出多样性与专业性

队伍进驻类型的多样性与专业性，强化了"一站式"学生社区建设的质与效。高校在开展"一站式"学生社区建设过程中，应破除不合时宜的想法与做法，切实以学生成长为中心，精准定位学生所思、所想、所盼，找准切入点，整合社区服务内容，强化各部门间的交流互动，紧扣"一站式"关键词，拓宽"一站式"学生社区建设之路，深入挖掘进驻队伍的有效资源，同时鼓励学生参与社区建设过程，提升朋辈教育在学生群体中的影响力，形成立足社区、深入学校、放眼社会、走向世界的建设格局，为学生拓宽第一、第二课堂之外的发展新视角，拓展学生社区物理空间和育人空间，使学生以主体和客体的"双重身份"主动参与"一站式"学生社区建设。

3. 追踪队伍进驻之实践过程，确保持续性与稳定性

进驻队伍与所开展活动的持续性与稳定性，直接影响"一站式"学生社区建设的持续性与稳定性。"一站式"学生社区建设作为高校育人工作的重要内容，能够根据学生的日常行为和相关操作，精准收集学生在社区建设过程中的数据并加以分析整理，支持改进并完善社区建设。高校以完善的顶层设计和充足的队伍进驻为基础，以持续更新的数字化建设为依托，能够打造持续而稳定发展的数字化社区。在社区建设过程中，持续而稳定的社区规划与建设，以及不同队伍力量的实际进驻，大大提升了社区的服务质量和效率，而数据的精准描绘，也是学生真正参与社区建设和实现自我成长的重要体现。

（三）坚守"底层逻辑"，以学生成长为中心探索全方位育人目标的达成

坚守"底层逻辑"，以学生成长为中心探索全方位育人，是高校"一站式"学生社区建设的一项重要任务。这要求我们深入理解教育的本质，明确教育的目标和价值，并以此为基础，全面优化育人过程，实现学生的全面发展。在高校"一站式"学生社区建设中，队伍进驻应以学生成长为中心，始终把学生的需求和利益放在首位，尊重学生的个性差异，关注学生的身心健康，促进学生的全面发展。这需要学校、教师、学生以及与学校有关联的社会团体的共同努力和配合。通过优化资源配置、创新工作模式、构建协同育人机制等措施的实施，推动高校"一站式"学生社区建设取得更加显著的成效。

1. 关注学生全面发展，以学生需求为出发点

高校"一站式"学生社区建设需要以习近平新时代中国特色社会主义思想为指导，

围绕立德树人这一根本任务,以学生成长为中心,构建新时代"三全育人"工作实践园地,激发工作活力,释放工作效能,全面提升思想政治工作质量,让育人资源和育人力量聚合在"一站式"学生社区中,推动师生共同成长。因此,各高校在开展"一站式"生活社区建设时,应重点关注、深入了解学生需求和全面发展要求,从学习、生活、心理、职业等多方面出发,实施精准育人。具体可通过问卷调查、座谈会、个别访谈等方式,收集学生的意见和建议,确保社区建设和服务能够精准对接学生的需求;坚持德智体美劳全面发展的教育理念,将五育元素融入社区文化建设,提升学生的综合素质;通过开展多样化的文化活动、体育活动、美育课程和劳动实践,丰富学生的课余生活,促进学生的全面发展。

2. 汇聚社区育人合力,以全方位育人为落脚点

队伍进驻高校"一站式"学生社区,旨在通过整合校内外各类教育资源和服务力量,形成协同育人的强大合力。这些队伍包括且不限于校领导、辅导员、班主任、学业导师、心理咨询师、生活导师以及校外专家、学者、企业导师等。他们共同为学生提供全方位、多层次的教育指导和服务支持,围绕学生、关照学生、服务学生。

3. 实现高校一站式服务,以打造教育空间为实践点

队伍进驻应以学生成长为中心,下沉服务,把握学生成长发展的需要,为学生提供精细化、贴身便捷的管理与服务,进而实现全员全过程全方位育人。2020年,《教育部等八部门关于加快构建高校思想政治工作体系的意见》提出,推动"一站式"学生社区建设。依托书院、宿舍等学生生活社区,探索学生组织形式、管理模式、服务机制改革,推进党团组织、管理部门、服务单位等进驻社区开展工作,把校院领导力量、管理力量、服务力量、思政力量下沉到教育管理服务学生一线,将社区打造成为集学生思想教育、师生交流、文化活动、生活服务于一体的教育生活园地。

二、典型案例介绍

(一)浙江大学——名师入驻,推进竺可桢学院建设

1. 形式与内容

浙江大学竺可桢学院是对优秀本科学生实施"特别培养"的荣誉学院。学院依托玉湖"一站式"学生社区建设,联合学校多部门,启动"教授学术小组"计划。竺可桢学院充分利用玉湖社区的育人空间,优化"一站式"学生社区的学术交流功能,打造

具有荣誉学院特色的学生社区空间。学院打造"玉湖驿站",供优秀教师和校友返校时入住,鼓励教师与学生同吃同住,促进常态化交流。社区内定期举办"竺涯共语"开放日,邀请行业领军人才、高水平导师、优秀院友等名师高人与学生开展深度交流。

2. 特色与成效

作为第一批试点高校,浙江大学以深入开展"一站式"学生社区综合管理模式建设试点为契机,积极探索富有特色、体现思政要求、贴近学生实际的"一站式"学生社区综合管理模式,完善顶层设计,强化制度建设,整合资源力量,统筹推进试点工作。竺可桢学院积极探索拔尖人才培养路径,依托"一站式"学生社区建设,充分发挥入驻队伍的全方位育人作用,使学生能够在浓厚的学术氛围中学习成长。

3. 育人价值

浙江大学竺可桢学院将拔尖人才培养与打造"一站式"学生社区建设紧密结合,通过完善队伍进驻机制,引入顶尖师资等育人资源,使学子"足不出户"便能够享受名师授课的便利。同时,"一站式"学生社区积极营造学术氛围,打造育人品牌,整合会议室、导师室等场地资源,促进师生日常交流,实施"教授学术小组"计划,为"一站式"学生社区打造特色育人空间,创新建设模式,实现学术发展、学生培养、"一站式"学生社区建设的融合发展。

(二)西安交通大学——专业力量共治,筑牢心理健康阵地

1. 形式与内容

西安交通大学以落实"健康第一"的教育理念为目标引领,构建心理健康教育工作格局,多重保障举措筑牢校园心理健康防线。西安交通大学成立学校安全稳定工作领导小组,由党委书记、校长担任双组长,统筹开展全校安全稳定相关工作,并将心理健康教育工作纳入学校年度重点工作任务清单。学校坚持问题导向,由心理中心牵头,联合校内外专家,组建矩阵式研究团队,践行"一线规则",推动"教书育人、机关服务、后勤保障"三支队伍下沉社区,明确职责分工,实现全员入驻、全时保障、定时研判。在构筑全方位的教育教学体系方面,专职心理教师与社区结对,通过网络学习、课堂授课、心理剧展演等形式,协同开展心理健康课程教学。

2. 特色与成效

作为第一批试点高校,西安交通大学注重顶层设计,将心理育人与"一站式"学生社区相结合,通过学校制度和工作机制,将学生社区建设提升到学校发展规划的战

略高度，从上到下形成育人合力。一是强调问题导向，突出重点特色，由心理中心牵头，各学生社区开展形式多样的心理育人活动，基本覆盖全体同学，践行了"以学生成长为中心"的发展理念。二是强化"五育并举"，推进心理健康建设，即推动心理健康教育与社区的德育、智育、体育、美育、劳育等实践活动相融合。三是组建咨询服务队伍，实现专兼协同聚合力，将学校心理健康工作的开展与学生社区建设有机统一，打通育人工作"最后一公里"。

3. 育人价值

西安交通大学作为教育部"一站式"学生社区综合管理模式建设首批试点高校，始终坚持以习近平新时代中国特色社会主义思想为指导，以学生成长为中心，不断提高学生社区的服务能力和资源聚集能力，着力开展学生心理健康教育，以筑牢学生心理健康防线为工作目标，将学生心理健康教育与"一站式"学生社区建设相统筹。学校借助校内外专家队伍的入驻，把咨询服务送到学生宿舍门口，让学生沉浸式体验"一站式"学生社区带来的便利服务，提升学生社区育人实效。

（三）深圳职业技术大学——协同推进"三全育人"实践园地发展

1. 形式与内容

深圳职业技术大学紧紧围绕立德树人这一根本任务，深化教育培养模式、管理服务体制、协同育人体系、支撑保障机制改革，实现了领导力量、思政力量、专业力量和管理服务力量的全方位入驻。学校建立"书记、校长下午茶"制度，全面实行"楼长制"，推动学工队伍进驻学生社区；完善导师制，每周安排校领导到书院，面对面解决学生"急难愁盼"的问题；严格落实学生宿舍值班制度，打造"名辅导员工作室"；成立学生社区"网格中心"，充分发挥辅导员、宿管员、安保员的作用，"三员融合"一体推进网格化管理；完善书院常任导师制、文化育人导师制、生活导师制，结合书院特色，每年指导开展育人项目。

2. 特色与成效

深圳职业技术大学依托"三全育人"实践园地的建设，进一步推动"一站式"学生社区建设，着力打造富有职教特色、体现思政要求、贴近学生实际的生活社区，推动形成"三全育人"格局。学校引领推动党员干部、教职员工践行"一线规则"，着力推进"一站式"学生社区建设，不断探索高校版"枫桥经验"的"深职模式"。

3. 育人价值

深圳职业技术大学以习近平新时代中国特色社会主义思想为指导，紧紧围绕立德树人这一根本任务，打造"三全育人"实践园地，通过"书记、校长下午茶"制度，收集学生一线建议，解决学生实际困难；通过明确责任分工，将学校领导力量凝聚到学生社区中来，了解学生社区建设的最新动态；通过学工队伍进驻一线，开展辅导员特色项目，推动思政力量在社区建设中发挥作用；通过完善导师制，引进专业力量，为学生提供全方位的学业辅导和专业指导，促进学生多元发展。深圳职业技术大学坚持将试点工作纳入学校整体发展规划和人才培养大局，全面统筹各领域、各环节、各方面的育人资源和育人力量，合理设置试点目标和重点任务，聚焦学生成长发展中的难点、热点问题，分步骤、有重点地取得突破，将矛盾化解在萌芽状态。

（四）南京大学——多元主体联动下沉，营造"三室一厅"良好生态

1. 形式与内容

南京大学充分发挥寝室、教室、实验室和餐厅在学生学习生活成长中的重要作用，以"三室一厅"为牵引，全面加强大学生思想政治工作。学校统筹全校育人力量和育人资源，打造专项活动，推动校院领导、专业教师、管理干部、心理健康教师、就业指导教师、退休教师、优秀校友、后勤服务人员等共同走近学生，提供政治领导、思想引导、情感疏导、学习辅导、行为教导、就业指导等多样化成长服务。同时，南京大学建立学生社区导师团队，以队伍进驻为支撑，全方位支持学生成长发展。此外，学校以保障服务为支撑，营造"三室一厅"的良好生态环境，提供功能广泛的学生社区公共活动空间，为育人队伍走进"三室一厅"开展育人活动创造了良好的硬件条件。

2. 特色与成效

南京大学推动学校各级领导干部常态化深入学生社区，以"三室一厅"为牵引，从一线角度切实为学生解决各方面问题，充分发挥各类先进群体的育人作用。例如，优秀高年级本科生、优秀党员研究生、机关青年干部、行业精英校友常态化入驻学生社区，担任朋辈导师、学生党建助理、兼职辅导员和校外导师等角色，汇聚多元育人力量，全面加强大学生的思想政治工作。

3. 育人价值

进驻队伍的辛勤耕耘和育人活动的持续跟进，保证了学生参与社区活动和治理的积极性与稳定性。南京大学进驻队伍用实际行动展现了队伍进驻的多样性和专业性，从领导力量、思政力量、专业力量到管理服务力量，全方位提供育人力量，汇聚育人资源，打造育人高地。学校"三室一厅"，即寝室、教室、实验室和餐厅。以"三室一

厅"为育人基地，学生可以切身体会到所处物理生活空间的功能化转型，个体需求与价值产生相吻合，利益诉求能够得到多方面的顺利表达与满足。学校在提升育人服务与管理的过程中得到学生的认可，进而推动"一站式"学生社区建设持续稳定发展，实现社区治理的良性循环发展。

三、"队伍进驻"实践探索存在的问题与发展展望

高校学生生活社区作为高校学生除教室外的主要集体活动场所，是高校维护正常校园生活秩序的关键环节，是贯彻落实"培养德智体美劳全面发展的社会主义建设者和接班人"这一党的教育方针的重要举措，是高校实施"三全育人"战略不可或缺的组成部分。在高校"一站式"社区建设中，队伍进驻有助于实现精准对接，形成师生互动的新格局，有助于构建全方位一体化的育人体系，为学生提供更加全面、系统的教育和培养。近年来，高校"一站式"社区建设中的"队伍进驻"实践探索取得了显著进展，但仍存在一些问题。本节将从育人主体力量的质量和持续性、育人力量的整合和下沉情况、育人资源的分配情况、育人成效的监督和反馈等方面进行问题分析，并探索性地提出相关发展策略。

1. 队伍管理机制不完善，育人队伍专业培训有待提升

虽然"一站式"社区配备了专职工作人员和专业化的工作队伍，但部分进驻主体可能缺乏系统的培训和指导，导致其在开展日常思想政治教育和社区活动指导等工作时效果不佳。同时，已经进驻学生社区的育人队伍因为缺乏持续的专业培训和发展机会，所以工作人员的知识和技能无法及时更新，其工作积极性、主动性、创新性有待进一步提升，难以满足学生日益增长的需求和期望。

为此，建议从以下方面进行改进：一是建立定期业务培训机制，增强其服务意识，提高其办事能力和专业水平。二是加强学生特征研究，根据其发展阶段和实际需求做好前瞻性规划。三是加速育人队伍职业化培养，构建畅通的职业晋升机制，保障育人队伍的稳定性。

2. 育人力量整合不足，社区网格化管理有待加强

尽管辅导员、思政教师等育人力量已经进驻学生社区，但在实际工作中，这些力量之间的整合和协作并不充分。虽然部分高校形成了比较完善的网格化管理，但在实践过程中，各部门间仍缺乏有效的沟通和协作机制。这可能导致学生在寻求帮助时，

仍然需要面对多个不同的教师和部门，无法真正享受到"一站式"的便捷服务。

为此，建议从以下方面进行改进：一是优化网格化管理，合理划分网格区域，配备专人负责，实现对学生社区的全方位监控和安全保障。二是建立健全网格人员考核机制，推广实施网格人员"三看"考核法，提高网格人员的工作积极性。三是引入反馈机制、评价机制，对服务的质量、效率和学生满意度等指标进行质效评价管理。

3. 育人资源分配不均，数字赋能社区服务有待加强

在"一站式"社区建设中，硬件设施的投入往往较为充足，但信息技术支持却相对滞后，导致学生在使用社区设施或寻求帮助时，需要经历烦琐的线下流程。辅导员等育人力量在面对庞大的学生群体时显得较为薄弱，难以实现对每个学生的细致关注和指导。

为此，各高校在"一站式"社区建设中需要加大对信息技术支持的投入力度，搭建功能强大的线上服务平台，方便学生快速解决实际问题。此外，学校还要整合现有信息资源，实现数据共享，为学生提供全周期、全领域的管理与服务。

4. 学生参与度不高，有效评价和反馈机制有待优化

尽管"一站式"社区提供了丰富的服务和资源，但学生的参与度并不高。这可能是因为学生对社区的了解不足，或者认为社区提供的服务和活动与自己的需求不匹配。在"一站式"社区建设中，缺乏有效的评价和反馈机制来监测和评价服务的质量和效果。这可能导致无法及时发现和解决问题，从而影响社区的整体效能和满意度。

为此，建议从以下方面进行改进：一是除了关注以学校为育人主体的进驻和下沉，还要挖掘学生的独立潜能，搭建自治互助共享平台。学生是社区建设的主要管理服务对象，高校应注重培养学生的自主意识和独立能力，加强学生个体能力及社团组织建设，为生活社区管理注入新生力量。[①]二是在育人成效的评价和反馈方面，育人力量要下沉到学生社区，落实走访寝室制度，形成"问题预警＋回应反馈"的工作格局，制定明确的评价标准和指标，定期对"一站式"学生社区的建设和管理进行评价。建立健全反馈渠道，鼓励学生通过线上平台、意见箱等方式提出意见和建议，并对学生的反馈进行及时有效的回应和处理，不断提升"一站式"学生社区的管理水平。

在高校"一站式"学生社区综合建设的过程中，"队伍进驻"实践探索旨在通过整合各方资源，实现学生管理、教育教学、生活服务等多方面的有机融合，为学生营造全方位、多元化的教育与服务环境。通过提升育人队伍的管理机制和专业技能，加强

---

① 罗荣. 高校学生生活园区各类育人力量建设管理分析[J]. 新疆职业大学学报, 2023, 31(2): 71-75.

育人队伍的整合发展，进一步下沉社区，统筹育人资源合理调配，开展数字化赋能，完善育人成效反馈渠道，可以推动"队伍进驻"实践探索的深入发展，为学生营造更加优质的教育与服务环境，真正实现以"学生"为中心的全方位一体化育人实践。

第三节 队伍进驻与服务学生成长成才的质效评价

习近平总书记在二十届中央政治局第一次集体学习时的讲话中强调："科学的世界观和方法论是我们研究问题、解决问题的'总钥匙'。"①面对日新月异的变化和问题，合理有效的解决之道才能标本兼治。在高校"一站式"学生社区建设的通盘考量中，队伍进驻是实现从"人"到"人"的建设要点，以领导力量、思政力量、专业力量和管理服务力量四种力量的进驻，实现以学生发展为中心的总体目标，是研究和解决"一站式"学生社区建设问题的关键钥匙。教育部发布的《高校"一站式"学生社区综合管理模式建设提质增效指南》提出，队伍进驻的基础指标涉及领导力量下沉一线、思政力量扎根一线、专业力量围绕一线、管理服务汇聚一线以及高阶指标对应的育人力量持续凝聚，针对不同育人力量做出了指标内涵、内容和观测点的相关解读，从政策制定和解读的角度分析了队伍进驻的必要性和重要性。

一、队伍进驻质效评价的内涵、目标与原则

在基层社区治理中，引导多方力量参与社区治理，推动社区共建共治，增强社区合力，是提升社区治理效能的重要措施。②高校肩负着为党育人、为国育才的重要使命，在服务学生、培养学生的过程中，以队伍进驻的形式促进"一站式"学生社区建设，是当前高校建设发展提质增效的重要一环，也是新时代办好人民满意的教育事业的重要体现。队伍进驻既体现全员参与，又体现全过程衔接和全方位覆盖。

1. 队伍进驻质效评价的内涵

队伍进驻质效评价的内涵是厘清不同育人力量在社区网络中的逻辑关系及功能定位，从而促使各队伍相互协作达成共识，推进形成稳定的"一站式"学生社区治理结

---

① 中共中央党史和文献研究院，中央学习贯彻习近平新时代中国特色社会主义思想主题教育领导小组办公室. 习近平新时代中国特色社会主义思想的世界观和方法论专题摘编[M]. 北京：中央文献出版社，党建读物出版社，2023：61.
② 全部干部培训教材编审指导委员会办公室组织. 城市基层干部一线工作法[M]. 北京：党建读物出版社，2021：105.

构。然而，结构的构建及优化离不开对队伍进驻制度、规则体系的制定、调整和完善：一方面，它能够为队伍进驻提供激励机制，并为各队伍之间的行为选择提供合理的预期，促进协同合作关系的建立和开展；另一方面，各进驻队伍在遵循既定制度框架的同时，还能通过集体行动对其进行调整和重塑。因此，明确队伍进驻的质效评价的目标，以便准确地衡量和判断队伍进驻所发挥的实际效能就显得尤为重要。

2. 队伍进驻质效评价的目标

高校"一站式"学生社区建设的宗旨是服务学生成长成才。因此，队伍进驻的工作要义亦是以学生成长为中心，要探讨队伍进驻"以学生成长为中心"的教育理念在关键考核指标实践中的应用及其逻辑关系，可以从短期目标和长期目标两个维度展开。

（1）短期目标的确立有助于推进队伍进驻工作的有序展开。队伍进驻要实现人员配备的基础性覆盖，即要从一线角度解决学生所需所困，以事务性工作为主，帮助学生顺利面对学习、工作和生活中所遇到的成长问题和发展契机。不同育人力量协同并进，内外全员通力合作，将学校、各部门以及学院等不同层面的力量和社会力量有效融合，搭建服务学生成长成才的稳固桥梁。这既涉及宏观的队伍进驻制度设置，又涉及微观的行动选择，尤其还涉及中观的网络联结。由各组织部门间结成的社区网络，为各类进驻队伍拓宽了沟通渠道和合作途径，进而影响资源禀赋、权力赋予及行动选择。

（2）长期目标的建立有助于学生社区建设体系化的逐步形成。队伍进驻要体现三全育人中全员参与的有效性，即从价值建构和体系形成的角度，进一步思考如何更好地为学生提供管理、服务和指导，进而朝着多样化和高层次的"一站式"学生社区建设发展。育人力量的进驻并不是单纯追求数量，而是数与量的有机搭配，适当的队伍配备与精准的服务和管理，体现环环相接的可持续性，横向扩张，纵向深入，逐步提升育人效果，让学生在社区中拥有"足不出户，万事俱备"的体验感。各类进驻队伍也通过行动选择与社区网络进行政策互动，在激励因素的作用下推动政策落地。完备的社区队伍进驻体系要视高校实际工作情况而定，构建符合本校发展和推广延续的工作模式和体系，搭建符合本校学生的"一站式"育人平台。

3. 队伍进驻质效评价的基本原则

为了全面而准确地评价队伍进驻在"一站式"学生社区建设中所发挥的实际效能，以及检验或解决队伍进驻中的一系列问题，如工作动力不足、沟通渠道不畅、具体工作深度不够、活力不足等问题，需依据以下原则开展质效评价工作。

（1）政治性原则。从政策解读的角度出发，教育部多次印发高校"一站式"学生社区综合管理模式建设的政策文件，这就要求队伍进驻的前提是坚守政治性原则，由学校党政主要领导干部牵头，提高入驻队伍的政治站位。

（2）服务性原则。从实践落地的角度分析，社区建设要求入驻队伍立足学生实际需求，从学生中来，到学生中去，近距离接触和了解学生，提供针对性强的优质服务和有力支持。

（3）个别化原则。从服务对象的角度出发，进驻队伍应问需于生、问计于生，根据学生的实际需求开展工作，供需精准对接。同时，要求进驻队伍以多样化的人员配备和多元化的专业设置，为学生提供个性化服务和针对性指导。

（4）协同性原则。从进驻队伍的涉及范围来看，来自不同地域、领域和层级的队伍、力量或主体，应列出资源开放清单，梳理资源共享存量，以人员协同促进工作协同，绘制社区育人绩效"最大同心圆"。

（5）持续性原则。从社区建设的长远目标来看，一以贯之的队伍进驻能够有效保障社区建设的稳定性和持续性，队伍进驻安排有体系，进驻工作计划有规模，进驻人员质量有保障，才能构建社区大格局、凝聚队伍大合力、创建育人大品牌。

二、队伍进驻质效评价的指标体系构建

本节对队伍进驻社区的结构框架、运行模式及特征进行了深入挖掘，分析了影响队伍进驻稳定性和持续性的关键因素，采用专家咨询法和层次分析法确定指标并赋权，以生成系统、全面的行为解释框架，提高整体绩效水平。

1. 指标选取的原则

根据队伍进驻评价的基本原则来确定指标选取的原则，确保原始需求与实际效果间的逻辑思维一致，建立科学有效的评判标准，从而保证评价过程的信度与效度。具体遵循以下原则。

（1）完整统一原则。分类评价的指标在逻辑上符合总体评价体系的客观要求，即进驻队伍把工作延伸到"一站式"学生社区建设的方方面面，其工作反映出的各级指标也应完整体现，并和最高一级指标始终保持逻辑统一，确保数据的真实性和可靠性。

（2）服务优先原则。评价指标的设置应符合"以学生成长为中心"的本质要求，进驻队伍提供的服务质量是否达到学生满意，具体满意程度如何，都是以学生的反馈为准。进一步提升队伍进驻效果的具体举措的制定，也应以此为参考。

（3）有效针对原则。评价指标的设置要反映进驻人员个性化服务的提供情况，分析队伍进驻是否能够根据学生的具体需求提供个性化的服务和指导，如队伍结构的多样性与专业性，以及进驻人员在学生社区中如何发挥专业支持等作用，应通过相关数据量化展现。

（4）科学合理原则。队伍进驻的评价指标要体现队伍对社区治理的参与度和贡献度，要去除以往管理模式中固化的硬性指标，对照进驻队伍在社区治理中的作用，科学准确地判断进驻人员在管理、服务和指导等方面的贡献。

（5）动态稳定原则。评价指标的设置不是一成不变的，进驻队伍的适当变动会影响评价指标，也可能导致数据浮动，因此评价指标及构成体系在总体上是持续稳定的，但具体指标或数据会因实际情况出现变化，进而从多角度呈现进驻队伍对社区长期发展的贡献。

2. 指标体系的逻辑基础

队伍进驻质效评价指标体系的构建，在理论上，有必要形成一个整体性的分析框架，厘清多元主体间的结构关系，明确各类育人队伍在整体框架中的功能定位。在实践中，有必要根据评价指标，对进驻队伍形成流程性的、直观且可量化的执行指引，明确各类队伍的目标要求及阶段性侧重点。这样一种理论与实践的探索过程是提升队伍工作绩效以及"一站式"学生社区治理水平的关键。

基于以上两点考虑，从政策网络理论视角出发，将"一站式"学生社区视为各类进驻队伍间的互动关系，基于学校党委的领导和统合，协调多元力量和资源，提升服务学生成长成才的支持效果。网络视角的引入，可以帮助理解进驻学生社区的各队伍间如何在持续、动态的互动中相互影响，进而影响队伍整体结构和集体行动，形成系统、全面的行为解释框架。

3. 指标体系的功能框架

队伍进驻应考虑"问题呈现"阶段能够为学生提供有效服务，满足和回应学生的需求和期待，解决问题的关键力量能够提出新思路及实施的基本条件，提高服务的责任意识及整合程度。队伍进驻形成的社区育人网络为学生提供了各类服务，使得网络在学生社区获得效力，从而能够持续扩充育人力量，并获得更多的支持资源。然而，这也带来了较高的网络成本，如资源成本、人力成本、协调成本等。为提高网络效力，在"合理通行"阶段需要通过赋权、赋能等方式，在各部门、各成员间形成一系列活动、项目、服务的集成与合作关系。但如何在过程中系统推进，有步骤、有计划地推动各队伍在网络关系中的运作和发展，是"合作生产"的关键问题所在。衡量队伍进驻质效的核心标准是学生的满意程度，但这往往需要各育人主体对服务学生成长发展目标有非常深入的理解和认同，且各部门之间的协调也是很难有效维持的。作为"管理者"的领导力量是"关系处理"阶段的关键要素，能够确保队伍进驻的持久性和有效性。最后一个阶段是"动态反馈"，学生满意度反馈是提升队伍进驻绩效的演化动力，若存在不满意或满意度不高的反馈，将会重新进入新的"问题呈现"阶段。队伍进驻行为解释框架运行如图3-1所示。

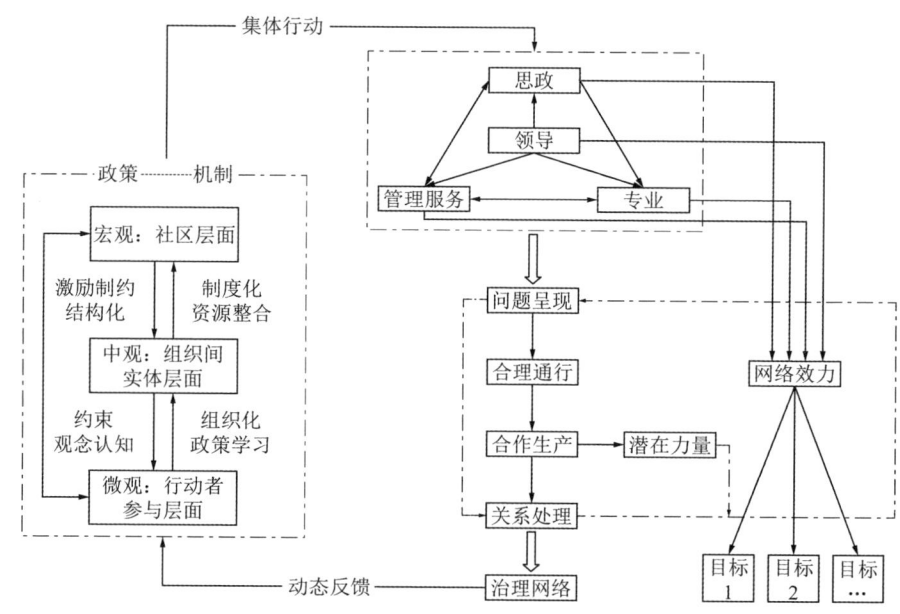

图 3-1　队伍进驻行为解释框架运行

4. 指标体系的构建方法

基于政策网络理论，本节采用德尔菲法，通过问卷调查和专家咨询的方式对指标体系进行实证分析与系统验证，筛选出关键绩效指标，最终确定满足信度、效度与解释力的自定性质效评价指标体系。

在队伍进驻质效评价的实际操作中，可依据学生社区建设的不同发展阶段和建设目标进行选择性评价。高校根据观测点内容自行设定具体量化指标，通过问卷调查、一对一深度访谈、问询等方式收集数据，从而对队伍进驻的质效进行综合评价。

5. 评价指标筛选

本节参考《高校"一站式"学生社区综合管理模式建设提质增效指南》（第一版）队伍进驻的指标内涵及观测重点，网络调研兄弟院校关于队伍进驻的经验做法，选取归纳关键要素，综合考虑队伍进驻社区服务学生成长成才的效果、检验队伍进驻面向学生群体的整体服务质量、满足各相关部门（把学生需求视为部门相关事务）的需求和期待、各队伍进驻功能的发挥、各队伍之间的关系强度、成本（人员培训、信息共享等）及资源（资源合作等）等因素，并通过对两轮专家打分结果进行统计分析，根据变异系数（CV）和肯德尔协调系数（W）来判定和协调专家对各指标的协调程度，最终确定以社区层面、组织间实体、行动者参与层面为一级指标，以整体服务质量、服务对象满意度、各相关部门需求和期待、各进驻队伍的关系强度、各进驻队伍的管理结构、资源支持及整合程度、服务集合程度为二级指标，保留专家意见集中度和一致性较高的58项指标为三级指标。队伍进驻质效评价指标体系如表 3-1 所示。

表 3-1 队伍进驻质效评价指标体系

一级指标	二级指标	三级指标
社区层面的网络效力	整体服务质量	常态化交流互动机制建立情况
		学校党委重视程度
		社区安全情况
		学生对是否解决社区安全问题的感知
		解决涉及学生思想、学习、生活、发展等实际问题的能力
		队伍合作保持灵活性与创新性
		专业队伍进驻情况
		公共设施开放与维护情况
	服务对象满意度	在校生、毕业生满意度
		成员间信息动态反馈效率
		为成员行为选择提供的合理预期情况
		学生诉求信息反馈率
		发生问题的概率的变化
	各相关部门需求和期待	服务提供的范围
		专项业务经费
		政策扶持力度
		满足和回应学生的需求和期待的专题会议或协调次数
		支撑学校人才培养的贡献度
		推动形成学校特色系列社区育人品牌的政策、制度、标准的贡献度
		标志性成果可持续影响的时间（以年为单位）

（续表）

一级指标	二级指标	三级指标
组织间实体的网络效力	各进驻队伍的关系强度	成员互动关系的强弱变化
		制度规范力度
		成员间沟通交流情况
		按照优先级序列满足学生需求的情况
		参与社区建设的程度的变化
		领导力量对社区组织服务的整合程度
		问题解决的系统性计划
		进驻队伍成员对"一站式"社区育人理念的主动理解程度
		社区资源系列项目、服务的集合程度
	各进驻队伍的管理结构	各成员主体利益的联结情况
		信息化技术人才队伍建设
		成立学生社区管理中心（工作办公室）等主管业务部门
		事务转介的规范程度
		成员间合作程度
		成员间信息共享的便捷程度
行动者参与层面的网络效力	资源支持及整合程度	部门主动挖掘并充分利用社区资源的情况
		调动校内外资源的集成能力
		明确岗位责任清单
		提升进驻队伍专业化能力和水平的情况
		队伍教育培训次数
		队伍交流研讨频率
		相互监督反馈情况
		进驻工作嵌入部门业务程度
		新增经常性的活动及活跃人员的数量
	服务集合程度	活跃参与具体事务、活动的比例的变化
		校院领导下沉次数
		思政教师与学生互动交流次数
		专家（学术名家、行业专家等）指导频率
		党政团干部下沉次数
		专任教师与学生面对面交流次数
		专业指导（科研训练、技能实训、项目实践、学业发展指导等）指导次数

（续表）

一级指标	二级指标	三级指标
行动者参与层面的网络效力	服务集合程度	生涯规划指导次数
		心理辅导次数
		主题讲座或沙龙分享次数
		安全教育频率
		投放聚焦最需要解决的问题和最迫切需求的注意力
		选择性支持（授予荣誉称号等）的情况
		校内外资源（专业化育人资源等）的引入情况

6. 评价反馈应用

将质效评价结果反馈给相关部门和相关利益主体，包括相关职能部门负责人、业务主管部门负责人、院（系）级党组织负责人、学生社区自治组织负责人及骨干、进驻社区社会组织（企业）负责人及骨干等，确保评价结果的透明度和公正性。根据评价结果，检验进驻队伍间协同合作关系的建立、维护及发展程度，检查进驻队伍的服务量、关系强度、资源利用、专业指导、互动机制、管理服务、合作类型等方面的情况。我们可以根据评价结果，分析其对学生成长的积极或消极影响，为优化各队伍在社区网络关系中的运作和发展提供参考依据。

三、队伍进驻质效评价的运行模式

1. 数据收集与整理

数据是质效评价的基础。根据社区层面、组织间实体以及行动者参与层面的网络效力的3个一级指标，以及队伍进驻整体服务质量、服务对象满意度等7个二级指标和58个三级指标，设计相应的数据收集工具，如问卷调查、访谈提纲和实地观察记录等。数据收集应全面覆盖所有指标，确保客观性和准确性。收集完成后，对数据进行分类整理，按照指标体系的层级结构进行归类，为后续分析提供支持。

2. 指标权重确定

指标权重的确定是质效评价的关键环节。本节采用德尔菲法，邀请领域专家对各指标的相对重要性进行评价，计算权重值。权重确定后，将其与各指标数据结合，为综合评价提供依据。

3. 综合评价与分析

在数据收集和权重确定的基础上，对各三级指标进行评价，本节采用比率分析、目标达成度分析等方法。随后，按照权重对三级指标进行加权求和，得到二级指标和一级指标的综合评价结果，形成对队伍进驻质效的整体评价。通过分析评价结果，识别质效表现突出的方面和存在的问题，为后续改进提供方向。

4. 反馈与改进

评价结果应及时反馈给相关主体，包括进驻队伍、上级管理部门和社区居民等。反馈内容应涵盖整体评价结果、各指标表现及改进建议。相关主体根据反馈信息制订改进计划，并在后续工作中落实改进计划。此外，还应定期跟踪改进效果，形成持续改进的闭环机制。

5. 动态调整与优化

质效评价体系应根据外部环境变化和实践积累进行动态调整。例如，根据社区需求变化调整三级指标，或根据实际运行情况优化指标权重，通过持续优化，确保评价体系的科学性和适应性，为队伍进驻工作的高质量发展提供支持。

通过上述运行模式，队伍进驻质效评价体系能够充分发挥作用，为科学决策、有效管理和持续改进提供有力支撑，推动队伍进驻工作更好地满足社区和相关利益主体的需求。

四、队伍进驻质效的提升策略

结合高校工作实际，在前文所构建指标体系的基础上，思考高校"一站式"学生生活社区队伍进驻评价的提升策略，对于保障社区建设质量、提升育人效果、促进学生生活社区规范化和标准化管理以及推动社区建设持续发展等方面都具有重要意义。第一，评价进驻队伍构成多样性及其在学生社区中发挥的专业支持作用，主要考察育人队伍与学生之间的互动频率以及互动深度和质量。在"队伍进驻质效评价指标体系"中主要涉及"质量维度"和"规模维度"，通过考察进驻队伍的结构类型、思政教师群体等下沉次数和指导频率、活动互动频次来进行观测评价。第二，个性化服务的提供情况是评价队伍进驻效果的关键指标，在"队伍进驻质效评价指标体系"中主要涉及"效益维度"，分析队伍进驻是否能够根据学生的具体需求提供个性化的服务和指导。第三，学生满意度与反馈是衡量队伍进驻效果的重要标尺，基本贯穿于队伍进驻评价的始终,在"队伍进驻质效评价指标体系"中主要涉及"满意度维度",主要通过学生满意度调查,了解学生对进驻队伍提供服务的满意程度及改进建议。第四,评价队伍进驻的持续性与稳定性是确保服务质量、维护社区秩序、促进学生发展的重要基石。在"队伍进驻质效评价指标体系"中主要涉及"功能维度"和"关系维度",从队伍整体建设层面出发,评价队伍的管理和服务效率、执行力、成员间的团结协作能力以及对学校政策的遵循情况。第五,评价队伍进驻效果时,社区治理的参与度是重要观测指标之一。在"队伍进驻质效评价指标体系"中主要涉及"结构维度",考察进驻队伍在社区治理中的作用,包括参与决策、提出建议和实施管理等方面。

此外,队伍进驻质效评价还需要进一步细化观测指标,增加参与度的具体指标。例如,在参与频次指标中记录各队伍(如辅导员、专业教师、学工队伍等)每月或每周参与社区治理的频次,包括走访宿舍、开展活动、处理学生问题等频次。评价队伍在参与过程中是否深入了解学生需求,是否有效解决问题,是否与学生建立了良好的互动关系等,以衡量其参与深度。考察队伍是否覆盖了所有学生群体,特别是重点关注特殊群体(如经济困难学生、心理困难学生等)的参与情况,以衡量其参与广度。同时,构建效果反馈指标,通过问卷调查、座谈会等方式收集学生对队伍进驻效果的满意度评价。为此,应统计队伍在进驻期间解决问题的数量和质量,评价其实际效果,从而形成问题解决率数据。

第四章

服务下沉：
提高学生成长成才满意度

以学生成长为中心：
高校"一站式"学生社区综合管理
育人质效评价研究

> "一站式"学生社区作为新时代思想政治工作的前沿阵地,是推进"时代新人铸魂工程"的重要载体。服务下沉作为"一站式"学生社区全面服务学生成长成才的重要途径,通过便捷化、服务化的方式,将教育资源、管理服务及思政工作等核心内容延伸至学生社区一线。这一模式打破了传统管理壁垒,构建了一个以学生成长为中心的全方位、多层次、立体化的育人环境。
>
> 服务下沉的实践与探索以学生发展为中心,旨在解决学生的实际问题,同时注重培养学生的主人翁意识,鼓励学生参与社区自我服务,激发学生成长内驱力,促进学生成长成才。高校通过资源下沉、力量下沉和服务下沉,汇集多方力量,将学生社区打造成为集生活、学习、成长于一体的全方位社区空间。
>
> 为确保服务下沉能切实提升学生的满意度,需要构建科学的服务下沉质效评价体系,明确评价内涵、特点及评价指标体系,为服务下沉工作的持续优化提供科学依据。评价体系应涵盖服务内容、质量、响应速度等方面,确保其达到预期标准。同时,学校需积极倾听学生的声音,不断调整和优化服务下沉的策略和措施,以更好地满足学生的需求和期望。

本章将进一步探讨高校如何紧密围绕立德树人这一根本任务,以"一站式"学生社区建设为抓手,将学校、职能部门、学院等各方面的资源下沉到社区、服务学生,探索将学生社区打造成融合思政教育需求、紧密贴合学生生活实际的综合性学生社区,进而构建全员参与、全程贯穿、全方位覆盖的育人体系。

第一节 服务下沉与服务学生成长成才的内在逻辑

服务下沉是"一站式"学生社区全面服务学生成长成才的重要途径和载体,通过便捷化、服务化的方式,将服务力量延伸到学生社区一线,为学生打造生活空间、学习空间、社会化空间等集服务与管理于一体的育人场域,从而提升学生社区生活的满意度和获得感。服务下沉以构建全员围绕学生、全方位关照学生、全程服务学生的"一站式"学生社区为目标,对提升高校学生全面发展具有非常重要的意义。

一、服务下沉的价值旨归:提高学生成长成才满意度

习近平总书记先后在 2016 年全国高校思想政治工作会议、2018 年全国宣传思想

工作会议、2018年全国教育大会上强调,要坚持把立德树人作为中心环节,把思想政治工作贯穿教育教学全过程,实现全程育人、全方位育人,努力开创我国高等教育事业发展新局面。"一站式"学生社区是高校深化"三全育人"的主要途径和抓手,也是"三全育人"的实践园地。"一站式"学生社区通过整合育人力量、下沉服务、划分物理空间功能,缩短了育人空间距离,围绕学生、关照学生、服务学生,凝聚师生感情,提升育人效果。

服务下沉是"一站式"学生社区提供高质量服务供给的重要实现形式,也是"以学生成长为中心"这一价值理念的直接体现。"一站式"学生社区以服务学生全面发展为逻辑起点,通过将育人主体、育人内容和育人机制相结合,全面融入学生的成长过程。这种育人模式推动多方力量下沉社区,及时响应学生的生活诉求,从而提升学生的满意度。服务下沉是高校为了更加贴近学生的需求、提升学生成长的满意度,打破传统集中式服务模式,将多种育人资源和服务延伸到学生身边,从而提高服务的可达性和有效性。就服务主体而言,它从最初狭义层面的"高校后勤"拓展到由教师、行政、后勤、学生组织等组成的服务共同体。从一体化、系统化的视角出发,为学生提供教学、科研、交流合作、生活保障、管理、后勤保障等方方面面的服务,全过程、全方位嵌入大学生活,在润物无声中影响学生,最终实现培养德智体美劳全面发展的社会主义建设者和接班人。[①]"一站式"学生社区推动校院领导干部队伍、辅导员队伍、专业教师队伍、管理服务队伍、学生骨干队伍、校外导师(行业专家、劳动模范、优秀校友等)队伍等服务下沉到学生中间。服务下沉意味着理念、队伍、资源等多方力量汇集到学生"一站式"社区中服务学生成长成才。

Z世代大学生以"00后"为主体,他们有着更多的个性化需求和广泛的兴趣爱好。"一站式"学生社区通过形成"下沉式服务"格局,能够促使教育、管理、服务资源的统筹、分配、重组同向同行,满足学生需求,注重学生的体验和满意度,确保服务过程具有个性化和高效性。服务下沉也是资源拓展的一种方式,根据学生的需求情况,动态调整资源分配,让资源产出效益最大化。这一过程不仅包括对教育资源的优化配置,还涵盖心理健康支持、职业规划指导、社会实践机会等多个方面。通过建立灵活便捷的服务机制,"一站式"学生社区能够迅速响应学生的多样化需求,确保每个学生都能获得个性化的支持和服务。此外,服务下沉还包括在校内各个部门间实现信息的快速共享以及家校联动形成合力,共同促进学生的全面发展和满意度提升。

---

① 王胜本, 李鹤飞, 刘旭东. 试论服务育人的新时代内涵[J]. 中国高等教育, 2020(11): 47-49.

在数字化背景下，各高校充分利用数字信息、智能平台、现代设施，科学研判学生的成长规律和发展需求，逐步构建数字赋能的"一站式"学生社区。通过技术支持实现数字化转型，促进管理服务部门的服务规范化，提升服务效能，增加学生满意度。服务下沉也是"一站式"学生社区进行文化浸润的重要载体，除了为学生提供服务、管理、场域等基础资源，更重要的是通过丰富的文化活动、心理健康与情感支持、价值观引导等举措，促进学生的全面发展，提升"一站式"社区生活的舒适感与满足感。

二、服务下沉：凝聚强耦合服务学生成长成才的育人合力

服务下沉是"一站式"学生社区服务学生成长成才的助推剂。通过将育人力量汇集到学生社区中，各育人主体厘清育人职责，发挥各育人主体间的协调和互补作用，从而实现强耦合式的多维联动。构建多主体协同管理的"一站式"学生社区，实现显性教育与隐性教育的统一，提升全员育人的职责意识。

（一）理念下沉"一站式"学生社区服务学生成长成才

"一站式"学生社区紧扣服务下沉思维，这是因为学生群体有共同的身份归属感和心理认同感。通过对学生群体进行"数字画像"，了解学生的深层次需求，增强学生社区的服务功能及自主服务意识。

育人主体的工作理念要从被动服务转变为主动服务。育人主体要善于利用数字化技术为学生提供精细化服务，集中办理各类事务，不仅提供"一站式"服务大厅办理学生事务，还要畅通沟通交流机制。通过举行师生座谈会、设置意见箱、搭建"来诉即办"线上平台等方式，确保学生对"一站式"社区服务的意见和建议能及时得到回应，从而提升学生社区工作的服务效能。要充分发挥学生"自下而上"的管理作用，激发学生的自我服务意识。学生宿舍生活空间可采用矩阵网格化管理，选拔楼长、层长等干部，建立学生与学校相关部门沟通的桥梁，畅通信息渠道。学生在社区围绕学习和生活展开活动，存在共性需求。"一站式"学生社区是学生生活学习的共同情感联结点，也是大学生在求学期间活动最多的场域之一。要坚持以学生需求为导向，尊重个体差异，积极反馈并响应学生的个性需求，让"一站式"社区真正成为一个集学习、生活、成长于一体的全方位社区空间。

（二）队伍下沉"一站式"学生社区服务学生成长成才

通过队伍下沉，"一站式"学生社区形成多维育人合力，在思想引领、心理健康、学业发展、创新创业、职业规划等方面为学生提供精细化服务。

校院领导在开学季、毕业季等重要节点深入社区，通过开展"书记面对面""校长下午茶"、学生座谈会等活动，与学生面对面交流，及时掌握并回应学生真实诉求。专职辅导员入驻学生社区，开展思想引领、心理健康教育、日常事务管理等工作，与学生同场域、同频率、同成长。专业教师入驻学生社区，定期在社区开展学业辅导、职业规划、科研训练指导等工作，促进学生的学业进步和科研发展。管理服务人员入驻学生社区，实现管理服务全覆盖，推进解决学生实际问题。学生社区自治委员会等学生社团组织入驻，充分发挥学生主体作用，构建"自我管理、自我服务、自我教育、自我监督"社区管理体系，让学生成为社区"第一责任人"。校外导师入驻学生社区，促进学生品行养成，培养学生创新创业能力，指导学生规划职业生涯，形成校内校外结合的育人队伍。学生在"一站式"社区中既是主体，也是客体。应充分发挥学生的主人翁意识，动员朋辈骨干力量，参与社区事务管理，实现学生自我管理、自我服务、自我教育、自我监督。同时增设学生社区勤工助学岗位，为学生提供服务"一站式"学生社区的实践机会，这样不仅能增强学生的社会责任感，也为"一站式"学生社区的发展注入源源不断的活力。

（三）资源下沉"一站式"学生社区服务学生成长成才

推动各类资源下沉"一站式"学生社区，构建思政育人、实践育人、科研育人、文化育人等育人体系。一是整合思政育人资源。加强领导干部、思政课教师、通识课教师、专兼职辅导员的协同。领导干部和教师要切实发挥示范带动作用，常态化走进社区为学生讲党课、讲思政课，深入学生开展调研座谈，走访学生宿舍，直面学生的思想困惑，做好学生的"引路人"。二是凝聚实践育人资源。在社区设立勤工助学、志愿服务、劳动实践、学霸讲师等岗位，将理论学习与实践活动、劳动教育与社区生活有机融合，让学生在实践中成长成才，在生活中锻造才干。三是凝聚科研育人资源。在社区设立名师工作室、学业辅导室、创新创业工作室，学术带头人、教学名师走近学生，定期开展专业认知教育、学科竞赛训练和学术论文指导等工作，把第一课堂延伸到社区，帮助学生提升专业素养和科研能力。四是积聚心理育人资源。在社区设立个体咨询室、心理辅导室，开展心理团体辅导、个体咨询、心理微课等活动，培养学生良好的心理品质，助力学生解决在成长过程中遇到的各种心理困惑，直接参与心理个案危机干预，精准施策，及时跟踪，形成工作闭环。

建立以学科交叉融合为核心驱动力的"一站式"学生社区管理体系，为不同学科背景的学生搭建交流和沟通的平台，从而更好地服务学生的成长。"一站式"学生社区不仅是学习的延伸，更是生活与成长的熔炉。针对学生对课外活动的强烈需求，社区以激发学生内在需求为导向，将课外资源下沉，培养学生的综合能力。针对当下社会发展的特点，社区要重视培养学生的人文精神，将人文资源下沉，旨在厚植人文情怀，引导学生树立正确的世界观、人生观、价值观。社区培养学生应以"全员育人"为目标，建立立体化、多样化的导师制度，将优质的导师资源无缝对接下沉到学生社区，为学生的发展注入成长活力和动力。

三、服务下沉：建立贯穿式服务学生成长成才的育人机制

"一站式"学生社区打破阻碍育人资源的壁垒，实现育人资源从"碎片化"向"聚合式"转变。它以"具象化"的育人服务平台为载体，无缝对接学生的需求；"零距离"办理学生事务，为学生提供覆盖发展全链条的育人服务体系。它围绕"以学生成长为中心"的服务理念，以实际问题为导向，解决学生的痛点问题，全周期、全方位地支持与引导学生，激发学生的内在学习热情，坚定社会主义信念，通过精准服务与精心培育，培养担当民族复兴大任的时代新人。

（一）服务育人引领"一站式"学生社区学生成长成才

服务育人是"一站式"学生社区的重要职责之一，不仅需要学校多方资源下沉，也需要校外育人力量参与。学生的全面成长和个性化发展需要校内外凝心聚力，形成立体化育人格局。

要秉持"服务学生"的核心原则，尊重学生的主体性和个性发展，在日常的服务中潜移默化地实现对学生的价值引领和培养。学校应密切关注并积极响应每位学生的成长需求，确保每位学生都能获得个性化指导与支持。要尊重学生成长规律，了解学生的不同个性和差异化需求，针对不同阶段、不同群体学生的特点，开展思想政治教育和综合素质培养活动。在新生适应期，学校可为学生提供全面的入学服务与指导，帮助学生尽快适应校园环境。在专业发展阶段，学校可为学生提供专业化提升服务与

支持，提高学生的实践能力。在职业规划阶段，学校可以职业工作室为载体，提供就业指导服务，包括简历撰写、面试技巧培训等，切实提升学生的择业能力。

（二）阶段育人促进"一站式"学生社区学生成长成才

学校聚焦学生成长的差异性与成长阶段，以"十大育人"体系为核心，围绕课程育人、科研育人、实践育人、文化育人等内容，以各成长阶段的学生需求为出发点，发挥学生专业学科优势，实施服务育人项目，为学生提供多维度的资源和支持，提高管理服务育人效能，全程做好学生育人工作。以学生的成长阶段来划分社区物理空间的功能，打造与学生成长相结合的社区公共空间，以空间功能与社区文化相融合，为学生提供多元化成长环境。

对于初入大学"孕穗期"的学生，学校可通过新生适应性教育、入党启蒙以及防诈骗知识普及等活动，为他们营造归属感，加速其融入大学的步伐。同时，社区活动应下沉至学生日常，增强其参与感与幸福感。对于"抽穗期"的二年级学生，学校应引导其树立正确的世界观、人生观和价值观。在这个阶段，学校应充分发挥党团组织、理论宣讲团等学生党员骨干的作用，让学生理论宣讲团在社区跨学院、跨年级、跨班级开展形式多样的活动，如情景宣讲、诗词诵读、读书会等，引导大学生树立正确的理想信念。对于"灌浆期"的大三学生，他们开始探索专业深度、参与社会活动。学校应通过开展爱国主义教育等多种形式，潜移默化培养学生家国情怀，让学生肩负起民族复兴的大任。此外，还可在学生社区开展科创赛事朋辈指导、专业课老师进社区等活动，为学生提供指导和帮扶。同时，利用"一站式"学生社区线上线下平台，举办求职简历大赛、面试模拟指导等提升学生职业能力的活动；通过思想和专业双指导，在社区实现创新育人。对于迈入"成熟期"的大四学生，他们需要心理指导、职业规划等服务。辅导员、心理咨询师应下沉到学生社区，为学生提供个性化心理疏导与就业指导。

（三）协同育人助推"一站式"学生社区学生成长成才

通过协同育人模式，形成线上和线下协同工作机制，进而构建立体化、全程覆盖的育人体系，为学生提供多维度的资源和支持，提高管理服务育人效能。树立平台思维，打造开放式和服务型平台，确保以学生成长为中心。协同育人模式以校院两级工作队伍为主体，教务处、学工部、团委等不同职能部门间相互配合与支持，协同下沉

"一站式"学生社区，形成多方合力。社区空间集多功能育人内容于一体，必然要求多部门协同下沉到学生社区，服务涵盖学生成长的每个阶段，围绕学生成长所需的学习交流、文化体育、创新创业实践等活动，为学生提供精准化、个性化服务。"一站式"学生社区融合不同学院、年级、专业的学生，具有鲜明的个性及多样的需求，聚焦学生成长的差异性，发挥学生专业学科优势，构建服务育人项目，全程做好育人工作。

"一站式"学生社区作为校园生活的拓展与深化，不仅是学生生活的场所，更是个人成长与发展的平台。学校应密切关注并积极响应每位学生的成长需求，确保每位学生都能获得个性化指导与支持；尊重学生成长规律，针对不同阶段、群体学生的特点，开展育人活动，帮助每位学生找到适合自己的发展方向，发挥出最大的潜能。

四、服务下沉：构建全聚合服务学生成长成才的育人场域

"一站式"学生社区建设是管理服务和思想引领双向发力、同频共振的。[①]同时，它还发挥着"第二课堂"的作用，是大学生相互影响的空间场域和复合型空间，通过重构线上和线下空间资源，打通校内外、课内外通道，推动资源下沉，不断改革服务模式，为学生提供全方位、下沉式服务。

"一站式"学生社区是育人场域的延伸，也是以空间为载体的平台，可以划分为学习空间、生活空间、服务空间和文化空间。社区实现虚实功能相融合，对宿舍空间进行升级改造，使其蜕变为集党建引领、文化熏陶、学习交流、科创指导、心理辅导、就业指导、学术研讨等多元功能于一体的综合服务平台，深度贴合学生需求，激发学生内在潜力，助力学生成长。它以楼宇物理空间为载体，呈现立体化特征，承载协同育人功能。运用系统思维，整合资源，将育人场域延伸到学生生活空间和网络空间，把全方位的育人资源推送到学生面前，提高社区公共空间利用率，促进学生的成长和发展，构建全聚合的服务育人场域。

（一）打造学习空间，增设"一站式"学生社区学生学习场域

"一站式"学生社区将育人工作从传统的教室、办公室延伸到学生社区，增设学习空间，实现教育主体与教育对象在同场域的同频共振。"一站式"学生社区设立自习室，

---

① 李刁，陈志. 高校"一站式"学生社区教育管理模式的构建策略[J]. 学校党建与思想教育，2019(6): 65-68.

并配备必要的学习设施,如桌椅、电源插座、无线网络等。这为学生提供了专注学习的空间,减少外界干扰,提高学习效率。设立阅览室,收藏各类书籍和期刊,提供阅读和借阅服务。这不仅满足了学生的学术需求,还有利于拓展学生的知识面,提升其学术素养。建立学业辅导室,邀请专业教师和高年级学生定期开展学业辅导,帮助学生解决学习中的疑难问题。通过专业的学业辅导,帮助学生克服学习障碍,提高其学业成绩,增强其学术能力。建立创新创业工作室,为学生提供创新创业所需的设备和资源,支持学生开展科研项目和创业活动。这有利于培养学生的创新精神和实践能力,为学生提供一个实现和展示自己创意的平台,提升其科研能力和创业素质。

在学习空间上,"一站式"学生社区通过建设自修室、阅览室、学业辅导室、党建工作室、心理辅导室、创新创业工作室、职业生涯指导室等功能室,保障辅导员、学业导师、心理咨询教师、校外导师等育人队伍下沉社区服务学生,推动思政育人、实践育人等教育资源聚合在学生身边,满足学生发展需求。

(二)打造生活空间,扩展"一站式"学生社区学生生活功能

随着时代的发展,学生对于"一站式"学生社区生活空间的需求日益多样化和个性化。打造"一站式"学生社区生活空间,是提升学生居住体验感和生活满意度的必然选择。例如,为学生配备必要的生活配套设施,如床铺、衣柜、书桌、空调、网络等;增设多样化的健身休闲设施,如健身房、户外运动器材、共享厨房等,鼓励学生积极参与体育锻炼,强健体魄;增设咖啡厅、洗衣房、楼宇浴室等生活设施,丰富学生的生活空间。设施配备齐全,管理服务精细,社区为学生营造温馨、舒适的居住环境,减轻学生的生活压力,使学生有更多时间和精力投入学习。

生活空间以宿舍为主体,各专业的学生可以在生活空间进行思想交流和学科分享。在满足基本生活功能的基础上,健身休闲设施和生活设施空间能够满足学生组织开展活动的需求,增强团队意识。生活功能的扩展,增强学生在社区的满足感与幸福感。学生以更加积极的心态思考和总结学习方法、规划未来职业,实现德智体美劳全面发展。

(三)打造服务空间,便捷"一站式"学生社区学生服务体验

打造数字化"一站式"学生社区服务空间,为学生提供更便捷的服务。在现实生活中,学生更倾向于待在宿舍,而打造"一站式"学生社区是为了更好地解决高校育人"最后一公里"难题。搭建线上线下协同的"一站式"学生事务大厅,覆盖学生生

活的方方面面，从日常琐事到专业指导，全方位解决学生业务办理等问题，为学生创造舒适的生活空间，并提供便捷高效的服务。

在服务空间上，建立"一站式"学生服务中心，学校党团组织、管理部门、服务部门进驻学生社区开展工作，为学生提供"一站式"服务。"一站式"服务的特点在于简化办事流程、提高服务效率，能解决学生在生活和学习中遇到的实际问题。对于现场不能即时办结的业务，在规定期限内办结，形成"学生反映—集中办理—限期反馈—跟踪问效"的工作闭环，提升学生的满意度和幸福感。

学生服务中心提供包括学籍管理、奖学金申请、心理咨询等服务。例如，由专业心理咨询师定期开展心理咨询服务，帮助学生解决心理问题，增强心理素质。专业的心理咨询服务，可以帮助学生应对学习和生活中的压力，提高学生的心理适应能力，促进学生心理健康。

（四）打造文化空间，丰富"一站式"学生社区学生文化建设

通过打造文化空间，将育人理念、育人目标、育人内容融入社区建设，增强学生的文化自信和归属感。在文化空间上，结合专业特色，开展特色文化活动，用时代思想铸魂，用校园文化润心，用专业文化赋能。在活动室定期举办各类文化活动，如讲座、研讨会、理论学习等，丰富学生的文化生活。丰富的文化活动，有助于提升学生的文化素养和审美能力，促进学生的全面发展。在党建活动室积极开展党团活动，加强学生政治思想教育。开展党团活动，有助于提高学生的政治意识和思想觉悟，培养学生的社会责任感和使命感。在宿舍楼设立宣传栏，宣传社会主义先进文化，弘扬社会主义核心价值观，构建社区文化体系。

明确不同空间的功能定位，可以更好地满足学生的多样化需求，促进资源的优化配置，提高服务效能，促进学生的全面发展，形成良好的社区文化氛围，增强学生的归属感和认同感。这种功能划分不仅有助于提高学生的满意度和幸福感，还为提升高校的教育质量提供了有力支持。未来，高校应继续探索和推进"一站式"学生社区建设，为学生成长成才提供更加优质的服务和支持。

第二节 服务下沉与服务学生成长成才的实践探索

高校学生社区作为大学生日常学习生活的重要场域，它不仅是重要的物理空间，

而且是具有丰富育人内涵的精神家园。新时代背景下高校学生社区空间已从单一生活功能向多元综合功能拓展，日益成为集思想教育、师生交流、文化活动、生活服务于一体的教育生活园地。"一站式"学生社区服务是以学生宿舍为中心，以共同生活在一起的大学生群体为主体，建设食堂、活动娱乐场所、生活服务网点等区域，为大学生提供课堂之外的"一站式"的学习、生活、实践、文化、娱乐等个性化的活动空间和服务。这种"一站式"的学生社区将社区内的各种服务和文化建设连接成一个整体，将课堂育人延伸到学生生活社区中，是新时代高校"第二课堂"。

本节将深入探讨"一站式"学生社区综合建设中，高校服务下沉一线学生社区的实践与探索。以学生发展为中心，解决学生的实际问题。同时，注重培养学生的主人翁意识，鼓励学生参与社区自我服务，激发学生成长内驱力，促进学生成长成才。加强服务下沉，是"一站式"学生社区建设的客观需要，也是学生全面成长成才的时代要求。高校应坚持立德树人这一根本任务，以学生成长成才为核心，通过机制完善、数字赋能、学生自治等方式，进一步优化学生社区服务效能，以系统性思维切实提升学生社区服务育人的实效性，从而更好地满足学生成长成才需求。

一、"服务下沉"的实践形式解析

服务下沉，即把握学生成长发展的需要，通过将服务和管理触角延伸至学生社区的各个层面，确保学生能够轻松获得必要的服务和帮助。它不再局限于传统意义上提供宿舍管理和安全保障的"高校后勤服务"。新时代"一站式"学生社区服务下沉打破教学与生活分离的局面，凝聚服务学生成长成才的育人合力，是进一步推进高等教育治理体系与治理能力现代化的重要途径。通过非正式学习空间的构建、校园文化的建设以及其他具体服务行动，潜移默化地对学生进行价值观塑造，落实立德树人这一根本任务。①

随着高校学分制、后勤社会化改革的不断深入，原有以年级、班级为单位的集体教育效果逐渐弱化，学生社区的育人功能和地位日益凸显。"一站式"学生社区把课程育人、科研育人、实践育人等优势资源汇聚到学生身边，为学生提供精细化、差异化、专业化成长服务，形成立体化空间育人格局，打通育人"最后一公里"。②围绕学生、

---

① 刘晓婷, 王玥. 新时代高校服务育人的内在逻辑与实践路径[J]. 思想理论教育, 2023(8): 107.
② 李刁, 陈志. 高校"一站式"学生社区教育管理模式的构建策略[J]. 学校党建与思想教育, 2019(6): 65-68.

关爱学生、服务学生，践行"一线规则"，将育人力量汇入学生社区，满足学生思想、学习、生活需要，并对学生的思想、学习、行为施加积极影响，以实现育人目标。

当代大学生以"00后"为主体，他们成长于社会快速发展、信息爆炸的时代，他们有着多样化的成长需求，如学业发展、人际交往、心理健康等，同时也面临着复杂的成长问题，如价值观冲突、学业压力、就业焦虑等。"一站式"学生社区以学生发展为中心，提供全员全过程全方位的下沉式服务，满足学生成长成才的需要。服务下沉协同校院领导干部、辅导员、专业教师、管理服务人员、学生骨干等多支队伍进驻社区，为学生提供思政教育、学业支持、就业指导、心理帮扶、志愿服务等全方位的成长资源。例如，"一站式"学生社区从学生学习角度出发，为学生提供学习所需的环境和资源，如利用学生社区创设学习空间，将课堂学习延伸到生活学习中；根据学生的学习兴趣，组织形式多样的学习活动，提升学习效果；为思政教师队伍深入社区对学生进行思想政治教育和道德品质教育，提供空间和平台，定期深入社区开展午餐会、座谈会、指导教育活动。[①]

随着社会的进步和教育理念的不断更新，社会对个人主体性的重视日益增强。"一站式"学生社区在"服务下沉"实践过程中，也开始朝着增强学生自我服务的主观能动性方向发展。注重学生自主性的"服务下沉"，充分尊重学生的主体地位，通过建立学校教师服务队伍与学生骨干队伍的平等互动关系，调动学生参与社区管理和服务的积极性，提高学生自我教育、自我管理和自我服务的能力。例如，在学生社区设立学生自治组织、学生委员会等，让学生参与到社区管理和服务的决策过程中；由学生组织各类活动，如文化节、体育赛事、志愿服务等，满足社区成员的多样化需求；让学生承担社区服务责任，提升学生自我服务能力。培养学生自主性的"服务下沉"，彰显了学生的主体责任和主体价值，能够培养学生的责任感、领导力和独立能力，为学生的全面发展创造良好的环境。

此外，随着数字技术的快速发展，"一站式"学生社区在服务场域方面，从线下建立功能社区，拓展到"线上线下"服务联动。线上建立学生社区"一站式"服务平台，极大改善了社区学习、活动和生活空间的服务功能，实现社区育人全要素、全时空的工作格局，进而提升思想政治教育的吸引力和实效性。当前，高校"一站式"学生社区把解决实际问题与解决思想问题相结合，通过信息化手段，最终达到社区服务育人目标。网络平台的建设紧紧围绕解决师生实际需求和困难，重点在于打破空间限制，

---

① 花春. 新时代高职院校"一站式"学生社区育人模式研究[J]. 中国多媒体与网络教学学报（中旬刊），2022: 122.

拉近校、师、生三方的距离。近年来，各高校积极践行服务育人理念，围绕师生学习生活需求，提供贴心便捷的线上服务，在关心人、帮助人、服务人的过程中教育人、引导人，不仅通过信息化手段解决师生具体问题，提升服务水平，同时也重塑高校后勤服务形象，着力于让学生感受到思想政治教育的亲和力。①

学生是教育的重要主体。坚持"以生为本"，尊重学生成长和发展的规律。在时代发展和大学生成长特点的双重背景下，"服务下沉"通过为学生提供多样化的服务，满足学生身心健康发展，有效解决学生思想困惑和生活中的各项问题，促进学生全面发展。"服务下沉"能够更好地实现学生的成长发展需求与思想政治教育基本目标的内在统一，培养担当民族复兴大任的时代新人。

二、典型案例介绍

（一）浙江大学——"一站式"学生社区三全育人模式

1. 形式与内容

浙江大学在习近平新时代中国特色社会主义思想的引领下，牢记立德树人的崇高使命，积极创新学生社区治理的现代化路径，全力推进"一站式"学生社区综合管理模式的育人新探索。通过高效整合全校的教育资源，学校践行"学有所引、学有所乐、学有所助"的教育理念，构建了一个覆盖全员、贯穿全程、涉及全方位的育人生态系统，提高学生社区管理育人实效。

一是以全员进驻为基，贴近学生一线育人。积极发挥学生社区综合管理模式建设试点工作领导小组和学生社区工作指导委员会的作用，建立科学高效的联动机制，重视发挥育人队伍的力量。辅导员、领导干部、院系、名师等多支队伍进驻学生社区，每支育人队伍都有明确的工作职责和相应的育人机制。二是以全过程护航为魂，服务学生成长发展。社区敏锐抓住学生成长转型过程中的重要节点，让全过程育人"精准发力"；根据学生成长阶段，开展新生适应教育、生涯规划教育、专业发展教育，促进学生成长发展。三是以全方位赋能为翼，汇聚资源一体育人。社区汇聚各方资源力量，全方位构建"以学生成长为中心"的卓越教育体系，多元助力全面赋能学生成长。

---

① 陈航. 基于易班的"一站式"学生社区网络平台建设研究[J]. 湖南邮电职业技术学院学报, 2022, 21(4): 86-90.

2. 特色与成效

"一站式"学生社区是高校深化"三全育人"的主要途径和抓手,也是"三全育人"的实践园地。浙江大学通过全员围绕学生、全方位关照学生、全程服务学生的"下沉服务",较好地践行了"三全育人"的育人理念。全员进驻:浙江大学推动不同群体的全员进驻社区,包括辅导员队伍、领导干部、院系队伍和名师队伍。这种模式旨在有效发挥育人队伍的作用,通过各类咨询、主题沙龙、职业规划等方式,为学生提供全面的支持和引导。全过程护航:该模式重点关注学生成长转型过程中的重要节点,提供精准的育人服务,如新生适应教育、学业指导、心理帮扶等,旨在服务学生的成长发展。全方位赋能:浙江大学致力于整合全校育人资源,构建全员全过程全方位育人格局。学校充分利用专业院系教授、青年教师等力量,通过一对一预约咨询、小型沙龙、主题报告等方式,构建德育共同体。综合管理模式的创新:浙江大学积极探索符合本校特色、贴近学生实际的"一站式"学生社区综合管理模式。这涉及党建和思想政治工作融入学生社区建设,以及通过优化学生生活社区的功能布局,提升社区育人功能。多方协同:求是学院建立了多方协同的工作机制,形成有效的联动,如"学园—院系""学园—宿管"等,以确保多方联动制度化、常态化,从而激发学生社区的育人活力和内动力。浙江大学的"一站式"学生社区三全育人模式在实践中取得了显著的成效,不仅提升了学生社区的服务育人实效,还为学生提供了全面、多元的成长环境。

3. 育人价值

学生在哪里,我们的思想工作就到哪里。高校要落实全员全过程全方位育人,就要把思想政治工作融入学生学习、生活的全过程和各环节。浙江大学围绕学生、关爱学生、服务学生,践行"一线规则",将服务下沉到学生社区,通过具体育人载体实现抽象育人理念,实现理论教育和实践教育相统一、显性教育与隐性教育相统一。浙江大学"一站式"学生社区三全育人模式在强化党建引领、优化育人环境、推动育人力量下沉、注重全面发展以及加强信息化建设等方面都取得了显著的成效,为学生的全面发展和成长成才提供了有力的保障。

(二)哈尔滨工程大学——科研育人实践

1. 形式与内容

哈尔滨工程大学紧扣"全面提高人才自主培养质量,着力造就拔尖创新人才"使命任务,将推进"一站式"学生社区建设纳入学校"十四五"规划系统,构建"书院+学院"双轮驱动的拔尖创新人才自主培养新模式。学校践行"办学就是办环境"的办学理念,凝聚"校园即社区、社区即课堂"的共识,出台《哈尔滨工程大学"一站式"学生社区建设实施方案》,构建以"三自"教育为切入点、以"三观养成"为核心,实现"五育并举"的育人新格局,以14个公寓为核心,建设生活、实践、文化、服务四大社区,初步建立学生"三自"教育体系。哈尔滨工程大学明确学院建设"第一课堂",书院改革创新"第二课堂",优化人才培养方案,强化第一、第二课堂联动,依托学院班主任团队,面向书院班级创新开设前沿引导课程,以课堂教学、参观研学、师生有约、成长陪伴等形式丰富课堂体验。学校以"启航"社区为中心,构建综合服务保障、开放交流研讨、学生发展指导、创新创业实践、文化素质教育的综合服务场域;聚焦创新创业、红色传承、基层建功等七大实践育人体系,拓展课内外、校内外优质实践资源,系统打造"以生为本"生活社区、"五育五成"文化社区、"安居乐学"服务社区、"创新创业"实践社区。

2. 特色与成效

哈尔滨工程大学以"一站式"学生社区为载体,以"自我管理、自我教育、自我服务"的三自教育为切入点,以"三观养成"为核心,创新"第一课堂",激活"第二课堂",实现"第一课堂"与"第二课堂"的横向贯通,构建"书院+学院"双轮驱动的本科拔尖创新人才自主培养模式。

3. 育人价值

哈尔滨工程大学深入学习贯彻习近平总书记关于教育、科技、人才的重要论述,特别是习近平总书记在视察哈尔滨工程大学时的重要讲话精神,按照"校园即社区、社区即课堂"的理念,持续推进"一站式"学生社区综合管理模式建设,构建"三自教育为切入、三全育人为承载、五育并举培养时代新人"的社区育人新格局。

(三)武汉理工大学——"一站式"数智学生社区建设

1. 形式与内容

一是聚焦数据驱动,激发育人新动能。武汉理工大学依托学校数字中心,汇集全域学生数据,强化对学生学习生活、成长发展数据的无感采集与挖掘,建立学生基础信息、行为信息和综合分析库。根据数据分析结果,动态掌握学生参与度高、反馈效果好、期望值高的育人活动内容,在学生社区菜单式提供学业辅导、科研训练、生涯规划、心理辅导等活动。二是聚焦数字基建，搭建育人新平台。学校构建数字化云社区平台，建设网上迎新、智慧学工、毕业离校等服务模块，开发全流程线上服务应用46个，为学生从入学到离校提供全周期"一站式"服务，全面提升学生在数智社区的体验感。三是聚焦数字联动，凝聚育人新合力。学校建设IOC（智能运行中心）平台，畅通学生反映问题的渠道，协调校内各类资源，集中处理学生在宿舍报修、食堂就餐、业务办理等学习、生活方面的意见和建议，为学生提供"一站式"服务。

2. 特色与成效

武汉理工大学认真学习贯彻习近平总书记关于教育的重要论述和关于教育数字化的重要指示精神，围绕落实立德树人这一根本任务，聚焦"数据驱动、数字基建、数字联动、数字赋能"，持续激发新动能、搭建新平台、凝聚新合力、提升新成效，着力构建"一站式"数智学生社区，有力推动育人工作高质量发展。

3. 育人价值

武汉理工大学以"四个聚焦"推进"一站式"数智学生社区建设，充分运用移动互联网、物联网、大数据、云计算、人工智能等技术，充分发挥"一站式"学生社区在精准育人、安全防护、便捷服务方面的重要作用，不断优化职能，提升服务质量，符合大学生成长特点和成才规律。学校不断探索将"一站式"学生社区作为新时代高校思想政治工作的新载体、"三全育人"模式落地落实的新场域，从解决学生的现实需求出发，使课堂教学、班级活动、社区服务同频共振、同向同行，有利于高校"一站式"学生社区在培养德智体美劳全面发展的社会主义建设者和接班人中发挥更大的作用。[1]

（四）山西大学——"主动式"育人共建共享

1. 形式与内容

山西大学组建了学生自治组织，鼓励学生通过参与勤工俭学项目、担任助管助教岗位成员、加入志愿者服务团队等多种途径，积极投身到社区的设计与建设以及组织管理的工作中。同时，学校还成立了学生党员先锋服务队伍，激励学生党员在社区中主动亮明身份，发挥模范带头作用，积极比贡献、长才干。此外，学校还充分利用朋辈互助的力量，通过组织新老生交流会、专业分流经验分享会等活动，营造了积极向上、比学赶超的学习氛围，促进了社区内部互帮互助良好风气的形成。自动化与软件

---

[1] 江孤迅. 互联网技术视域下"一站式"学生社区建设探析[J]. 中国高等教育, 2022(22): 53.

学院致力于探索一种多元化的"师生共建"管理架构，该架构鼓励多方主体共同参与。在此基础上，学院构建了"四自"教育模式，即自我管理、自我服务、自我教育和自我监督，旨在引导学生骨干积极参与社区的建设与管理。为推动这一模式的有效实施，学院积极促进社区学生自治管理委员会等学生自治组织的发展，使其更好地服务于社区。在选拔学生骨干时，学院遵循"上下结合、广泛推荐"的原则，优中选优，旨在选拔出以服务奉献为导向、以素质养成为目标的学生代表。此外，学院还设立了青年志愿者服务中心，旨在培养青年学生"奉献、友爱、互助、进步"的志愿服务精神。经济与管理学院党委指导下的知行自律中心，是一个由学生组成的组织，协助学院完成各项学生工作。该中心根据工作性质分为晨检、督察和卫生三个部门，分别负责每日监督各年级学生的早签情况、每周进行宿舍卫生大检查，并评选出"每周之星"。知行自律中心通过提供日常服务、定期检查和实施有效监督，引导大学生养成良好的日常行为习惯，践行"慎独自律，修己安人"的理念。

2. 特色与成效

山西大学在"主动式"共享共建育人方面形成了独特的特色，并取得了显著的成效。学生积极参与自我服务，不仅提升了其个人能力和社会责任感，还使社区文化氛围更加浓厚，育人效果更加显著。学生参与度高：山西大学积极鼓励学生参与"一站式"学生社区的建设与发展，通过设立勤工助学岗位、助管助教岗位、志愿者服务团队等多种形式，为学生提供参与社区建设的机会。学生骨干通过"上下结合、广泛推荐"的原则选拔产生，他们积极融入社区建设和管理运行，成为推动社区发展的重要力量。多元主体共同参与：学院积极探索"师生共建"的多元主体共同参与的管理结构，构建了自我管理、自我服务、自我教育、自我监督的"四自"教育模式。学生在这一模式下，不仅提升了个人能力，还学会了如何与他人协作，共同为社区的发展贡献力量。丰富的实践活动：山西大学注重通过实践活动培养学生的综合素质，如举办新老生交流会、专业分流分享会等活动，营造比学赶超的浓厚氛围。此外，还设立了青年志愿者服务中心，致力于培养青年学生的志愿服务精神。通过参与志愿服务活动，学生不仅提升了社会责任感，还锻炼了实践能力。

3. 育人价值

"一站式"学生社区的建设与发展，其成效与活力不能仅仅依赖于传统的"被动式"育人模式，而更需要学生群体积极主动地参与实践。山西大学创立的"主动式"育人模式，让学生真正以主人翁的姿态融入学生社区建设。学生参与自我管理、自我服务，在亲身实践中深刻体会成长的喜悦，不断提升个人的幸福感和成就感。更重要的是，通过主动参与社区建设与服务，学生能够在服务同学、服务社会的具体实践中，逐步增强自身的社会责任感，学会将个人成长与社会发展紧密结合。"主动式"育人模式体现了尊重学生主体地位，为学生提供锻炼和提升其"自我管理、自我教育、自我服务"能力的绝佳机会，使其在实践中学会独立思考、自主决策，学会如何在团队中协作与服务，为未来的社会生活打下坚实的基础。

三、"服务下沉"实践探索展望

学生社区空间为教育资源汇聚、服务延伸、育人力量下沉提供了场域和载体，对学生全面发展具有重要意义。一方面，学生社区为大学生全面发展提供了资源保障。在学生社区，育人力量可以更好地聚焦大学生德智体美劳全面发展的多元需求，在思想政治教育、学业提升、心理健康教育等方面帮助学生，将校内校外、线上线下的资源转化为学生触手可及的育人资源，促进课内与课外、学习与生活的协同，帮助学生更好地成长成才。[①]另一方面，学生社区服务下沉有利于提升学生思想政治工作的成效。育人主体依托学生社区空间，加强学生与学生、学生与学校间的相互联系和影响，借助各项育人活动和育人服务，将理想信念教育、价值塑造、能力培养等教育内容充分融入其中，实现思想政治教育与学生日常生活相结合、解决思想问题与解决实际问题相结合，从而更有效地发挥学生社区空间这一思想政治教育阵地的育人功能。

创新制度机制建设，构建服务育人下沉机制。"一站式"学生社区建设的关键在于将服务力量、服务资源有效下沉到学生社区，确保学生可以获得必要的帮助，满足成长成才需求。高校应通过创新制度、机制建设，将多方育人主体有机聚合，压实到学生培养一线，促进教育管理服务与学习、生活自治相融通，形成环绕学生的"全景式"育人空间。要以学生全面发展为逻辑起点，加强空间综合改革，完善激励机制，为全员育人夯实物质基础；要通过制度引导、榜样示范等方式，引导师资队伍及相关职能部门主动深入一线，探索实施教师队伍常态化结对学生社区工作机制。同时，加强学生社区育人工作考核评价工作，形成工作闭环，促使育人主体主动将育人空间延展到学生社区。

突出学生主体地位，完善学生社区空间育人模式。从内生增长理论角度来说，问

---

① 白晓东, 孟祥栋. 新时代学生社区空间育人的内在逻辑、现实问题与优化路径[J]. 思想理论教育, 2022(6): 105.

题的解决和需求的满足将为知识的创新提供良性发展道路。"一站式"学生社区的建设不仅要改善学生生活的空间，更要通过教育和服务资源的下沉，满足学生需求，促进学生成长发展。学生社区服务下沉过程中，要尊重学生的主体地位，拓展学生自治空间，增强学生成长内生动力。在"一站式"学生社区建设中，要遵循学生的成长发展需求与思想政治教育的基本目标的内在统一，要遵循思想政治教育供需关系的统一，以便有效发挥学生的主观能动性，增强学生在服务自我成长中的自主性，彰显学生主体责任和主体价值，促进学生的全面发展。

"信息支撑"转向"数字赋能"，驱动服务效能提升。当前，信息化、智能化、数字化不断促进治理体系和治理能力的现代化。高校学生社区要主动适应教育数字化发展趋势，以数字化赋能学生社区建设，以精准服务更好地满足学生成长成才需求。具体包括：打造数字化"一站式"学生服务平台，加强线上"一网通"建设，提升用户体验；探索"第二课堂"智慧社区育人，构建目标管理、服务共享和成效反馈等为一体的社区服务综合体；探索"数字"赋能社区，以学生成长为中心，开展精准画像，提升社区服务的精准度。

"一站式"学生社区服务通过提能增效，极大地降低学生处理日常事务的时间成本，让学生有更多的时间和精力回归到自身的成长和发展之中。学生社区应通过建立系统性思维，优化管理机制，贴近时代需求，回归教育本源，关注学生成长，重视、回应、关切学生成长成才的需要和全面发展的合理诉求。

第三节　服务下沉与服务学生成长成才的质效评价

"一站式"学生社区是中国特色社会主义大学治理体系下学生管理模式改革的实现途径。自 2019 年起，教育部遴选了十所高校作为"一站式"学生社区综合管理模式的试点，要求试点高校从党建引领、管理协同、队伍进驻、服务下沉、文化浸润、自我治理等方面加强学生社区综合管理，推动党的建设、思政力量、管理力量、服务保障等深入学生一线，打通服务学生的"最后一公里"。①经过一段时间的发展，这一模式经历了试点推进、集成探索、自主参与，最终全面铺开的发展历程。2023 年，教育部要求高校"一站式"学生社区应建尽建、全面覆盖。

---

① 王欢. "一站式"学生社区综合管理模式的深化思路[J]. 中国高等教育, 2024(5): 45.

服务下沉学生社区，其核心在于将教育资源、管理服务及思政工作等核心内容从传统的集中管理模式中解放出来，直接下沉至学生社区层面。这一模式旨在打破传统的管理壁垒，将服务触角延伸至学生生活的每个角落，构建一个以学生成长为中心的全方位、多层次、立体化的育人环境。具体而言，服务下沉学生社区不仅要满足学业指导、生活服务、心理健康等基本需求，还要满足思想引导、文化熏陶、社会实践等更高层次的发展需求，旨在通过资源的有效整合与服务的精准对接，促进学生全面发展与成长成才。

一、服务下沉质效评价的内涵、特点

（一）服务下沉质效评价内涵

服务下沉质效评价是对高校"一站式"学生社区服务下沉效果的全面评价过程。具体而言，它是指将原本集中在某一层级或领域的服务，通过一系列措施和机制，扩展到更广泛的受众群体，特别是下沉到学生社区这一基层单元，并对其进展情况和效果进行系统性、科学性的评价。在高校"一站式"学生社区建设中，服务下沉质效评价特别强调将高校的教育资源、管理服务、思政工作等高质量服务下沉到学生社区，旨在为学生提供更加便捷、高效、个性化的服务，打通学生教育管理服务的"最后一公里"，实现高质量发展。这一评价过程不仅关注服务下沉的直接成效，如服务覆盖面的扩大、学生满意度的提升等，更侧重于评价服务下沉对学生成长成才、社区治理以及高校整体发展等方面的深远影响。同时，还强调多元参与者间的互动与资源依赖关系对评价结果的影响。政策网络理论为服务下沉质效评价提供了动态、开放的框架，能够更全面地反映服务下沉的实际效果。

1. 多元参与者互动

服务下沉涉及多个主体，包括政府相关部门（教育部）、高校管理层、学生、教师、家长及社会组织等。这些主体在政策网络中形成"政策社群"与"议题网络"，并通过互动与协作推动服务下沉的实施与优化。

（1）政策社群。以教育部和高校管理层为核心，负责政策制定与资源分配。政策社群的稳定性与执行力直接影响服务下沉的效果。教育部发布《关于开展"一站式"学生社区综合管理模式建设试点工作的通知》《高校"一站式"学生社区综合管理模式建设提质增效指南》等政策文件，明确服务下沉的目标与路径。例如，教育部要求高校"一站式"服务社区"应建尽建、全面覆盖",并提供专项资金支持。高校管理层负责具体执行,协调学工、教务、后勤、保卫等部门形成"跨部门协作机制"。例如,某高校通过"一站式"学生社区建设领导小组,统筹资源分配与任务分工。政策社群的稳定性可通过"校领导参与频率""部门间联合发文数量"等指标衡量;执行力则可通过"专项资金使用率""政策目标达成率"等指标评价。

(2)议题网络,则以学生、教师及社会组织为主体,通过反馈与协作影响政策执行效果。议题网络的活跃度与创新能力是服务下沉持续优化的重要动力。学生通过线上、线下相关渠道提交需求,参与社区治理与服务设计。例如,某高校通过"学生自治委员会"机制,收集学生对宿舍设施、餐饮服务的改进建议。社会组织通过"校企合作""产学研合作""医校结合"等形式引入外部资源,支持社区文化建设、职业规划服务、心理健康服务等。例如,某高校与当地企业合作,赞助"社区文化节"活动,丰富学生的课余生活。议题网络的活跃度可通过"学生提案数量""社会组织参与活动次数"等指标衡量;创新能力则可通过"新服务模式引入数量""智慧社区建设水平"等指标评价。在评价过程中,需特别关注多元主体的互动频率、协作效率及权力分配平衡性。例如,通过评价政策社群的跨部门协作能力与议题网络的学生参与深度,可以全面反映服务下沉的协同效能。

2. 资源依赖关系

服务下沉依赖于政府政策支持、校内资源配置及社会资源的引入。政策网络理论强调资源在网络中的流动与分配对政策执行效果的影响。评价资源依赖关系,在一定程度上可以确保服务下沉的公平性、效率及可持续性。例如,社会资源的引入可以弥补校内资源的不足,扩大服务下沉的覆盖范围。评价需重点关注以下资源依赖关系。

(1)政府政策支持。政府通过专项资金支持服务下沉,其投入效率直接影响服务下沉的覆盖范围与质量。教育部为试点高校提供专项资金,用于建设"一站式"学生社区。例如,某高校利用专项资金建设了"学业辅导室""心理咨询室"等设施,提升了服务下沉的硬件水平。

(2)校内资源配置均衡性。高校内部资源的分配是否均衡,直接影响服务下沉的公平性与效率。高校每年在"一站式"学生社区建设中投入资金数额的多少直接影响学生社区硬件和软件服务设施的更新和完善。例如,学工部门与后勤部门协同优化宿舍设施,学工部门与教务部门协同推进学生社区名师工作室建设,学工部门与团委协同推进社区文化建设,学工部门与就业部门协同推进社区就业指导服务,教务部门与图书馆合作提供学习资源，等等。又如，某高校通过"一站式"服务平台，整合学业辅导、生活服务、心理健康等资源，实现资源的集约化利用。

（3）社会资源引入效果。社会资源的引入可以弥补校内资源的不足，提升服务下沉的覆盖范围与质量。企业通过赞助支持社区文化活动，丰富学生的课余生活。例如，某高校与当地企业合作，赞助"社区文化节"活动，吸引了大量学生参与。社会组织通过志愿服务提供心理健康支持。例如，某高校与心理健康协会合作，定期开展心理咨询活动，提升了学生的心理健康水平。

3. 评价的综合性

服务下沉质效评价不仅关注服务覆盖面的扩大与学生满意度的提升，还强调服务下沉对学生成长成才、社区治理及高校整体发展的深远影响。基于政策网络理论框架，评价体系能够更全面地反映服务下沉的实际效果，为优化政策执行提供科学依据。

（1）服务覆盖面。通过服务下沉，高校将教育资源、管理服务及思政工作直接延伸至学生社区，覆盖学生的学业指导、生活服务、心理健康等基本需求。高校可以通过"学业导师驻社区""名师工作室进社区"等项目，将学业辅导服务覆盖至全校学生。例如，学业导师、教学名师、科研骨干定期在社区开展辅导活动，帮助学生解决学习难题和进行学术指导；"一站式"服务平台，整合宿舍维修、餐饮服务、快递服务等资源，提升学生的生活便利性；"心理健康服务站""团体辅导活动室"等项目，为学生提供心理咨询与危机干预服务、心理团体辅导等。

（2）学生成长成才。服务下沉通过思想引导、文化熏陶、社会实践等更高层次的服务，促进学生的全面发展。例如，高校可以通过"社区思政课堂""社区党校""青马工作站"等项目将思想政治教育融入学生的日常生活；通过"社区文化节"活动，提升学生的文化素养与社会实践能力；通过"社区志愿服务"项目，鼓励学生参与社会公益活动，增强社会责任感。

（3）社区治理与高校发展。服务下沉不仅提升了学生社区的治理水平，还推动了高校整体发展。高校可以通过"学生自治委员会"机制，增强学生的自我管理能力。例如，学生自治委员会负责组织社区活动、协调学生需求，提升社区治理的民主化水平。服务下沉为高校治理创新提供了实践经验。高校通过"一站式"学生社区建设，探索"以学生成长为中心"的治理模式，为高校整体改革提供借鉴。

基于政策网络理论框架，评价结果不仅可以用于改进服务下沉的具体措施，还可以为政府与高校的长期政策规划提供参考。例如，高校可以根据评价结果优化资源配置方案,将更多资源投向学生需求强烈的心理健康服务、社会实践、志愿服务等领域。

(二)服务下沉质效评价的特点

1. 以学生成长为中心,关注全面发展

从政策网络理论的视角来看,服务下沉质效评价以学生成长为中心,关注学生的全面发展。评价指标的设计不仅考虑服务下沉对学生学业成绩的影响,还深入考察学生的思想道德素养、心理健康、社会实践能力等多方面。高校通过全面的评价,确保服务下沉切实满足学生的成长需求,促进其全面发展。在这一政策网络中,学生作为核心参与者,其需求和发展是服务下沉的关键目标。评价体系以学生成长为中心,有助于增强学生在政策网络中的主体地位,推动服务下沉工作更好地满足学生的多元化需求。

2. 强调过程评价,注重持续改进

服务下沉质效评价注重对实施过程的全面审视,这与政策网络理论中强调政策动态性和适应性的观点相契合。评价涵盖服务策略制定、资源配置、人员培训、过程监控等多个环节,可以及时发现问题和不足,为持续改进提供有力依据。同时,过程评价有助于形成闭环反馈机制,推动服务下沉工作不断改进。在政策网络中,各参与者间的互动和协作是一个动态过程,过程评价能够及时调整行动者的行为和策略,提高政策网络的运行效率和效果。

3. 多元主体参与,确保评价全面性

服务下沉质效评价鼓励学生、教师、管理人员、家长以及社区合作伙伴等多元主体参与,这符合政策网络理论中强调多元主体共同参与和互动的理念。不同主体从各自角度对服务下沉提出看法和建议,确保评价结果的全面性和客观性。多元主体参与不仅有助于形成更全面、深入的评价结果,还能增强社区凝聚力和归属感,推动服务下沉工作的顺利开展。在政策网络中,多元主体的参与和互动能够促进资源的整合和优化配置,提高政策的实施效果和社会影响力。

4. 定性与定量结合,提高评价科学性

服务下沉评价采用定性与定量相结合的方法,这与政策网络理论中对科学评价和精准决策的要求一致。定性评价通过案例研究、深度访谈等方式,深入了解服务下沉的实际情况和影响因素;定量评价则通过统计分析、问卷调查等方法,收集客观数据以量化服务下沉的效果。定性与定量结合的评价方法,能够更全面、准确地反映服务

下沉的实际效果，为改进工作提供有力支持。在政策网络中，科学的评价方法能够为各行动者提供准确的信息和决策依据，促进政策网络的优化和发展。

5. 注重可持续发展，推动长效机制建设

服务下沉质效评价关注服务的可持续发展能力，这与政策网络理论中强调政策的长远性和稳定性的观点相呼应。评价考察服务资源的可持续利用、服务对象的长期满意度、服务模式的创新与发展等方面，推动长效机制建设，确保服务下沉工作的持续性和稳定性。同时，注重可持续发展有助于提升高校思想政治工作的整体质量和水平，促进政策网络的健康发展。在政策网络中，可持续发展是实现政策目标的重要保障，通过评价服务的可持续性，能够引导各行动者采取长远的视角和可持续的行动策略，推动政策网络的可持续发展。

6. 强调结果应用，促进工作优化

服务下沉质效评价强调评价结果的应用与转化，这与政策网络理论中强调政策反馈和调整的理念相符合。评价结果不仅是对服务下沉工作的总结和反馈，更是推动工作优化的重要依据。通过深入分析评价结果，发现服务下沉过程中存在的问题和不足，为制定改进措施提供有力支持。同时，将评价结果纳入相关考核体系，激励各方积极参与服务下沉工作，推动工作不断提质增效。在政策网络中，评价结果的应用能够促使各参与者根据反馈信息调整自己的行为和策略，提高政策网络的适应性。

二、服务下沉质效评价指标体系

建设服务下沉质效评价指标体系是为了系统地衡量服务下沉的效果和影响。这个指标体系应该包含多个维度，以全面评价服务下沉的性能和质量。

1. 指标体系构建原则

在服务下沉过程中，为了确保评价工作科学、有效、全面，指标体系的构建遵循了一系列原则。这些原则充分考虑了政策网络理论中对多元参与主体互动和资源配置的要求，旨在确保评价指标能够全面、准确地反映服务下沉到学生社区的实际效果，并引导服务下沉工作向更加高效、优质的方向发展。

（1）目标导向原则。评价指标的选取应紧密围绕服务下沉的总体目标和具体任务进行，这些目标和任务是在政策网络中各参与者协商确定的。目标通常包括提升学生社区的服务能力、优化资源配置、提升学生满意度等。因此，在选取评价指标时，应确保这些指标能够直接反映这些目标的实现程度。例如，可以选取服务覆盖率（如学生社区内各类服务的提供情况）、服务响应时间（如学生对服务请求的响应速度）、学生满意度（如学生对下沉服务的整体评价）等指标来衡量服务下沉的效果，这些指标有助于反映政策网络中服务提供与需求满足的情况。

（2）全面性与系统性原则。服务下沉到学生社区涉及多个方面和环节，包括服务内容的提供、服务方式的创新、服务资源的配置等。因此，评价指标的选取也应具有全面性，能够覆盖服务下沉的各个方面。同时，这些评价指标之间应具有系统性，能够相互关联、相互支撑，共同构成一个完整的评价体系。例如，除了选取反映服务质量和效率的指标，还应考虑反映服务创新（如新服务模式的引入）、服务可持续性（如服务资源的长期保障）、服务公平性（如不同学生群体对服务的获取情况）等方面的指标。这些指标有助于全面反映政策网络中各要素间的关系和相互作用。

（3）科学性与可操作性原则。评价指标的选取应具有科学性，能够客观、准确地反映服务下沉到学生社区的实际情况。这要求评价指标应具有明确的定义、可量化的标准和可靠的数据来源。同时，评价指标还应具有可操作性，便于在实际评价工作中进行数据采集、分析和应用。例如，可以选取一些易于量化、易于获取的指标，如服务次数（如学生社区内开展的服务活动次数）、服务时长（如学生接受服务的时间长度）、学生投诉率（如学生对服务不满的投诉情况）等。这些指标有助于提高评价的准确性和可靠性，同时也便于在政策网络中进行信息交流和共享。

（4）动态调整原则。学生社区的情况是不断发展变化的，学生的需求、学校的政策以及服务下沉的实际效果等因素都会随着时间而发生改变。因此，在选取评价指标时，应具有动态调整的能力，能够根据实际情况及时调整和优化评价指标。这要求评价指标的选取应具有灵活性和可扩展性，能够适应服务下沉工作的不断变化和发展。例如，随着学生需求的多样化和个性化发展，可以适时增加反映学生个性化服务需求的评价指标；随着信息技术的不断发展，可以引入反映服务信息化、智能化水平的评价指标。这些指标有助于使评价体系更好地适应政策网络的动态变化。

（5）注重实效原则。评价指标的选取应注重实效，能够真实反映服务下沉至学生社区的实际效果。这要求评价指标应具有针对性和敏感性，能够准确捕捉服务下沉带来的积极变化和负面影响。同时，评价指标还应具有导向性，能够引导服务下沉工作向更加高效、优质的方向发展。例如，选取能够直接反映学生获得感和满意度的指标，如问题解决率（如学生提出问题的解决情况）、学生好评率（如学生对服务的正面评价比例）等。这些指标有助于提高服务下沉的实际效果，满足政策网络中各行动者的利益需求。

2. 指标体系的逻辑基础

服务下沉质效评价指标体系的构建基于政策网络理论，其逻辑基础主要包括以下几个方面。

（1）政策目标的实现。服务下沉质效评价指标体系旨在衡量服务下沉工作对高校"一站式"学生社区建设目标的实现程度。这些目标包括提升学生社区的服务质量、优化资源配置、提升学生的满意度等。据此设置相应的指标，如服务覆盖率、服务响应时间、学生满意度等，可以评价服务下沉工作在实现这些目标方面的进展情况。

（2）多元参与者的互动与协作。政策网络理论强调多元参与者间的互动与协作对政策实施的重要性。在服务下沉质效评价指标体系中，需要考虑政府相关部门（教育部）、高校管理层、学生、教师、家长及社会组织等多元参与者间的互动与协作情况。例如，设置政策社群的稳定性与执行力指标（如校领导参与频率、部门间联合发文数量等）以及议题网络的活跃度与创新能力指标（如学生提案数量、社会组织参与活动次数等），来评价多元参与者间的互动与协作效果。

（3）资源的配置与利用。服务下沉工作需要合理配置和有效利用各种资源，包括政府政策支持、校内资源配置及社会资源的引入。评价指标体系应关注资源的投入效率、配置均衡性和利用效果。例如，设置政府资源投入效率指标（如专项资金使用率）、校内资源配置均衡性指标（如不同学生群体对服务的获取情况）以及社会资源引入效果指标（如企业赞助活动的参与度、社会组织提供服务的质量等），来评价资源的配置与利用情况。

（4）学生的发展与成长。服务下沉工作的最终目标是促进学生全面发展与成长成才。评价指标体系应围绕学生的发展需求，设置相应的指标，如学生的学业成绩提升情况、科研能力的提升情况、思想道德素养的培养、心理健康状况的改善、社会实践能力的增强等。这些指标有助于评价服务下沉工作对学生发展的实际影响。

（5）社区的治理与发展。学生社区的治理水平和发展状况也是服务下沉质效评价的重要内容。评价指标体系可以包括社区的管理秩序、文化氛围营造、学生参与度等方面的指标，以评价服务下沉工作对学生社区治理与发展的推动作用。

（6）动态调整与适应性。学生社区的情况是不断变化的，服务下沉工作也需要根据实际情况进行动态调整和优化。评价指标体系应具有一定的灵活性和可扩展性，能够及时反映服务下沉工作的新需求和新变化。例如，可以根据学生需求的变化适时调整评价指标的权重或增加新的指标，以确保评价结果的准确性和有效性。

综上所述，服务下沉质效评价指标体系的逻辑基础是政策网络理论，围绕政策目标的实现、多元参与者的互动与协作、资源的配置与利用、学生的发展与成长、社区的治理与发展以及动态调整与适应性等方面构建的，旨在全面、客观地评价服务下沉工作的效果和影响，为服务下沉工作的改进和优化提供科学依据。

3. 评价指标构建方法

在政策网络理论的视角下，服务下沉质效评价指标的构建方法旨在全面、准确地反映服务下沉的实际效果，促进多元参与者间的有效互动与协作，实现资源的合理配置与利用。

（1）多维度需求分析。政策网络理论强调各参与者的需求和利益是相互关联的。通过对学生、教师、管理人员等不同群体进行多维度需求分析，采用问卷调查、访谈、小组讨论等形式，广泛收集各方对服务下沉学生社区的需求与期望。特别是关注学生在生活服务、学业指导、心理健康、文化建设等方面的具体需求，有助于深入了解政策网络中各行动者的需求，为构建全面的评价指标提供依据，确保评价指标能够覆盖服务下沉的关键领域，满足各行动者的利益诉求。

（2）目标导向与指标细化。明确服务下沉的目标是政策网络中各参与者协商和努力的方向。围绕提升学生社区服务质量等目标，选取具体的可衡量指标，如服务响应时间、服务态度、问题解决效率等。这些指标不仅能够量化评价服务下沉的效果，还能促进政策网络中各行动者间的协作和资源整合，确保指标间具有逻辑关联，共同构成一个完整、系统的评价体系，推动政策目标的实现。

（3）借鉴与创新相结合。政策网络理论认为，知识和经验的传播与共享有助于政策的创新与发展。在构建评价指标时，可以借鉴其他高校或领域的成功经验，对比分析其他案例中的指标，吸收并改进为适合自身特点的指标。同时，充分考虑学生社区的独特性和差异性，如学生群体特点、学校文化传承等，设计具有本校特色的评价指标，提高评价指标的适应性和有效性，推动政策网络的创新。

（4）动态调整与持续优化。学生社区的情况不断变化，政策网络也需要相应调整和优化。评价指标体系应具备动态调整的能力，应定期对其进行评价和反馈。根据实际情况，如信息技术发展、学生需求多样化等，及时调整和优化指标。例如，引入反映服务信息化、智能化水平的指标，增加反映个性化服务需求的指标等，确保评价结果的准确性和有效性，使评价指标体系更好地适应政策网络的动态变化，推动服务下沉工作的持续改进。

综上所述，结合政策网络理论的评价指标构建方法，能够更好地反映服务下沉的实际情况，促进各参与者间的互动与协作，提高资源配置和利用效率，推动服务下沉工作提质增效。

4. 指标体系的基本框架

构建服务下沉质效评价指标体系的基本框架旨在全面、系统地评价"一站式"学生社区服务下沉的效果，促进资源的有效整合与服务的精准对接，进而实现学生的全面发展与成长成才。

评价指标体系的基本框架，是构建该评价系统的核心蓝图。它不仅明确了评价的具体方向，还奠定了评价的结构基础。该框架的关键要素全面且细致，不仅囊括了评价的主体与对象、评价内容，还详细构建了指标体系，以确保服务下沉学生社区的评价工作能够全面、准确、有序地进行。

（1）评价主体与对象。评价主体是指参与服务下沉质效评价活动的各方利益相关者，包括学生、教师、学校管理人员以及外部评价机构等。学生作为服务下沉的直接受益者，其需求和满意度是评价服务下沉效果的重要指标；教师作为服务下沉的实施者之一，其参与度和工作效果也是评价的重要内容；学校管理人员负责服务下沉的整体规划和协调，其决策和管理能力对服务下沉的效果产生深远影响；外部评价机构提供客观、专业的第三方评价，确保评价的公正性和科学性。

评价对象主要指向学生社区提供的各类服务，包括但不限于生活服务、学业指导、心理健康服务、文化建设等。这些服务构成了学生社区的基本服务体系，其质量和效果直接关系到学生的成长和发展。

（2）评价内容。评价内容涵盖了服务下沉的各个方面，旨在全面反映服务下沉的效果和影响，具体包括服务覆盖范围、服务质量、服务效率以及学生满意度等多个维度。服务覆盖范围指服务下沉所覆盖的学生群体和地域范围，反映了服务的普及程度；服务质量关注服务的专业性、针对性和有效性，确保服务能够满足学生的实际需求；服务效率关注服务的响应速度和解决问题的能力，确保学生能够及时获得所需的服务；

学生满意度是对服务下沉效果的直接反馈，反映了学生对服务的认可程度和期望满足度。

（3）指标体系构建。服务下沉评价指标体系包括一级指标、二级指标和三级指标，如表4-1所示。一级指标围绕组织与人员配置、服务内容与质量、学生参与和治理、社区文化建设、服务资源下沉、社区环境建设、服务响应与效果等设置。其中，组织与人员配置主要观测学校领导对服务下沉工作的重视程度，下沉人员的类型是否全面、数量是否充足，这些指标反映了服务下沉的组织保障和人员配备情况。服务内容与质量涵盖学习支持服务、生活服务保障和心理健康服务等方面，具体指标包括学业辅导的有效性、生活设施的完好率、餐饮服务的满意度以及心理健康服务的可及性和有效性等。这些指标直接反映了服务下沉的质量和效果。学生参与和治理包括学生参与社区事务的积极性、学生社区"四自"体系的完善程度等。这些指标反映了学生在服务下沉过程中的参与度和自我管理能力。社区文化建设包括文化活动的多样性、参与度和文化氛围的营造等。这些指标反映了服务下沉对学生社区文化建设的贡献和影响。服务资源下沉包括学习资源、生活资源和文化资源的下沉，具体指标包括学习资源数量、生活设施的配备与质量、文艺活动的场所、文化展览墙等。这些指标直接影响服务下沉的学生体验感。社区环境建设包括物理环境、文化环境和安全环境，具体指标包括宿舍布局合理性，道路、绿化维护情况，标语、装饰等文化元素是否符合学生需求，监控、门禁系统配备是否完好，是否按时巡逻等。服务响应与效果主要考察服务下沉的响应速度、解决问题的能力和学生满意度等。这些指标是评价服务下沉效果的关键指标。构建上述指标体系框架，有助于全面、客观地评价服务下沉的效果和影响，为进一步优化服务下沉工作提供有力支持。

表4-1 服务下沉与服务学生成长成才质效评价指标

一级指标	二级指标	三级指标
组织与人员配置	领导参与度	纳入学校整体规划情况
	人员下沉数量与比例	辅导员、教师、管理人员数量
	多部门协同性	联合活动举办次数，问题解决效率
服务内容与质量	学习支持服务	学业辅导室、名师工作室设立情况，学习资料丰富度
	生活服务保障	宿舍设施维护响应速度，餐饮质量
	心理健康服务	心理咨询室设立与开放情况

（续表）

一级指标	二级指标	三级指标
学生参与和治理	学生参与社区事务积极性	活动参与比例，提案采纳情况
	学生社区"四自"体系完善程度	"四自"制度建立与执行情况
社区文化建设	文化活动的多样性	活动类型与数量
	文化活动的参与度	活动参与率，反馈评价
	文化氛围的营造	文化墙、校训等标识设置
服务资源下沉	学习资源	资料室藏书量，电子资源种类
	生活资源	宿舍电器安装，生活服务设施质量
	文化资源	文艺活动的场所，文化展览墙
社区环境建设	物理环境	宿舍布局合理性，道路、绿化维护
	文化环境	标语、装饰等文化元素
	安全环境	监控、门禁系统配备，巡逻情况
服务响应与效果	响应速度	需求反馈处理时间
	解决问题能力	解决学生问题比例
	学生满意度	服务整体满意度

各级指标及其具体观测点为评价提供了可量化、可操作的评价点，构建出一个全面、多维度的评价体系，为准确评价服务下沉效果提供科学依据。

三、服务下沉质效评价指标体系运行模式

服务下沉评价指标体系的运行模式是一个多维度、全方位的过程，旨在通过科学、系统的方法，确保评价体系的有效实施和持续改进。该模式不仅关注评价的具体实施步骤，还强调评价结果的反馈与应用，以及评价体系的动态调整与优化。

1. 评价体系的多方参与和协同合作

在评价体系运行过程中，强调多方参与和协同合作。学生、教师、学校管理部门以及外部专家等多元主体共同参与评价过程，确保评价结果的全面性和客观性。学生作为社区的主体，其评价具有直接性和真实性，能够直接反映服务下沉的实际

效果。教师从教育教学的专业角度出发，对社区提供的学习支持服务、文化建设等方面进行评价。学校管理部门关注评价结果与学校整体发展战略的契合度，以及资源投入的效益。外部专家提供独立的第三方视角，对评价体系的科学性和合理性进行评价。

为确保多方参与的有效性，可以建立专门的评价委员会或工作组，负责协调各方工作，制订评价计划，收集、整理和分析评价数据，并形成最终的评价报告。同时，通过定期会议、研讨等方式，加强各方的沟通和交流，促进信息共享和协同合作。

2. 评价的周期性与动态调整机制

服务下沉学生社区评价指标体系的运行还强调评价的周期性和动态调整机制。周期性评价包括短周期评价和长周期评价。短周期评价通常按学期或学年进行，对社区的各项工作进行全面评价，及时发现问题并进行改进。长周期评价则每3~5年开展一次，主要评价社区建设的整体发展状况和长期效果。

动态调整机制则根据评价结果和社会环境的变化，对评价指标体系进行适时调整和优化。例如，随着信息技术的发展，学生社区的智慧化建设成为新的趋势，评价指标体系就需要纳入信息化服务、智慧平台建设等相关指标。同时，根据学生的实际需求和社区发展的重点目标，突出关键指标，确保评价指标体系的针对性和有效性。

3. 评价结果的应用与反馈

评价结果的应用是评价体系运行的重要环节。评价结果不仅用于指导学生社区工作的改进方向，还与下沉服务力量的绩效挂钩，激励学生积极投身于社区建设和服务工作。同时，评价结果还会影响学校对社区的资源分配，确保资源投入的有效性和针对性。

为了确保评价结果的有效应用，可以建立专门的反馈机制。评价结果应及时反馈给相关的服务部门和人员，让他们了解自己在服务下沉工作中的表现和问题所在。同时，通过公开部分评价结果、开展经验分享会等方式，激励服务部门和人员不断提升服务质量。

此外，还可以建立基于评价结果的激励机制，对表现优异的个人和团队给予表彰和奖励，激发其工作积极性和创造力。同时，对评价结果较差的个人和团队进行指导和帮助，促进其成长和进步。

4. 强化信息化建设，提升评价效率

在服务模式运行过程中，信息化建设发挥着重要作用。建立学生社区服务评价线上平台，有助于实现评价数据的实时收集、分析和反馈，提高评价效率。同时，线上平台还可以为学生提供便捷的参与渠道，使其能够随时随地对社区服务进行评价和反馈。此外，信息化建设还有助于实现评价结果的数字化管理和可视化展示，为服务下沉的持续改进提供有力支持。

综上所述，服务下沉学生社区评价指标体系的运行模式是一个多维度、全方位的过程，强调多方参与、协同合作、周期性评价、动态调整以及评价结果的有效应用和反馈。这一模式的运行，可以确保服务下沉学生社区工作的持续改进，并为学生提供更加优质、高效的服务，促进学生成长成才。

四、服务下沉质效评价的提升策略

为进一步提升服务下沉学生社区评价的有效性和科学性，学校可以从以下方面着手。

1. 强化评价意识，明确评价目标

学校管理层、教师、管理人员、学生以及服务人员需要强化评价意识，充分认识到评价在服务下沉过程中的重要作用。评价不仅是对过去工作的总结，更是对未来工作的指导和改进依据。因此，应明确评价的目标，即提升服务质量和育人效果，促进学生成长成才。

2. 完善评价指标体系，确保全面性与针对性

评价指标体系是评价工作的基础。为了提升评价效果，需要不断完善指标体系，确保其全面覆盖学生社区服务的各个方面，同时突出重点领域和关键环节。具体来说，可以借鉴国内外先进经验，结合学校自身实际情况，构建包含服务内容、服务质量、服务人员、学生参与、社区治理、文化建设等多个维度的评价指标体系。此外，指标体系还应具有一定的灵活性和动态性，能够根据不同阶段和需求进行调整和优化。

3. 优化评价方法，提高评价效率和准确性

评价方法的选择直接影响评价结果的客观性和准确性。因此，需要不断优化评价方法，提高评价的效率和准确性。一方面，可以采用定量和定性相结合的方法，通过问卷调查、访谈、观察等多种方式收集数据和信息。另一方面，可以借助现代信息技术手段，如大数据、人工智能等，对评价数据进行深度挖掘和分析，提高评价的精准度和科学性。

4. 加强评价结果应用，推动持续改进

评价结果的应用是评价工作的最终目的。为了推动服务下沉学生社区的持续改进，需要加强评价结果的应用。一方面，要及时将评价结果反馈给相关部门和人员，明确存在的问题和不足，并提出具体的改进建议和措施。另一方面，要将评价结果与绩效考核、资源分配等挂钩，激励相关部门和人员积极参与评价和改进工作。同时，还可以建立定期回顾和总结机制，对评价工作本身进行反思和改进，不断提升评价工作的质量和水平。

5. 促进多元主体参与，增强评价透明度和公信力

服务下沉学生社区评价工作涉及多个主体，包括学校管理层、教师、学生、家长以及社会企业等。为了提升评价的透明度和公信力，需要促进多元主体的参与。一方面，可以建立多方参与的评价机制，鼓励不同主体从不同角度提出意见和建议。另一方面，可以公开评价标准和过程，接受社会监督，确保评价工作的公正性和公平性。此外，还可以通过举办交流会、研讨会等活动，加强不同主体间的沟通和交流，共同推动服务下沉学生社区评价工作的不断完善。

05
第五章

文化浸润：
滋养学生成长成才内生力

以学生成长为中心：
高校"一站式"学生社区综合管理
育人质效评价研究

第五章 文化浸润：滋养学生成长成才内生力

> 高校学生社区是深化立德树人这一根本任务、培养大学生正确价值观、滋养民族心灵、培育文化自信、促进全面成长的重要场域。在这一场域中，坚持以文化人与以文育人相结合，通过潜移默化的浸润方式，将习近平新时代中国特色社会主义思想、中华优秀传统文化、革命文化、社会主义先进文化以及优秀校园文化有效传递给学生，是至关重要的。这不仅能使学生自觉养成积极的学习生活态度，还能促使学生在社区文化的浸润中成长为堪当强国建设、民族复兴大任的栋梁之材。
>
> 文化浸润是"一站式"学生社区滋养学生成长成才的内生动力，也是服务学生成长成才的重要路径和创新选择。只有不断探索文化教育的模式与方法创新，通过丰富的文化活动和多样化的学习场景，为学生提供全面多元的文化浸润体验，才能使文化浸润在学生社区育人中发挥更大的作用。这不仅能持续激发文化育人的艺术感染力、精神感召力和思想引领力，还能有效提升学生社区的育人成效。
>
> 因此，建立一套科学、合理、有效的文化育人成效评价指标体系，是评价文化浸润效果的重要基础，也是助力学生全面成长成才的必由之路。

新时代新征程，高校作为培养人才、传承文化的重要阵地，应充分认识文化育人的重要使命，自觉肩负起促进文化传承与创新的历史责任。高校学生社区作为文化创新的主阵地，同样担负着以文化人的重要任务。要加强高校学生社区文化建设，使学生在潜移默化的文化浸润过程中激发内生动力，厚植爱国情怀，坚定文化自信，助力成长成才，讲好中国故事。

第一节 文化浸润与服务学生成长成才的内在逻辑

文化浸润是高校"一站式"学生社区育人中的重要一环，它通过潜移默化的方式，将文化价值观和行为规范传递给学生，使学生养成积极的学习和生活态度。文化浸润不仅是知识的传递，更是价值观、生活方式和思维方式的传输，这对学生的成长成才起到了至关重要的作用。

一、文化浸润的内涵与核心要义

以文化人、以文育人，能够为教育事业的发展提供强大的精神动力和文化支撑。

习近平总书记曾指出,加强高校思想政治工作,要注重文化浸润、感染、熏陶,既要重视显性教育,也要重视潜移默化的隐性教育。①

文化铸魂育人是高校实现人才培养、文化传承与技术创新职能的重要手段,其力量是无穷的。文化浸润是通过日常教育教学活动,将优秀的文化内容和价值观潜移默化地融入学生的思想和行为的一种重要教育方式。它不仅包含传统文化的传承,还涉及现代文化的吸收与创新。文化浸润的核心在于通过教育环境、教师的言传身教、校园活动等多种途径,使学生在潜移默化中接受文化的熏陶,并内化为自身的价值观和行为准则。文化浸润是一种深刻且广泛的教育过程,通过多种途径和形式,使个体在潜移默化中接受、理解并内化特定文化的价值观、习俗、艺术和传统。这一过程不仅有助于个体的全面发展和人格塑造,还促进文化的传承和创新,推动社会的和谐与进步。作为一个多层次、多方面的过程,文化浸润帮助学生更好地理解和认同自己的文化,通过丰富的文化体验和实践活动,全面提升学生的知识水平和综合素质。这一过程为学生的个人成长和未来社会生活奠定了坚实的基础,使其能够自信地面对全球化带来的各种挑战和机遇。在全球化背景下,文化浸润不仅增强了学生的文化自信,还使其成为多元文化交流的积极参与者,为世界文化的多样性贡献力量。

在全球化背景下,文化自信尤为重要,而增强文化自信是培养全面发展人才的重要一环。通过文化浸润,学生能够更深入地理解和认同自己的文化,从而增强自信心。文化浸润不仅有助于学生积累知识,还能提高他们的综合素质。通过参加各种文化活动,学生的审美情趣、艺术修养、语言表达能力等都能得到提升。这一过程不仅促进了学生的全面发展,也为他们未来成长和融入社会奠定了坚实的基础。

学生的住宿空间是"第二课堂"的重要组成部分,是实现德育生活化和构建德智体美劳全面培养体系的关键环节。它在加强大学生的政治认同、情感认同、文化认同方面,发挥着孵化器和助推器的作用,促进大学生的全面发展。②"一站式"学生社区通过提供从学术支持、心理辅导到生活服务的全方位支持平台,确保文化浸润在学生生活的各个方面得以实现和强化。通过多样化的文化活动,学生在潜移默化中接受、理解并内化特定文化的价值观、习俗、艺术和传统。这不仅促进了学生的全面发展和人格塑造,也推动了文化的传承与创新,促进了社会的发展与进步。"一站式"学生社区通过这些平台开展多样化的文化活动,使文化浸润无处不在。

---

① 李江雪. 习近平总书记在全国高校思想政治工作会议上的讲话摘录[N/OL]. (2017-01-02). [2025-03-10]. https://news.cnr.cn/native/gd/20170102/t20170102_523425858.shtml.
② 王懿. 高校"一站式"学生社区建设的价值意蕴、现实问题与实践理路[J]. 思想理论教育, 2022(2): 108.

二、文化浸润是"一站式"学生社区滋养学生成长成才的内生动力

随着社会的发展和进步,教育已经不再局限于课堂上的知识传授,而是更加注重学生全面发展。在这样的背景下,文化浸润逐渐成为"一站式"学生社区滋养学生成长成才的内生动力之一。

(一)文化浸润有利于帮助学生树立正确的人生观与价值观

通过文化浸润,学生在道德与伦理方面能够得到正面教育。文化浸润在学生的思想教育中发挥了潜移默化的作用,引导学生树立正确的价值观和人生观。在"一站式"学生社区中,这一过程尤为重要。社区提供了一个良好的文化环境,促进学生在思想、道德和社会责任方面的全面发展。文化浸润能够通过道德故事、历史教育和伦理讨论等活动,引导学生在道德和伦理上做出正确判断。通过革命历史教育、红色影片欣赏等活动,学生能深刻体会革命精神和爱国主义,增强责任感和使命感。

通过文化浸润,学生能树立积极的人生观和世界观。文化活动中的道德伦理讨论,引导学生思考社会问题,培养批判性思维和道德判断能力,帮助学生树立良好的价值观。

文化浸润有助于增强学生的社会责任感与使命感。社会实践和志愿服务为学生提供了提高组织、沟通和团队协作能力的锻炼机会。通过参与"一站式"学生社区环境保护、垃圾分类、关爱弱势群体等志愿服务活动,学生在实践中解决问题、克服困难,提升了自信心和沟通能力。在帮助他人的过程中,学生感受到奉献的意义和价值,培养了乐于助人、关心他人的品质,树立了服务社会、贡献力量的价值观。这种直接接触和了解社会的机会使学生亲身体验和认识到个人在社会中的责任和作用,增强了其社会责任感和使命感,从而更好地理解自己在社会中的角色和责任。因此,"一站式"学生社区也应积极鼓励和支持学生参与志愿服务和社会实践,为其全面发展提供更多的机会和平台。

(二)文化浸润有助于提升学生的文化素养与认同感

文化浸润是通过多样化的文化活动和资源,将文化内涵和价值观自然地融入学生的学习和生活,这一过程对于提升学生的文化素养与认同感具有重要作用。

在增强文化理解与欣赏能力方面，通过参与文化节、艺术展、音乐会等活动，学生接触到不同的文化形式和内容，拓宽了文化视野，提升了对多元文化的理解与欣赏能力。通过学习文化课程和参加相关讲座，学生能够深入了解文化历史、艺术风格和思想流派，丰富文化知识储备，提高文化素养。"一站式"学生社区举办的人文学科相关的活动，如文学沙龙、哲学讨论、历史剧场等，提供艺术创作的空间和机会，鼓励学生进行艺术表达，增强其文化自信心和表达能力，培养学生的人文素养和思辨能力。同时，鼓励学生参与跨文化项目，如国际交换生计划、跨国团队合作等。这些项目能让学生亲身体验不同文化的工作和生活方式，培养其跨文化沟通能力和适应能力。社区推广包容性和多样性教育，帮助学生认识到文化差异的价值，并学会尊重和包容不同背景的同学，以及更好地理解如何在多元文化的环境中共存。

在增强文化认同方面，通过组织传统节庆活动、民族文化展示等，学生能够深入了解和体验本土文化的魅力，增强对本民族文化的认同感和自豪感。同时，"一站式"学生社区积极为学生提供空间和资源，如设置文化展示墙、开放艺术创作空间、文化餐饮体验等，让学生能够自由表达自己的文化。通过这些渠道，学生可以在社区中展示和分享他们的文化元素，增强文化认同感和自豪感。另外，"一站式"学生社区可以支持和鼓励学生成立各种文化社团，如传统舞蹈团、音乐团、文学社等。通过参加这些社团，学生可以与同样背景的同学一起庆祝和传承自己的文化，增强归属感。社区通过举办革命历史教育等爱国主义活动，帮助学生理解红色文化的精神内涵，增强其对国家和民族的认同感。文化活动中蕴含的价值观念，如诚信、责任、合作等，潜移默化地引导学生形成积极向上的价值观。

（三）文化浸润有利于激发学生的创造性思维与创新性发展

文化浸润为学生提供了丰富的精神养料和多元的思维视角，通过深入的文化体验，学生能够从多元文化中汲取灵感，有助于他们打破思维定式，激发创造性思维。在一个多元文化的学习环境中，学生能够通过吸收和融合不同文化的精髓，拓宽思维的边界，形成独特的创新能力，并为未来的创意实践奠定坚实的基础。"一站式"学生社区通过文化教育与创造性思维的互动，为学生提供丰富多元的学习环境，激发他们的创新潜力，并帮助他们在全球化背景下成长为具有创造力和文化素养的全面发展的高素质人才。

在文化教育与创造性思维的互动方面，文化浸润将文化教育与创造性思维的培养相结合，帮助学生更好地理解和应用文化知识。"一站式"学生社区为学生提供了良好的学习环境。在这种环境中，文化教育不仅限于传统的知识传授，还通过创造性思维的培养，使学生更深入地理解文化背景，激发他们的创新意识。这种方式有助于学生在多元文化背景下塑造批判性思维、提高解决问题的能力，从而更好地将文化知识应用于实际生活中。此外，还可以通过互动式学习、项目合作和跨学科的探索来提升学生的学习体验，使他们能够从不同的视角看待问题，并找到独特的解决方案。通过这种方式，学生不仅能够掌握文化知识，还能培养出适应未来社会需要的创造性和综合能力。

在文化表达与创新应用融合方面，社区可以为学生提供平台，让他们展示自己的文化创意作品，还可以举办文化艺术展览、创意市集或文化讲座。这不仅为学生提供了展示自我和表达创意的机会，也促进了文化教育与创造性思维的双向互动。通过这种展示，学生可以从观众的反馈中获得新的灵感，进一步激发他们的创意思维。同时，学生也可以通过设计数字艺术作品、开发文化主题的应用程序或参与虚拟现实项目，将传统文化以创新形式呈现出来。通过社区内外的展示和推广活动，学生的创新作品能够获得更广泛的关注和认可。这不仅可以鼓励学生积极表达自己的文化理解，还可以促进文化在社会中的传播与创新应用。

文化浸润作为"一站式"学生社区滋养学生成长成才的内生动力，具有深远的教育意义和价值。它通过提升文化素养、促进思想教育、支持综合素质发展，为学生的全面发展提供了坚实的基础。高校应继续重视和加强文化浸润的实施，确保每位学生都能在充满活力和文化氛围的社区中获得成长和成才的动力。因此，高校应当在"一站式"学生社区建设中引入更多的文化浸润方法，让学生在潜移默化中构建正确的价值观并增强对中华文化的认同感，助力学生全面发展。

三、文化浸润是"一站式"学生社区服务学生成长成才的重要路径

全国教育大会和全国高校思想政治工作会议明确提出，要把以文化人、以文育人作为加强高校思想政治建设的重要举措。这一要求凸显了文化浸润在"一站式"学生社区服务学生成长成才过程中的重要作用，强调通过文化的力量塑造学生的思想观念和价值体系，以推动学生的全面发展。

（一）以文化育人，深化思想政治教育内涵

在红色文化育人方面，通过党建引领，将思想政治教育融入"一站式"学生社区的建设。通过开展红色文化教育、党员志愿服务、主题党课等活动，实现党建活动与社区文化建设相结合，引导学生树立正确的政治观念和价值观，提升思想政治教育的实效性。发挥党建＋"一站式"学生社区文化育人功能，使学生能够深入了解和体验红色文化。例如，举办红色电影展、革命历史讲座、红色主题展览等活动，有助于学生直观地感受红色文化的精神内涵。通过支持红色文化创新项目，将红色教育作为课堂教育的延伸，鼓励学生以创新的方式传承和弘扬红色文化。学生可以通过创意设计、数字化展示等方式，开发具有时代感和吸引力的红色文化产品，增强红色文化的传播效果。社区内设立红色文化社团，吸引对红色文化感兴趣的学生参与其中。通过定期组织学习交流、主题活动等形式，学生能够在社团中深化对红色文化的理解，增强文化认同感和自豪感。"一站式"学生社区通过多功能空间的打造和文化育人的创新，为高校思想政治教育和学生全面发展提供了新的路径。通过党建引领和特色文化塑造，高校能够有效提升学生的思想道德水平，培养出符合时代需求的优秀人才。在教育改革背景下，高校应继续推进"一站式"学生社区的建设，为学生成长成才创造更加良好的环境和条件。

（二）以文化建设，助力学生学业发展

提供学术文化支持是"一站式"学生社区的核心功能。社区通过多样化的服务和资源，为学生的学术成长和职业发展提供强有力的支持。高校应积极利用"一站式"学生社区的场域组织学术讲座、研讨会和学术沙龙，促进学生与专家学者的互动，拓宽学术视野。通过网络社区平台提供课程视频、学习资料和在线讨论功能，方便学生在"一站式"学生社区内进行自主学习和交流。组织学生党员、学生干部和优秀学生在社区内开展个性化的学习辅导服务，包括一对一辅导和小组学习指导，帮助学生解决学习中的具体问题，提高学习效率和成绩。通过辅导员入驻社区的方式，为学生提供学习计划制订、课程选择建议和学术论文写作指导，帮助他们更好地规划学术生涯。在社区内设置职业咨询中心，由专业的职业规划导师为学生提供职业兴趣测试、职业规划建议和行业信息，帮助他们明确职业目标和发展方向。"一站式"学生社区提供全方位的支持和服务，帮助学生实现全面发展，为他们的成长成才奠定坚实的基础。这种社区模式集成了多种功能和资源，旨在满足学生在学术、生活、心理、实践等方面

的多样化需求，助力其全面发展。

（三）以文化关爱，助力学生健康成长

关爱学生心理健康和生活质量是"一站式"学生社区的重要任务。社区通过多种服务，保障学生的身心健康；通过全面的支持体系，为学生提供一个安全、健康和积极的学习和生活环境。在社区内设置心理咨询室，配备有经验的心理咨询师，为学生提供一对一的心理辅导，帮助他们应对学业、人际关系和情感等方面的问题。定期开展心理健康评价，帮助学生了解自己的心理状态，并根据评价结果提供个性化的心理支持方案。开展冥想、瑜伽、艺术疗法等活动，帮助学生学会放松和管理情绪，增强心理韧性。构建社会网络支持，建立同伴支持小组，鼓励学生之间相互支持和帮助，增强归属感和社区凝聚力。此外，社区还要定期跟踪反馈，完善服务机制，确保每位学生都能在安全、健康和积极的环境中成长和学习。

文化育人作为高校思想政治工作的重要方式，已经全面渗透到大学教育的各个方面。学生社区作为当代大学生日常生活的主要环境，是一个有待开发的文化育人主阵地。各种思想、文化和社会思潮在这里汇集和碰撞，不同性格、兴趣和习惯的学生在这里交流，社会媒体的舆论动态在这里得到反映。因此，学生社区文化对大学生的社会观、价值观、事业观以及恋爱观具有重大且深远的影响。随着我国高校教育改革的不断深入，"一站式"学生社区作为一种新兴的教育管理模式，为大学生的全面发展提供了重要的支持。通过文化浸润建设，"一站式"学生社区在深化思想政治教育内涵方面发挥着不可替代的作用。

四、文化浸润是"一站式"学生社区打造学生成长成才空间的创新选择

2020年4月，教育部等八部门联合印发的《关于加快构建高校思想政治工作体系的意见》明确要求，推动"一站式"学生社区建设，将社区打造成为集学生思想教育、师生交流、文化活动、生活服务于一体的教育生活园地。2019年，教育部发布的《关于深化本科教育教学改革 全面提高人才培养质量的意见》也提出，要加强学生管理和服务，积极推动高校建立书院制学生管理模式，并开展"一站式"学生社区综合管理模式建设试点工作。该模式不仅提高了学生管理和服务的效率，也促进了学生在思想、学术和个人成长方面的全面发展，为新时代人才培养奠定了坚实基础。[①]

[①] 马成瑶. 整体性治理视域下推进高校"一站式"学生社区综合管理的思考[J]. 思想理论教育, 2022(02): 101.

（一）"一站式"学生社区成为文化传播的新空间

在当今快节奏的社会中，学生不仅需要功能齐全的生活空间，还渴望充满文化氛围的环境来丰富他们的校园体验。传统的学生社区往往侧重功能性，忽视了文化层面的需求。而"文化浸润"作为一种创新的空间设计理念，正在成为"一站式"学生社区创新的热门选择。这种设计不仅关注学生的基本生活需求，还将文化体验融入其中，为学生提供一个多维度的成长空间。文化元素渗透社区的每个角落，使学生不仅能享受到便利的生活设施，还能够在文化氛围中汲取精神养分，从而提升他们的综合素质和校园生活质量。基于此，完善文化设施建设是"一站式"学生社区的关键组成部分，通过在社区中建设图书馆、文化长廊、艺术中心等设施，为学生提供丰富的文化资源和学习机会。这些设施不仅满足了学生的文化需求，也营造了良好的文化氛围，使文化浸润在学生的学习和生活中自然发生。社区图书馆应配备丰富的图书、期刊、电子资源，为学生提供多样化的学习和研究资料。通过定期更新和引进新的出版物，图书馆可以保持资源的前沿性和多样性。在社区内设置自习室、讨论区和多媒体室，运用灵活的空间设计支持多样化的学习方式，可以为学生提供安静的学习环境和交流讨论的平台。同时，在社区内设置互动展示区，学生可以参与到文化活动中，如书法体验、艺术创作、历史问答等，增强学生对文化的参与感和认同感。文化长廊可以通过图片、展板、视频等形式，展示学校历史、民族文化、校园活动等内容，让学生感受到文化的熏陶；定期更新文化长廊的展览主题，如节庆文化、国际交流、科技创新等，使其成为学生了解和体验多元文化的窗口。

（二）"一站式"学生社区搭建文化创意实践的新平台

"文化浸润"的核心在于通过创意设计将文化元素融入学生社区的各个方面。这种空间创新的方式不仅包括对建筑物内部和外部环境的装饰，还涉及社区活动的策划和文化项目的引入。例如，在社区内设置文化展示区，展示地方特色艺术品或历史文物；定期举办文化讲座、艺术展览和手工艺体验活动，促进学生对多元文化的理解和欣赏。此外，社区内还可以规划文化主题的休闲区域，如传统文化咖啡馆或艺术沙龙，为学生提供一个交流思想和参与文化活动的场所。这种文化浸润的设计理念，不仅能够增强学生的文化自信，还能提高他们的文化素养和人际交往能力。同时，通过党团活动的融入，探索和优化党团活动与社区建设的结合路径，为新时代大学生的成长成才提供更加优质的支持和服务。利用现代科技，建立数字化活动平台，通过社交媒体、在线直播、虚拟会议等方式，组织和推广党团活动。这不仅扩大了活动的参与范围，也使活动内容更加生动。例如，开展线上主题讨论、网络知识竞赛和虚拟红色旅游等活动，让学生能够灵活参与。可以结合不同学科和文化背景，设计跨学科、跨文化的党团活动。通过邀请多学科专家举办讲座，以及与国际学生合作举办文化交流活动，学生可以在多元视角中拓展思维广度和深度。鼓励学生参与社会实践和志愿服务活动，通过走出校园服务社会，增强社会责任感；组织学生到社区服务中心、乡村等地方进行志愿服务，让他们在实践中理解服务与奉献的价值。

（三）"一站式"学生社区实现功能性与文化性的融合

随着社会对教育环境的关注度不断加深，学校和社区的建设也逐渐向着更高的文化层次发展。文化浸润的"一站式"学生社区空间，在功能性和文化性之间找到了平衡。这样的空间设计不仅提高了学生的生活质量，还为他们提供了丰富的文化体验，这在传统的学生社区中是难以实现的。在实践中，学生也不断创新，打造属于自己的文化品牌。由学生自主创建包含社区文化内涵的徽标、口号和标识，使其易于识别并具备吸引力，帮助建立社区的文化认同。在此基础上，通过挖掘和讲述社区的历史、特色和价值观，打造一个具有深度和情感共鸣的品牌故事，让学生和教职工能够感受品牌的核心精神。定期策划和举办一系列品牌活动，如年度文化节、艺术展览、学术论坛和体育赛事，使这些活动成为品牌的核心内容，吸引学生广泛参与。通过联合不同学科的师生，开展跨学科项目，促进学科间的融合和创新，丰富品牌的文化内涵。设立品牌管理团队，负责文化品牌的维护与发展，鼓励社区成员积极参与品牌建设，形成共建共享的文化氛围。与企业和文化机构合作，吸引外部资源支持品牌活动，提升品牌的社会影响力。高校"一站式"学生社区通过创建和推广独特的文化品牌，提升自身的文化影响力和凝聚力。多样化的品牌活动和跨学科、跨文化的交流，不仅增强了学生的归属感和认同感，还为他们提供了丰富的学习和发展机会。

文化浸润的"一站式"学生社区空间不仅满足了学生对舒适生活环境的需求，更在文化层面上给予了他们丰富的体验。这种创新的空间设计理念不仅提升了学生的生活质量，还促进了其全面发展。随着教育理念的不断进步和社会对文化需求的日益增长，这种空间创新方式有望在更多的校园中推广应用，成为学生社区建设的新趋势。通过将文化浸润融入每个细节，高校能够为学生创造一个更加多元、充实的校园生活环境，让学生在学习的同时，也能受到文化的熏陶。

综上所述,文化浸润在"一站式"学生社区育人中起着不可替代的作用,它通过多种途径和方式,将文化教育融入学生的日常生活和学习,促进学生的全面发展和成长。通过不断探索和创新,我们可以找到更多有效的方法和途径,使文化浸润在学生社区育人中发挥更大的作用。面对文化多样性与学生差异性、文化传承与创新的平衡等挑战,教育者需要不断探索和创新,为学生的全面发展提供更加优质的文化教育。

第二节 文化浸润与服务学生成长成才的实践探索

习近平总书记指出:"中国式现代化是物质文明和精神文明相协调的现代化,要弘扬中华优秀传统文化,用好红色文化,发展社会主义先进文化,丰富人民精神文化生活。"①高校肩负着为党育人、为国育才的重要使命,承担着立德树人的根本任务和文化传承创新的关键职能。

高校学生社区是学生日常交流、生活、学习的主要场域,只有不断探索、创新学生社区文化育人的模式与方法,为学生提供更加全面多元的文化浸润体验,才能使文化浸润在学生社区育人中发挥更大的作用,提升学生社区育人成效。高校学生社区文化建设的探索与实践,要以促进学生在社区文化的浸润中成长成才为根本遵循,尊重学生的主体地位,激发学生的内在动力,增强学生社区的文化认同感和归属感,使学生在潜移默化的文化浸润过程中厚植爱国情怀、坚定文化自信。

一、文化浸润的实践形式解析

习近平总书记指出:"文化自信是一个国家、一个民族发展中最基本、最深沉、最持久的力量。"②"文化浸润"作为一个广义的概念,是指依据立德树人这一根本任务的总体要求,积极构建党建引领、体制机制、空间场域、品牌赋能等载体与平台,推动学习宣传习近平新时代中国特色社会主义思想、中华优秀传统文化、革命文化、社

---

① 杜飞进. 在新时代大力弘扬红色文化(深入学习贯彻习近平新时代中国特色社会主义思想)[EB/OL]. 2024-04-10[2024-06-27]. http://theory.people.com.cn/n1/2024/0410/c40531-40212741.html.
② 习近平. 在全国抗击新冠肺炎疫情表彰大会上的讲话[EB/OL]. 2020-09-08[2024-06-26]. https://www.gov.cn/xinwen/2020-09/08/content_5541737.htm.

会主义先进文化、校园文化等深度有机融入社区文化空间，促进学生在社区文化的浸润中努力成长为堪当强国建设、民族复兴大任的栋梁之材。

《共产党宣言》指出，无产阶级的运动是绝大多数人的，为绝大多数人谋利益的独立的运动。让劳动阶级获得自由、发展和解放，让最广大人民群众过上幸福生活，是马克思主义人民观的重要体现和核心要义。人类历史发展长河中，没有哪一个政党，像中国共产党一样，始终坚持以人民为中心，把实现好、维护好、发展好最广大人民根本利益作为一切工作的出发点和落脚点。因此，实现以学生成长为中心的发展理念，满足每个学生对美好生活的向往，发挥学生社区文化浸润的效果，让主流思想价值浸润每个学生的心田，迫切需要党建引领学生社区文化建设。

中华优秀传统文化中的"乡约乡规"等自治规范，通过"官方"认可的制度规范来约束人们的行为，从而促进和谐社会秩序的形成。做好高校"一站式"学生社区文化浸润工作，就需要做好顶层制度设计，将支持和参与"一站式"学生社区文化浸润工作纳入职能部门和二级学院考核体系与岗位职责，明晰考核指标，强化基于考核的激励机制，形成文化育人新机制，促进个人工作目标与"一站式"学生社区文化浸润工作目标的同向同行。

建筑设计的审美表达必然依托文化语境载体，才能展现不同的审美情趣和价值观念。因此，若创造性地在学生生活社区开辟公共文化空间，在学生社区楼宇进行空间改造，构建以中华优秀传统文化为核心的社区文化识别系统，不仅能提升学生生活社区的审美趣味，形成社区文化展示集成效应，还能通过环境和文化的融合，挖掘社区的隐性育人功能，潜移默化地提升学生文化素养，从而实现学生在社区文化的浸润中成长成才的根本目的。

社区品牌活动、主题活动发挥着促进社区进行自我表达、合作和想象，形成特定时空下社区的地方意义和身份的重要作用，并在不同权力主体对节庆展演、组织实践、空间生产中重构社区的认同和关系格局。[①]因此，独具特色的社区文化精品项目，学生喜闻乐见的优秀学生社区文化活动，有机融入思政育人元素，能够不断增强学生社区文化活动的"粘合度"，树立学生对参与社区文化活动的正确态度，不断提升个人参与社区文化活动的自豪感，进而促进学生社区文化育人功能的发挥，增强学生社区的凝聚力与认同感。

---

① 禹菲. 尚礼致和：中华优秀传统文化嵌入社区建设的理论逻辑与实践路径[J]. 湖南师范大学社会科学学报, 2023, 52(4): 7.

二、典型案例介绍

自 2019 年教育部启动"一站式"学生社区综合管理模式建设试点工作以来，各试点高校党委切实履行主体责任，坚持以文化人与以文育人相结合，从文化浸润层面着手，通过丰富的文化活动和空间建设，着力打造具有中国特色、体现思政内涵、充满人文精神、契合学生需求的学生生活社区，在实践中探索形成了可复制、可推广的典型经验，为全国高校提供了示范样本。

（一）上海大学：构筑"传播红色文化"为特色的社区文化

2019 年 10 月，上海大学成为教育部遴选确定的开展"一站式"学生社区综合管理模式建设的首批试点高校。五年来，上海大学严格落实主体责任，加强学生社区综合管理，推动党建思政、管理服务等力量下沉学生社区，系统构建了以党建立德、以文化立魂、以服务立心、以自主立行的学生社区思想政治工作新模式和具有中国特色、彰显思政要求、契合学生需求的新型生活社区。

1. 党建引领：打造红色文化教育阵地

上海大学以党建为中心轴，以党建引领文化建设，坚持党委统一领导，全校育人资源向社区凝聚，促进社区与学院、教师与学生、高年级与低年级、线上与线下思维联动，构建横向到边、纵向到底的"一轴三进四联动"的党建引领体系。学校打破年级、专业、师生界限，创新建立"红色堡垒"楼宇党组织，让社区成为思想教育主阵地；将党组织设立在学生最活跃的社区楼宇中，将党建指导教师编入学生支部开展全程指导，全面提升学生社区大学生党委政治功能和组织效能；充分利用线上线下的社区公共空间载体，挖掘上海大学的红色历史，设计红色长廊进行宣传展示，让校训校歌、校史校情的红色文化元素浸润社区生活；深入开展"红色导航"主题教育，利用上海大学博物馆、校史馆、钱伟长纪念馆和"溯园"资源，在学生社区定期举办不同主题的"红色校史展览"，弘扬中华优秀传统文化、革命文化、社会主义先进文化，教育引导学生树牢初心使命，弘扬爱国奋斗精神，培育和践行社会主义核心价值观。

2. 制度构建：形成重大文化活动进社区的工作常态，做好宣传思想文化工作

上海大学紧扣学校人才培养目标，发挥综合类高校优势，围绕以爱国主义为核心的民族精神和以改革创新为核心的时代精神，系统整合校内外优质文化资源下沉学生社区，形成重大文化活动进社区的常态化机制；定期开展"礼敬中华优秀传统文化""原创文化经典推广行动计划"，举办多种形式的文化传播与文化创意大赛与展会，切实提升大学生群体的文化认同感、归属感和荣誉感；将"上海之春"国际音乐节、上海市网球比赛、"光影中国"德艺双馨讲坛、全国美术作品展览、国际文化风情展以及其他校园精品文化项目引入学生社区，支持学生社团进社区开展丰富多彩的校园文化活动；以积极推进"开门办思政"的思想，建设更加开放、影响力更大的"立德树人"讲坛项目，将"两院"院士、国企骨干、大国工匠、时代楷模、劳动模范、专家学者等请进社区，把中国特色社会主义建设实践中形成的最新成果、最鲜活案例带进社区，进一步加强宣传思想文化工作。

3. 场域建设：以"六 T"创建工作提升社区文化建设，打造环境文化识别系统

自 2015 年以来，上海大学聚焦全面推进公寓"六 T"的创建工作。一是依托专业学院、相关部处保障团队、楼宇管理人员、社区学生自管团队这四支队伍，打造"红、绿、紫、金、蓝"五星楼宇文化，并通过开展为楼宇命名、设计楼徽活动，不断丰富其文化建设内涵。二是以打造融合上海大学特色和上海海派精神的社区文化识别系统为目标，在试点楼宇进行空间改造，营造兼具江南文化底蕴和国际都市风尚的特色环境，在融入青年、融入生活中创建文化情境、设计文化符号。三是在学生社区统一管理的基础上，订立具有楼宇文化与传承特色的楼宇建设公约，积极引导大学生自主创建楼宇价值符号。四是在学生生活社区开辟公共文化空间，将环境和文化相融合，挖掘社区的隐形育人功能。五是用"集体记忆文化墙"等方式传承校园文化，打造百花齐放、一楼一品的社区楼宇文化。学校共建成 20 幢特色鲜明、形式各异的"一楼一品"主题文化楼，其中 18 幢获评"五星示范公寓"，在创建楼幢数量和五星示范楼幢数量上都位居上海市高校第一。六是积极推进校内外楼宇结对共建试点工作，鼓励学生走出校园，走进社区，走进办公大厦，体察社情民情，促进学生社区与社会大课堂的深度融合。

4. 品牌赋能：以"寝室文化＋慈善文化＋楼幢文化＋亲情文化"贯通社区文化建设，构建沉浸式文化品牌

上海大学学生社区根据学校特有的短学期制，结合学生的结构特点，着力打造"秋季学期寝室文化、冬季学期慈善文化、春季学期楼幢文化和贯穿全年的阿姨妈妈的亲情文化"四个文化活动主题，让文化精神亮在社区。学校通过举办"寝室文化宣传周"等活动提升宣传力度，通过与专业学院的联动表彰来调动学生参与寝室文化建设和评比的积极性。此外，学校还在留学生中开展跨国联谊寝室文化交流活动，打造

"室室有精彩"的社区寝室文化。2022年，上海大学慈善爱心屋累计发放物资及资金共计30万元，资助5 800名学生。截至2023年，特色寝室创建活动已开展七届，每年有3 000余间寝室申报，上万名学生投票评选十佳特色寝室，每年开展楼幢活动几百场次，每个住宿学生至少参与一次活动。多年实践证明，特色寝室和星级文明楼的创建，不仅是激活寝室细胞、形成楼幢凝聚力、吸引大学生参与社区事务的有效手段，更是推动社区总体发展、服务大学生成才的必要举措。学生社区形成了"我搭舞台、你亮特色，五星闪耀、共创和谐"的良好局面，逐渐构筑起了富有上海大学特色，"寝室文化+慈善文化+楼幢文化+亲情文化"相辅相成的文化浸润式品牌。

（二）上海立信会计金融学院：创新打造富有诚信特色的文化浸润体系

2023年1月，上海立信会计金融学院正式入选"一站式"学生社区综合管理模式建设自主试点高校。此后，学校坚持深入贯彻习近平总书记关于教育的重要论述，落实高校思政工作质量提升工程，全面推进"一站式"学生社区综合管理模式建设工作。学校通过开展丰富多彩的学生活动以及加强校园文化建设等措施，引导学生树立正确的世界观、人生观和价值观，创新打造具有立信特色的"一站式"学生社区育人品牌和富有诚信特色的文化浸润体系，开创了社区思政工作的新格局。

1. 党建引领：以高质量党建赋能学生社区建设工作高质量发展

学校坚持以党建为统领，形成党委统一领导、18个职能部门各负其责、13个二级学院全员协同配合的工作格局。一是积极构建党建育人体系，以高质量党建引领学生社区建设工作高质量发展，引领学生社区人才、信息等资源要素集聚。二是组织学院领导班子成员深入学生社区一线，开展讲党史、经典阅读宣讲会等活动，定期召开"一站式"领导小组工作会议，分享社区建设经验成果。三是实施"先锋引航"计划，通过搭建党建服务平台指导协调社区党建，落实学生党员社区报到、党员宿舍挂牌、先锋示范岗等工作要求，围绕"理论学习进社区、党员服务进社区、示范引领进社区"三大主题，开展社区学生党员教育，丰富社区党建功能。四是鼓励各基层党组织围绕学生社区打造党建工作品牌项目，学生党支部围绕生活社区的劳动实践、志愿服务、学业帮扶、寝室建设等方面，组织开展学生社区"党建+"系列活动，推动基层党建与思政教育深入社区、贴近学生。

2. 制度构建：建设学生社区文化育人新机制

学校做好顶层制度设计，出台《上海立信会计金融学院"一站式"学生社区综合管理模式建设指导意见》等文件，进一步明确建设的指导思想、工作目标、基本思路、总体规划与具体举措，构建"1+X"制度体系，强化统筹协调、组织推进与管理监督。学校将支持和参与"一站式"学生社区综合管理模式建设工作纳入学校职能部门和二级学院的考核范围，强化基于考核的激励机制，压实各方责任，真正从组织制度层面为构建学生社区文化育人新机制赋能。

学校加强组织制度建设，建立了由校领导牵头、相关职能部门共同参与的"一站式"学生社区综合管理模式建设工作领导小组，将社区学生思想政治工作与教学科研、社会服务、诚信教育等工作同部署、同推进、同考核，把"一站式"学生社区建设纳入学校重点工作计划。一是设立学生社区管理办公室，牵头协调各相关职能部门和二级学院，组建工作队伍，实现管理协同。二是建立学生社区网格化治理机制，遴选优秀学生工作者与学生骨干，形成"片区长—网格长—楼长—层长—寝室长"五级社区网格化治理架构和"园区办—矩阵式育人平台助理"矩阵式协同育人机制，由指导老师带领学生团队共同推进社区自治，自主开展片区楼宇文化建设、组织片区学生活动等。

3. 场域建设：营造学生社区文化育人新场域

针对高校思政工作的新形势、新变化、新要求，学校在深入推进"三全育人"综合改革试点过程中，着力探索"同场域、同频率、同成长"的"新三同"工作法。在此工作理念的指导下，学校在学生生活社区积极筹建学生生活社区共享空间（学生之家），通过空间赋能，积极打造集思政教育、师生交流、文化活动、生活服务等多功能于一体的教育新场域，构建学生社区文化育人的新生态。目前，学校两校区的共享空间主要由青马之家、青年小屋、心灵驿站和易诚空间这四间文化活动室、两间共享活动室以及二级学院特色文化宣传阵地组成。

青马之家是学生社区的党建活动室，是学校青年马克思主义协会、各二级学院党团组织定期开展活动的场地。青马之家陈列了相关理论书籍供学生阅读，帮助大学生理论骨干定期研学并掌握党的理论创新成果，了解国情，认识社会，提高思想政治素质，坚定理想信念。它有助于提高大学生党员、理论骨干、团干部、青年知识分子等青年群体的思想政治素质和理论素养。

青年小屋是园区团工委、自律委、学生社团的研学活动场地，也是管理队伍、专业导师、驻楼辅导员等育人力量带领青年学生开展研习和活动的工作空间。青年小屋使思政工作队伍、管理队伍、专业教师等更加贴近学生，践行"一线规则"，打通社区思政工作的"最后一公里",是打造"同场域、同频率、同成长"师生成长共同体的重要场域。

心灵驿站是全体师生在学生社区开展心理健康教育工作的重要场所,是大学生团体辅导、沙盘游戏心理治疗、心理咨询、辅导员谈心谈话的场域,其主要目的是帮助大学生疏导心理压力,解决心理问题,提高心理素质和抗压能力,培养大学生乐观、积极向上的心理品质,促进学生身心健康和全面发展。

易诚空间是易班工作站及诚信教育相关主题活动的场域,是学校社区网络育人和诚信育人的重要阵地。学生围绕学科专业知识和专业实践等在易诚空间定期开展网络微课堂的录制、诚信主题教育,以及线上线下的学习交流、主题讨论等活动。此外,易诚空间还设有"学习资料库"和"诚信书籍库",引导学生共享知识,共同进步。

二级学院特色文化宣传阵地是推动"一站式"学生社区综合育人深入实施的实践新平台。学校充分利用"一厅一梯一廊一层一室"等公寓物理空间,深入挖掘和展示各二级学院的特色文化,建立各具特色的26个宿舍走廊作为二级学院特色文化宣传阵地,营造学生社区的文化氛围,形成社区文化展示的集成效应。在创建过程中,学校紧密结合财经院校特色,特别是"金融强国"理念,设计了包含党史党建、诚信文化、文体艺术、科学探索、心理健康、职业发展等多个主题内容的板块。学校注重融合立信基因的红色文化、财经类院校的金色财经背景和生态文明的绿色理念,充分发挥有特长的学生共同参与设计、展示和宣讲学校文明文化成果,建设"特色鲜明、富有创意、格调高雅、健康向上"的多样化特色文化长廊。同时,学校进一步围绕"诚信教育"办学特色,利用学生社区内的宣传设施和楼道大厅等,组织诚信文化宣传展示,推行诚信伞、诚信货架等隐性诚信育人载体,进一步完善诚信教育体系,塑造立信学生公寓的独特品牌,有效提升了校园文化的渗透力和影响力。

在学生处和团委的指导下,共享空间平台的搭建实现了学生自治力量的共建共享。各学生组织和社团进驻社区,负责社区功能室的日常运营与维护,并立足生活社区自主开展各类文艺体育、学术科研、创新实践活动,参与社区建设,强化社区运行活力,充分发挥朋辈教育管理作用。自共享空间平台开放以来,学校开展了包括"园区微课堂"系列活动、"心理健康月"系列活动、"简历加油站"求职助力活动、廉洁教育座谈活动、宿舍团建活动、征兵动员分享会等各类充满积极意义与独特价值的学生活动。据统计,2023年度学校共计组织开展各类学生活动236项,覆盖学生近14 071人次,进一步激发了学生社区的活力,提升了学生的综合素质。

4. 品牌赋能：创设学生社区文化育人新格局

学校按照推进"一站式"学生社区综合管理模式改革试点工作要求，将"五育元素"融入社区空间，积极打造社区文化节、书香社区等特色文化品牌。围绕党史党建、中华优秀传统文化、创新发展、身心健康等方面，学校开展多元文化活动。结合"诚信教育"办学特色，学校通过诚信文化宣传和活动组织，不断提高学生在社区的获得感、幸福感、安全感。

一是打造社区文化节等精品项目。2023年12月，学校以"缤纷社区 书香满园"为主题，成功举办了首届社区文化节。文化节围绕德智体美劳五个方面展开，通过组织50余场学生喜闻乐见的优秀文化活动与项目（如思政讲座、主题展览、文化沙龙等），强调体验式、沉浸式实践育人，营造温馨舒适的社区环境，深入融合思政育人理念，形成富有立信特色和精神内核的社区文化，引导学生树立正确的价值理念和道德观念。在文化节期间，学校还精心策划了优秀项目交流和表彰先进的活动（如"文明示范寝室""最美楼层长""优秀寝室长""学生社区十佳文化活动"等），不仅展示了学生的创新能力和实践成果，激励同学们踔厉奋发、笃行不怠，还凸显了社区文化育人的实效，进一步强化了思政育人的引领作用，营造了积极向上、文明和谐的社区氛围。

二是持续深入推进书香社区建设工作。学校注重以文化育人、以书育人，为学生提供良好的学习环境和丰富的阅读资源。学校积极拓展师生阅读空间，在上川路校区和文翔路校区均增设"读书角"，推动阅读文化渗透师生的日常学习和生活中；深化阅读内容生态建设，邀请专业讲师走进学生社区，领读专业书籍，推动书香社区向纵深发展，打通"图书进社区"的"最后一公里"。据统计，学生社区在2023年度累计举办文化浸润活动51次，参与学生超过1300人次，投稿学生达661人次，报送的阅读总结材料及阅读照片、视频素材共673份，总计23万余字。书香社区建设工作不仅丰富了学生的课余生活，也促进了学生间的思想交流和情感沟通，引领了校园阅读风尚，为思政育人工作提供了有力支撑。

（三）江苏大学：基于农机特色的"一站式"学生社区文化浸润模式建构

农机文化是一种源远流长的文化传统，农机特色是江苏大学一直坚持的办学特色。为深入学习贯彻习近平总书记给全国涉农高校的回信及对江苏大学重要批示的精神，将习近平总书记关于推动全民阅读、建设书香社会的系列重要指示与"一站式"学生社区综合管理模式建设相结合，学校从党建引领、制度建设、场域建设和品牌赋能四个方面着手，营造以书为友、与书为伴的阅读氛围。学校以打造熟读精思、探究真理、启智润心的书香社区为抓手，着力建设富有江苏大学农机特色的文化浸润模式，真正将乡土文化有机融入学生社区，将农耕文化内化于学生心中。

1. 党建引领：持续构建红色文化，有效嵌入学生社区机制

学校坚持以党建引领学生社区文化建设，构建了一支由校院领导、学院书记、党员教师、校外专家、文化名人等校内外结合、专兼职结合的"一站式"学生社区育人队伍，注重以红色经典、红色文化浸润社区人文建设。

一是举办红色阅读活动。学校依托泓江书院红色阅读空间，开展"阅无止境，读揽星辰"读书节、经典文献推介会、"书香人生"等阅读推广活动。这些活动入选了江苏省"高校图书馆红色经典阅读推广优秀案例"。此外，学校还联合七里甸街道南徐曙光社区党委和樊登读书等共建单位，在学生社区举办"学习百年党史，感悟科技创新"阅读分享活动。在活动中，书院学生与老党员围绕红色书籍和国家前沿科技进行深入交流讨论，将红色精神融入科技创新。

二是选树红色阅读典范。学校注重党建活动与文化建设的交流互鉴。围绕"党的历史""革命精神""民族文化"等主题，学校选聘校内外专家学者、文化名人担任"红色阅读推广人"，指导社区分享会活动。在分享会上，"红色阅读推广人"引领师生深刻领会红色文化的思想根基。此外，学校还举办寻找"最美书房"、读书风采征集和"读者之星"颁奖活动，邀请各书院热爱阅读的优秀教师展示书房、分享读书故事和交流阅读心得，发挥朋辈榜样示范作用，掀起社区阅读热潮。

三是推出红色经典书单。学校以开学典礼、读书节等重要时间节点为契机，常态化组织开展校长赠送新生经典图书、校党委书记推出必读书单、各书院书记视频荐书等活动。学校通过立体式书单与隐性文化育人方式，引导学生阅读党史经典、民族经典、时代经典、名家著作，鼓励年轻学子在文字中涵养爱国情怀，在思考中传承和弘扬爱国主义精神。

四是培育红色吟诵品牌。立足于传承和弘扬民族优秀文化，学校每两年在学生社区举办一次"中华经典吟诵大赛"，参与师生达2 000余人。该项活动逐渐成为师生喜闻乐见的一项精品活动。

2. 制度构建：全面推进"读书工程"立体式阅读制度

一是构建全员全过程全方位读书机制。以"宿舍—楼层—楼栋—书院"四级研读网络体系为支撑,结合团队阅读和个人阅读的方式,实现研读全员参与;以"每日宿舍交流—每周楼层研讨—每月楼栋汇报—每学期书院展示"为工作链条,引领学生在每次交流研讨、汇报展示中,把读书变成生活的一部分,落实研读全程育人机制;以"多角色共同参与、多品牌精心塑造、多平台联动开展"三大特色,打造专业化学习研究与阅读相融合的全方位育人模式。

二是推行社区研读。以习近平总书记曾经阅读过的《钢铁是怎样炼成的》《史记》《春秋》《诗经》《礼记》《管子》等经典读物为书单,学校组织"云舟杯"共读一本书、共读好书、"拾光"读书沙龙等社区研读专题交流活动。通过这些活动,让学生以书为媒,共同探索智慧阅读之道,促使学生在思想交流与碰撞中增进情感,营造书香社区"共读共享共成长"的浓厚氛围。

三是开展立体研读。学校引领学生走出校园,走进镇江的山水形胜,实地打卡读书景点,构建"共读""走读""讲读""研读"的立体式阅读体系。学生通过"共读"地方经典、"走读"文化实地、"讲读"文化历史、"研读"收获感悟,领悟镇江历史文化。学校打造了"名家讲堂""品阅镇江""轻阅流年""乐阅好书""研阅风雅""智阅江图"等系列书香社区品牌活动,培养了大学生浓厚的读书兴趣,全面提升了大学生的阅读能力和人文素养。

四是展现研读成果。学校举办"耕余拾穗"书评大赛和"读书有感"书评征集活动。通过阅读、书评、讨论等方式,将阅读成果转化为可感可行的高质量读书笔记、讨论稿、时评等,培养学生的思辨能力。此外,学校还组织开展"党的二十大和我的人生路""楷模""群星闪耀伴我行"等读书征文活动,推动学生在阅读中启发思想,激发学生的创造力与想象力,提升其阅读素养。

3. 场域建设:自主建构爱阅乐读的共享空间

一是搭建共享阅读空间。学校在学生社区建立共享图书空间,采购246种、387册新版红色图书,设置红色专架,并举办"逐梦奋进新征程"主题书展。根据学生专业特征,学校采购不同专业书籍,把图书资源延伸到学生社区,打通图书服务的"最后一公里"。这些举措旨在引导学生学以增智、学以塑德、学以致用,营造书香浸润的浓厚氛围。学校设立图书"漂流角",紧扣开学季、毕业季、世界读书日等重要时间节点开展主题式图书漂流活动。此外,针对大学四年生活中不同阶段的需求,学校还定期开展读者需求调研,共享闲置书籍资源,不断满足学生个性化阅读需求。

二是创建"爱读书香"社团。以"传承和传播中华优秀传统文化"为宗旨,学校成立了梦溪诗社、九州青音社、红帆文学社等一批以创作、诵读、研习、传承优秀经典文化作品为主题的学生自治社团。这些社团开展"24h阅读站""师生共读""诗词大会"等各类阅读主题活动。依托学生自治、自我管理、自我服务模式和品牌活动平台，社团发挥朋辈榜样示范带动作用，让朋辈影响力在低年级学生中形成无形的动力，有效激发社区学生阅读新活力。

三是拓宽乐读社区育人场域。学校与镇江交通广播、镇江文广集团、金山杂志等校外优质媒体深度合作，持续拓展阅读阵地辐射范围。此外，还将优秀作品以有声朗读形式在镇江广播电台、《金山杂志》的"有声金山"栏目播出，利用校内外媒体资源进行宣传，达到育人有声的效果。学校开设"党史读播台""江大朗读者""夜读·青听"等专栏，让学生通过吟唱中华经典等形式致敬历代先贤、坚定文化自信、汲取精神力量、厚植文化情怀。学校开展"唱响红歌，朗诵经典"红色主题活动。学生走出学校社区，走进乡间，通过诵读，沉浸式感受中华经典文化的魅力。此外，学校还举办留学生诗朗诵活动，带领广大留学生感受中华文化魅力，加深对中华优秀传统文化的理解。

四是营造悦读社区氛围。学校通过举办孟夏化会诗词雅集、"秋韵诗会""古言今颂·小打卡""国潮拾趣"等活动，选取经典诗词、非物质文化遗产、二十四节气签等内容，不断深化学生对中华优秀传统文化的认识与理解，提升社区书香文化的感染力。此外，学校还举办了"采撷书香，能文能动"创意读书沙龙活动，在思想碰撞中增强学生的亲身体验感，将被动式阅读转变为主动式阅读，营造"爱读书、读好书、善读书"的书香氛围。

4. 品牌赋能：创建"乐耕慧读"特色社区文化

一是建立耕读教育实践基地。学校联合白兔镇致富果业专业合作社、江苏茶博园等单位，成立了江苏大学耕读教育实践基地，打造了"行走的阅读空间"，将其作为书香社区的有益补充。借助这一实践基地，学生将阅读融入实践，师生走进农村、走近农民、走向农业。通过沉浸式阅读，学生提升了学习兴趣和科研兴趣，同时为农业农村现代化建设贡献了专业力量。

二是创新举办社区耕读文化节。社区耕读文化节是学校具有人气的校园文化品牌，已连续举办三届。学校举办"我的知农爱农青春故事"主题故事报告会、"农业科技创新装备展示"和"团支部风采展示"等耕读活动，以戏剧、朗诵、展览、交易市场、智能农机装备展示等形式展开，引导师生做"知农爱农、强农兴农"文化的传承者，"躬耕田野、担当重任"的实干者,"扎根一线、争创一流"的奋进者。

三是举办耕读教育主题活动。学校依托中国农机文化展示馆,利用该馆的资源优势,积极将中华耕读文化有机融入学生社区文化建设。学校举办"一路同行一路讲、学习永远'在路上'"主题耕读教育研学活动、"开卷话春耕"读书笔记征集活动,引导学生积极传承学校"工中有农、以工支农"的鲜明办学特色和独特的文化情怀,传播知根思源的农耕文化和传统文化。

四是出版耕读理论著作。学校系统梳理了农耕文明鼎盛时期的代表性文学样式——唐诗里的农耕文化元素,凝练了耕读文化经典理论与知识,编写了《唐诗里的农耕文化》。通过这本书的出版,学校打造了"行走的课堂",让农业知识生动地走进学生心中。学生在享受阅读乐趣的同时,潜移默化地接受农耕文化滋养。

三、文化浸润实践探索存在的问题及应对

自2019年起,高校"一站式"学生社区综合建设积极响应政策号召,顺应时代改革潮流,适应新时代育人新要求,在深化改革中不断创新,持续推进社区育人走深、走细、走实。试点高校在文化浸润方面的实践探索已取得显著成效,积累了宝贵经验,但在文化浸润活动参与度、协同机制、评价体系等方面仍存在一定问题。

1. 高校"一站式"学生社区文化浸润活动参与度不高

自2019年起,试点高校积极开展"一站式"学生社区综合建设与改革,通过各种途径开展了形式多样的学生社区文化活动,如"寝室文化宣传周"、文明寝室、星级楼宇评选等活动。但是,部分高校在开展评比活动时,常常仅根据宿舍卫生情况、安全状况或者装饰布局进行评比,内容单一、枯燥,缺乏创新性和吸引力,这降低了大学生参与活动的积极性和主动性。在开展学生社区文化建设活动过程中,部分高校没有充分认识到学生的主体地位,存在形式主义的现象,没有从学生的实际需求出发,开展符合他们成长特点、具有创新性且喜闻乐见的文化活动。这导致学生社区文化建设缺乏深层次的文化认同和归属感,削弱了社区文化建设对大学生进行思想政治教育的功能。

对此,高校文化育人工作应坚持"以学生成长为中心"的发展理念,明确学生社区是以学生为主体的场域,注重发挥学生的主观能动性,根据学生的思想特点和多元化、差异化发展需求,做好调查研究,精准开展丰富多彩的学生社区文化浸润活动。

要不断优化学生社区文化建设活动的内容和形式，强调体验式、沉浸式实践育人，通过举办学生喜闻乐见的活动、争先创优的活动、党团活动，贴近学生、走进学生社区。

2. 高校"一站式"学生社区文化浸润育人主体协同不够

高校在"一站式"学生社区文化浸润工作开展过程中，需要构建党委统一领导、各职能部门各负其责、二级学院全员协同配合的工作格局。然而，部分高校在学生社区文化建设中存在协同育人力量分散的现象，合力育人方面存在不足。例如，在学生社区文化建设中，思想政治理论课教师、辅导员和学生社区管理人员往往会出现"各自为战"的情况。部分思想政治理论课教师负责传授理论知识，但缺乏对学生思想状况的跟踪；部分辅导员重视教育管理，但由于事务性工作繁忙，缺乏持续性的交流；部分学生社区管理人员虽与学生互动频繁，有深厚的感情，但思想政治教育理论和实践能力不高。

对此，高校要重视社区育人队伍建设，打造高素质的社区育人工作团队，科学配置社区专职岗位，选优配强社区专职干部队伍，优化社区育人队伍结构，明确职责分工和角色定位，推动各方力量下沉到社区一线。

3. 高校"一站式"学生社区文化浸润质效评价指标体系亟待建立

目前，大多数高校对于学生社区文化浸润效果的评价还停留在定性层面，或是以文化活动举办数量、学生参与人数等简单、单一的评价指标来衡量文化浸润的效果，普遍缺乏一套科学而有效的评价方法。

对此，高校应构建以学生成长为中心的"一站式"学生社区文化浸润质效评价体系。各指标的设计、分层、赋值等都要以是否服务学生的全面发展为标准。学校不仅要重点观测习近平新时代中国特色社会主义思想深度融入社区文化空间的方案、实景图、新闻报道等方面的情况，还要重点观测主流文化、中华优秀传统文化、学科特色文化、创新创业文化、校园安全文化等融入学生社区文化空间的情况。

在高校"一站式"学生社区综合建设的过程中，"文化浸润"的实践探索虽然面临困难挑战，但随着学生参与度的提升、协同机制和评价体系的完善，这些问题都将逐步得到解决。

大道立于心，文化养于人。党的二十大报告指出，必须坚定历史自信、文化自信。高校要紧扣学校人才培养目标，坚持以文化人与以文育人相结合，发展社会主义先进文化、弘扬革命文化，传承中华优秀传统文化，用习近平新时代中国特色社会主义思想铸魂育人。以上三所高校在学生社区文化建设方面富有特色、成效突出。三所高校的"一站式"学生社区文化建设聚焦党建引领铸魂，积极构建富有学校特色的文化浸润体系，创建以学生成长为中心的特色社区文化，传承中华优秀传统文化，发扬伟大的民族精神，使文化精神亮在社区。

第三节 文化浸润与服务学生成长成才的质效评价

随着高等教育的不断发展，学生对文化浸润的期望愈加多样化，传统的文化教育方式和环境已难以满足现代教育的需求。在以学生成长为中心的"一站式"学生社区建设中，学生不仅期望获得知识，还渴望在学习过程中体验多元文化，增强个人的文化认同感和社会适应能力。因此，高校必须创新文化教育的模式与方法，通过丰富的文化活动和多样化的学习场景，为学生提供更加全面和多元的文化浸润体验。在这一背景下，"一站式"学生社区的文化浸润质效评价显得尤为重要。

从政策网络理论的视角来看，文化浸润不仅是教育政策实施的一个方面，更是多方利益主体在高校文化教育体系中互动与合作的结果。高校应通过多方协同和政策协调，构建一个有效的文化服务体系，为学生提供更为丰富的文化浸润体验。建立一套科学合理的评价指标体系是评价文化浸润质效的基础。该体系应从多个维度进行考量，如学生参与文化活动的程度、活动的满意度、学生对文化差异的认知变化以及学生综合素质的提升等。这些指标不仅能全面反映文化浸润的实际效果，还能为高校改进文化服务和教育提供有力依据。通过系统化的量化评价，政策网络中的各方能够深入了解文化浸润在促进学生成长成才过程中的具体表现及存在的问题。这种评价将为制定针对性的政策调整和改进计划提供数据支持，帮助完善文化浸润机制，从而提升其在服务学生方面的效果。同时，这一评价体系也为在数字化和智能化时代探索创新的文化浸润模式提供了理论与实践基础，以更好地满足教育现代化的发展需求。

一、文化浸润质效评价的目标、特征与原则

文化浸润理论强调在学习环境中融入和尊重学生的文化背景，通过文化活动和环境影响学生的认知和态度。[1]在"一站式"学生社区的建设中，文化浸润不仅能够增强

---

[1] Banks J A. Cultural diversity and education: foundations, curriculum, and teaching[M]. 5th ed. Boston: Allyn & Bacon, 2006.

学生的文化认同感，还能够促进学生对不同文化的理解和尊重。通过组织文化节、跨文化项目和语言交流活动等，学生不仅能够深入了解自己的文化背景，还能学习和尊重其他文化。这种文化浸润的环境能够提升学生的全球视野和社会适应能力，为学生在多元化社会中走向成功提供精神动力和智力支持。在这一背景下，文化浸润通过将文化价值观内化为学生的行为准则，影响学生的认知态度和行为习惯。文化浸润不仅能增强学生的文化认同感和自信心，还能促进学生在全球化背景下全面发展。

1. 文化浸润质效评价的目标

在现代教育环境中，"一站式"学生社区的建设将文化浸润深度融合到学生的日常生活和学习中，以实现育人的目标。文化浸润质效评价的目标，主要有拓展文化的影响力、提升文化整合效果，以及支持学生的发展与成长。

（1）拓展文化的影响力是评价"一站式"学生社区文化浸润效果的重要目标。通过有效的思想政治教育来引导文化浸润，可以进一步促进这一目标的实现。思想政治教育的价值引领不仅能帮助学生树立正确的价值观，还能增强学生的社会责任感和使命感，促进学生成长成才。通过思想政治教育与文化活动的深度融合，学生将更好地理解和认同社区文化，主动参与到社区建设和文化传承中，进而实现自身的全面成长发展。

（2）提升文化整合效果是评价"一站式"学生社区文化浸润效果的另一重要目标。文化整合效果主要体现在社区内各类服务（如心理咨询、学业辅导、社交活动等）是否有效融入了文化元素，并对学生的文化认同产生积极影响。例如，在心理咨询服务中，咨询师是否能够有效地引导学生理解并接受社区的文化价值，从而使心理支持服务融入文化视角；在学业辅导中，辅导内容是否涵盖与文化相关的主题，以促进学生对多元文化的理解和认同。此外，社区内的社交活动，如文化节、艺术展览等，是否成功展示和推广了社区的文化特色，以增强学生的文化体验和归属感，这也是文化整合效果的重要体现。文化整合效果的关键在于各类服务和活动是否能够有效地增强学生的文化认同感，能否进一步加强学生与社区之间的紧密联系。

（3）学生的发展与成长是"一站式"学生社区文化浸润效果的直接体现，对社区的整体氛围和功能也会产生深远的影响。学生在文化浸润过程中所形成的积极态度与能力，不仅有助于学生个人的全面发展，而且能推动社区整体功能的优化和服务水平的提高。因此，关注学生的成长与发展，不断优化文化浸润策略，是提升社区整体效能和营造积极氛围的关键路径。通过有效的文化活动与教育措施，社区能够更好地支持学生的全面成长，助力文化浸润的最终目标达成，即为学生提供一个充满文化内涵的学习与生活环境，帮助他们在多元文化中成长成才。

2. 文化浸润质效评价的特征

文化浸润质效评价是针对高校"一站式"学生社区文化浸润效果的重要评价工具，具有多维度的综合性、参与主体的多样性、评价过程的动态性这三个主要特征。

（1）多维度的综合性。文化浸润质效评价注重从多个方面对文化浸润效果进行全面考量，涵盖文化活动的参与度、学生的文化认同感、社会责任感、跨文化适应能力以及整体素质的提升等维度。多维度的综合评价能够更全面地反映文化浸润的成效，确保评价结果能够揭示教育模式在学生成长中的多方面影响。

（2）参与主体的多样性。文化浸润质效评价涉及多元主体的共同参与，包括学生、教师、社区管理者和外部专家等。不同群体从各自视角对文化浸润活动和效果进行反馈与评价，使得评价体系更加全面和真实。学生是文化浸润的直接体验者，教师和管理者是活动的设计者与推动者。多主体参与，能够更好地发挥文化浸润在学生学习和生活中的实际作用。

（3）评价过程的动态性。文化浸润质效评价强调对教育过程的动态跟踪与反馈。文化浸润并非一蹴而就，而是一个逐步积累和不断深化的过程，因此，评价也应具有连续性和动态性。通过定期调查与阶段性评价，教育者可以及时了解文化活动在不同阶段对学生的影响，据此调整教育策略，以更好地适应不断变化的学生需求。

综上所述，文化浸润质效评价的特征能够保证文化浸润的成效得到全面客观的评价，同时为高校在"一站式"学生社区中不断优化文化浸润模式提供重要的参考依据。

3. 文化浸润质效评价的原则

在对"一站式"学生社区进行文化浸润质效评价时，为了准确反映文化浸润的实际效果，需要遵循一系列基本原则，即科学性、动态性和实效性，并探讨其在实际评价过程中的作用。这些原则不仅指导了评价指标的选取和评价体系的构建，还确保了评价结果的科学性、可信度和实用性，进而有效支持社区文化的持续优化和发展。

（1）科学性原则。科学性是文化浸润质效评价的核心基础。评价指标和方法应基于相关的文化浸润理论、社会化理论以及教育心理学理论进行选择和构建，以确保评价结果的准确性和可靠性。科学性原则要求在数据收集与分析过程中，采用严谨、系统的工具和方法，如问卷调查、焦点小组、统计分析等手段，以保证数据的客观性和有效性。这不仅使得评价结果能够精确地反映文化活动对学生的影响，也为后续教育服务的改进提供科学支撑。同时,科学性原则还强调指标体系的标准化和数据处理的规范化,确保评价过程透明且可重复,从而提高评价结果的可信度。

(2)动态性原则。文化浸润的效果并不是一成不变的,而是随着时间和环境的变化而动态调整。动态性原则强调建立定期的评价机制,持续监测文化活动和服务的效果。在评价过程中,通过定期检查和更新评价指标和方法,以适应社区发展和学生需求的变化,确保文化浸润持续有效。基于动态评价的结果,高校可以及时调整和优化文化活动及服务策略,从而确保文化浸润符合学生的最新需求,并不断提升其对学生的影响。动态性原则不仅关注当前的评价结果,还注重过程中的反馈和改进,以便形成持续的质量提升机制。

(3)实效性原则。实效性原则强调评价结果的实际应用价值,确保评价能够为社区管理和文化活动的改进提供具体的指导和支持。依据实效性原则,评价结果应能够揭示"一站式"学生社区文化浸润的实际效果、存在的问题及潜在的改进空间。实效性原则要求评价过程中的每个阶段都要以应用为导向,确保评价结果能为社区管理者提供切实可行的决策支持。评价所揭示的问题和得出的结论,应能直接为文化浸润方式的改进提供明确的建议。例如,通过评价可以发现,当学生参与文化活动的满意度偏低时,进一步分析原因并制定更符合学生需求的活动设计方案。这种实用性不仅确保了评价的有效性,也为社区管理者在制定和实施文化教育服务策略时提供科学决策依据。

文化浸润质效评价中的科学性、动态性和实效性原则,可以确保评价结果的准确性和可靠性,能动态反映文化活动的持续改进需求,为社区文化活动的优化提供切实可行的指导和支持,帮助学生在文化浸润的环境中实现全面成长和成才。

二、文化浸润质效评价指标体系构建

理论上,文化浸润旨在建立学生的文化认同,促进其适应和服务社会。实践中,它通过提升学生的全面发展、社会技能、文化适应性和创新能力来实现目标。为了系统地评价这些效果,高校需要构建一个全面的指标体系,确保评价的科学性和有效性。

1. 指标选取原则

在构建"一站式"学生社区的文化浸润质效评价指标体系时,需要遵循客观性、相关性和可操作性这三个基本原则。这些原则确保评价过程科学、有效,支持高校文化教育的持续优化。

（1）客观性原则。客观性原则强调评价指标应基于可量化的数据，避免受到主观判断的影响。在评价文化浸润效果时，客观数据的使用可以确保结果的准确性和可靠性。这意味着应采用标准化的评价工具和方法，如问卷调查、行为记录、统计分析等，确保不同评价者在不同情境下得出的结论一致。通过标准化的数据收集工具，如定量问卷和考核量表，可以有效减少评价过程中的偏见与误差，保证数据的客观性和可重复性。这样的客观性评价体系，有助于反映文化浸润对学生的实际影响，并准确评价文化教育活动的效果。

（2）相关性原则。相关性原则要求评价指标必须与文化浸润的主要目标密切相关。这些目标包括增强学生的文化认同感、提高社会适应能力、培养跨文化交流能力以及促进其全面发展。每个评价指标都应该反映这些核心目标的实现情况，从而确保评价的针对性和有效性。例如，学生参与文化活动的频率可以作为衡量文化参与度的指标，而文化认同感的变化可以通过文化态度调查来评价。选择的指标必须与文化浸润的目标一致，反映出文化教育对学生各方面发展的实际作用。这样的相关性评价体系，能更加精确地捕捉文化教育与学生成长之间的关系，明确文化活动对学生的具体影响。

（3）可操作性原则。可操作性原则强调评价指标必须具备明确的定义和可测量性，便于实际操作和数据收集。换言之，所有评价指标在设计时都需要考虑其在实际执行中的可行性，确保这些指标能够被准确测量并具有实践指导意义。评价指标要具体明确，不能模糊。例如，"文化认同感"可以通过特定的量表进行评价，学生对文化差异的接受程度可以通过行为观测和调查问卷加以量化。同时，指标的操作性还体现在数据收集的方式上，应通过切实可行的方法，如调查问卷、数据分析、行为观测等，确保数据的有效收集和处理。具备良好可操作性的指标体系，能够确保评价工作顺利进行，评价结果可被实际应用于社区管理与文化服务的改进。

在构建文化浸润质效评价指标体系时，客观性、相关性和可操作性原则相辅相成，共同确保文化浸润质效评价体系的科学性、实用性和可行性。遵循这些原则，有助于建立一个标准化的、有效的评价体系，真实反映文化浸润在学生全面发展中的作用，进而为高校的文化教育和"一站式"学生社区的持续改进提供数据基础和实践依据。这样不仅有助于提升学生的文化素养和社会适应能力，还能够推动校园文化的持续发

2. 指标体系的构建方法

构建"一站式"学生社区的文化浸润质效评价指标体系，需要采用科学且系统的方法，以确保评价的全面性和可操作性。首先，应运用理论基础构建法，以文化浸润理论、社会化理论和教育心理学为指导，明确评价指标的科学基础，确保其能有效评价学生的文化认同、社会适应能力等核心目标。其次，通过文献分析法借鉴国内外相关研究成果，确保指标体系基于成熟理论，并进行本土化调整，使其更符合高校实际情况。为确保体系的全面性和可行性，采用专家访谈与焦点小组法是必要步骤。邀请教育专家及学生代表参与讨论，确保指标的科学性和适用性。再次，采用逻辑框架法，将指标体系分为一级、二级和三级指标，使评价内容层次分明且逻辑清晰。最后，需进行实地调研与试点验证，通过小范围试点检验指标的可行性，并根据反馈进行优化，以提升实际应用效果。

3. 指标体系的基本框架

（1）评价主体与对象。评价主体包括教育管理者、社区服务人员、教师和外部评价专家。教育管理者和社区服务人员负责文化浸润活动的策划与执行，全面掌握活动的目标和实施效果。教师作为文化浸润的直接实施者，能够观察并提供学生在活动中的参与情况及其思想变化的第一手资料。外部评价专家通过独立的专业视角，为评价过程提供客观性和权威性指导，从而确保评价结果的公正与科学。评价对象覆盖"一站式"学生社区的所有学生群体，包括参与和未参与文化活动的学生。对比两类学生在态度、行为与认知方面的变化，有助于客观揭示文化活动的实际影响。将多方参与的评价主体与全面覆盖的评价对象相结合，有助于保证文化浸润质效评价的全面性和专业性。这一系统化设计为"一站式"学生社区文化浸润的持续优化提供了坚实的理论与实践支撑，有助于不断改进高校的文化教育与管理模式。

（2）评价内容与方法。在文化浸润与服务学生成长成才质效评价中，明确评价内容至关重要。它确保评价能够精准聚焦文化教育中的关键领域，设定清晰的目标和方向，并指导指标体系的构建，全面覆盖文化浸润对学生的主要影响，如学生的参与度、文化认同和社会适应性。同时，评价内容有助于识别教育资源配置的合理性和有效性，确保资源集中于最需要的领域，从而提升整体教育质量。因此，科学、系统的评价内容不仅能提高评价工作的严谨性，还对促进学生的文化认同及全面发展产生深远影响。文化浸润效果的评价主要涵盖三个方面：一是文化活动的影响力。通过学生在社区文化活动中的参与度来评价活动的吸引力和学生的积极性，如参与频率、长期参与情况等。这方面的评价能够揭示活动对学生产生的深远影响，以及其在培养学生兴趣和持久参与中的成效。二是文化浸润的整合度。它着重考察文化元素在社区日常生活中的融入情况，尤其是党建文化、中华优秀传统文化以及思想政治教育的体现。这方面的评价运用问卷和访谈工具，通过评价学生在思想政治教育前后的认知和行为变化，了解文化活动在促进学生价值观形成和提升社区参与度方面的作用。三是学生的成长与发展。这是衡量文化浸润效果最直接的体现。通过对文化活动内容有效性的评分，如活动的教育性、娱乐性和组织合理性等，评价其对学生的影响。此外，还需关注学生对社区文化的认同感及志愿服务的参与度，以评价文化浸润对学生社会责任感和全面发展的作用。

（3）指标体系构建。为全面评价"一站式"学生社区建设中文化育人的质效，本节构建了以文化浸润与学生成长成才为核心目标的评价指标体系。如表5-1所示，该体系包括一级指标、二级指标和三级指标三个层级，共涵盖六个一级维度，分别为文化空间建设、文化活动参与度、文化活动满意度与成效、文化认知变化、综合素质提升以及文化活动评价与改进。其中，文化空间建设主要衡量文化物理与虚拟空间的营造情况，重点关注文化廊壁、特色文化活动室、特色建筑以及网络空间文化的设置与使用效果，旨在构建富有育人功能的文化场域，提升学生的文化感知与认同感。文化活动参与度关注学生在日常学习生活中参与各类文化活动的频率、广度与互动情况，其核心在于考察文化活动对学生吸引力的实际体现，通过活动出勤率、覆盖面与互动频率等指标进行综合评价。文化活动满意度与成效则强调学生对文化活动的主观体验与客观效果。该维度通过学生满意度、活动影响评价与活动组织质量等方面的测评，进一步细化为活动满意率、认知和态度变化率以及组织质量评分，以此考察文化活动在学生思想与行为层面所发挥的实质作用。文化认知变化主要反映学生在参与文化活动后，在文化理解深度与跨文化适应能力方面的成长情况，具体通过文化差异理解水平与文化适应能力评价两个三级指标加以呈现，强调学生文化理解力的内在发展。综合素质提升则从更宽广的层面检视文化育人所产生的辐射效应，包括社会责任感、跨文化交流能力和文化自信心等方面的变化，重点通过量化评分方式反映文化活动对学生综合素养的推动效果。文化活动评价与改进维度体现了持续优化的反馈机制建设。通过对学生反馈机制、活动改进措施和文化活动创新性的跟踪分析，评价高校对学生文化体验的响应度以及文化活动迭代优化的能力，体现文化育人工作的动态调整与精细化治理水平。

表 5-1 文化浸润与服务学生成长成才质效评价指标

一级指标	二级指标	三级指标
文化空间建设	文化廊壁、特色文化活动室、特色建设和网络空间文化	厚植爱国情怀、坚定文化自信
文化活动参与度	学生参与频率	文化活动出勤率
	活动类型多样性	活动覆盖面
	学生活动参与积极性	活动互动频率
文化活动满意度与成效	学生满意度	活动满意率
	活动影响评价	认知和态度变化率
	活动组织质量	组织质量评分
文化认知变化	文化理解深度	文化差异理解水平
	跨文化适应能力	文化适应能力评价
综合素质提升	社会责任感	社会责任感评分
	跨文化交流能力	交流能力测试
	文化自信心	自信心提升幅度
文化活动评价与改进	学生反馈机制	反馈采纳率
	活动改进措施	改进措施执行率
	文化活动创新性	活动创新评分

通过上述指标体系，高校可以系统地评价"一站式"学生社区在文化浸润方面的总体表现。这些指标能够全面反映文化浸润的实际效果。通过科学的数据收集和分析，社区管理者和思想政治教育者可以深入了解学生的需求和感受，针对性地优化文化活动和服务，进一步提升学生的满意度和文化体验。

三、文化浸润质效评价体系的运行模式

1. 选取评价方法

在构建"一站式"学生社区文化浸润与服务学生成长成才质效评价体系时，可以采用多种科学方法，以确保评价的全面性和有效性。

（1）目标设定与评价法是一种通过设定明确的教育目标，并定期评价实现进度的管理工具。这种方法帮助高校清晰地监测文化浸润与学生服务项目对学生成长的影响，并确保短期和长期目标的实现。

（2）德尔菲法是一种基于专家意见的评价方法，通过多轮反馈逐步趋近共识，从而确保评价结果的准确性与专业性。德尔菲法特别适用于评价学生对文化活动的接受程度和效果，能够聚焦于文化活动对学生成长的关键作用。

（3）全面质量管理是一种管理理念，通过持续优化管理流程和质量控制，确保学生社区的文化服务达到最佳效果。

本节采用目标设定与评价法和德尔菲法，致力于为"一站式"学生社区文化浸润与服务学生成效提供准确且深入的评价，以确保文化教育活动不断优化和提升，推动学生全面发展。

2. 明确评价流程

评价流程包含八个阶段，每个阶段都有明确的工作任务和目标，确保整个评价过程的科学性和系统性，全面评价"一站式"学生社区文化浸润与服务学生成长成才质效。

（1）目标设定阶段。学校要明确评价的总体目标，制定具体的评价内容与标准，确保评价的方向一致。通过目标设定，为接下来的评价过程提供明确的导向，建立一套统一的标准来衡量文化浸润的成效。

（2）方案准备阶段。学校要制定详细的评价方案，包括具体的方法、工具和数据收集方式。成立评价工作小组并进行培训，以确保团队成员具备相应的技能和知识；统一标准，以确保后续工作的专业性和一致性。

（3）数据收集阶段。学校可通过多种手段（如问卷调查、访谈、观察等）收集有关学生参与文化活动的信息。这一阶段的重点在于获取关于学生参与度、满意度以及学生在文化活动中的成长表现数据，确保信息的全面性和真实性。

（4）数据整理与分析阶段。学校将收集到的数据进行系统整理，并通过定性和定量方法进行分析，借助数据分析工具，评价不同维度的指标表现，确保分析结果具有准确性和实用性，以揭示文化浸润活动对学生的实际影响。

（5）评价实施阶段。学校根据既定的标准，对学生社区中的文化浸润活动进行全面评价。这一阶段可邀请学生、教师和管理人员参与，以获得多方反馈，从不同角度了解活动的影响，保证评价的多样性和全面性。

（6）结果整理与反馈阶段。学校对各类评价数据与反馈意见进行整合，将最终的评价结果提供给管理者、教育者和学生代表等利益相关者，以确保信息传递的透明度和参与感。反馈阶段的结果也为制定改进措施提供了重要的参考。

（7）应用与优化阶段。学校根据评价结果，采取必要的改进措施，调整文化活动与学生服务的设计，确保能够针对性地满足学生的需求；优化现有的文化项目，使其更具教育性和吸引力，增强文化浸润的效果。

（8）监督与改进阶段。学校要建立长期监督机制，对评价结果和改进措施的执行情况进行跟踪和监督；根据不断变化的教育需求和学生反馈，适时调整评价指标和方法，形成闭环反馈机制，确保文化浸润质效评价的持续有效性。

四、文化浸润效果的提升策略

文化浸润作为"一站式"学生社区促进学生全面发展的核心策略，通过多样化的活动和支持机制，致力于增强学生的文化自信和社会责任感，提升其思想政治素养和创新能力。首先，社区通过建立"片区长—网格长—楼长—层长—寝室长"五级管理体系，强化管理协同机制，提升学生自我管理与组织能力，鼓励优秀学生担任社区骨干，营造师生共治、全员育人的良好氛围。其次，社区通过党建引领文化建设，创建"红色堡垒"，以党建工作为文化建设的中心轴，结合博物馆、校史馆等资源，开展红色教育与主题展览，培养学生的历史责任感。同时，打造文化精品项目，如文化沙龙、思政讲座等体验式活动，深入融合思想政治教育，增强学生的文化认同感和社区归属感。再次，开发线上智慧服务系统，进一步为文化浸润提供支持，集文化活动、业务办理与成长反馈于一体，并运用大数据和人工智能技术，帮助学生规划个性化的成长路径。在促进学生全面发展的过程中，要坚持"以学生成长为中心"的理念,开展多样化的文化活动,满足学生的差异化需求,提升其参与感和自豪感,通过"第二课堂"推动德智体美劳全面发展,营造积极的社区文化氛围。最后,加强社区育人队伍建设,科学配置专职岗位,形成指导教师、心理辅导员、文化活动策划者等多层次的育人团队,确保育人力量下沉到一线,满足学生实际需求,从而通过文化浸润提升学生的综合素质,使"一站式"学生社区成为学生成长、学习和生活的精神家园。

第六章

自我治理：
激发学生成长成才主动性

以学生成长为中心：
高校"一站式"学生社区综合管理
育人质效评价研究

第六章　自我治理：激发学生成长成才主动性

> 青年是党和国家事业发展的生力军，承载着中华民族伟大复兴的希望。充分调动青年学子参与社会治理的主动性、锤炼青年学子的实践能力，是高等学校育人的重要组成部分。学生社区是在校大学生学习、生活的主要场域。大学生应成为学生社区治理的重要参与力量。高校学生社区建设应着力激发学生的主人翁意识，推动大学生自我服务、自我管理、自我监督、自我教育，使其成为高校治理环节中的重要一环。
>
> 自我治理不仅是高校提高管理效能的手段，也是促进青年学生自主发展的关键。高校应通过搭建大学生参与学生社区治理的平台，构建群策群力的管理模式。学生在深度参与治理的过程中，能够发现、沟通、解决问题并反馈意见。这不仅提升了管理效能，也增进了相互理解，营造了温馨和谐的社区育人环境。同时，自我治理通过赋予学生更多的参与权和决策权，有助于培养学生的责任感、独立性和领导力，为学生的终身学习和综合发展奠定良好的基础。因此，在实践中不断推动学生参与自我治理，开展自我治理质效评价，阶段性评价其实施成效，更有益于学校和学生的发展。高校通过建立科学合理的自我治理质效评价体系，发挥评价的引导作用，持续提升社区治理能力与水平，从而对人才培养质量产生直接影响，这是高等教育高质量发展的应有之义。

高校学生社区是在校大学生学习、生活、成长的主要场域。学生参与社区自我治理，不仅是"一站式"学生社区综合育人的重要组成部分，更是激发学生成长发展自主性、提升学校治理能力和水平的重要形式。为了更好地组织学生参与自我治理、强化自我治理在育人和管理服务工作中的作用，应构建科学、系统的评价机制，有效运用评价结果，提升自我治理效能。本章将对此进行详细阐述。

第一节　自我治理与服务学生成长成才的内在逻辑

"一站式"学生社区是培育和践行社会主义核心价值观的重要阵地，是大学生自我服务、自我治理、自我监督、自我教育、自我成长的重要场所，也是大学生互帮互助、践行朋辈教育的重要平台。随着大学生自我意识、民主意识和法治意识的逐渐增强，高校学生社区管理系统更加复杂，管理难度也随之增加。在此背景下，"一站式"学生社区综合管理模式建设以自我治理作为重要的建设维度，进一步提升学生的自我治理能力，使其成为提升高校学生社区管理水平的重要力量。

一、自我治理的内涵界定

自我治理的概念并非出自某个特定、单一的源头，它是在社会科学、管理学、政治学等多个领域的研究和实践中逐渐形成和发展的。在现代社会治理的理论和实践中，个体和群体在一定范围内自主管理、自我决策和自我监督，以实现共同的目标。在一些经典的政治和社会理论著作中，可能会涉及与自我治理相关的思想，如洛克的《政府论》、卢梭的《社会契约论》等。这些著作虽然没有直接提出自我治理这个词汇，但其中关于公民权利、社会契约和民主参与的论述，为自我治理理念的提出奠定了一定的理论基础。① 此外，在社区发展、组织管理等领域的研究和实践中，也逐渐形成和发展出自我治理相关的理论和方法。

（一）西方社会管理理论中对自我治理的论述

西方社会管理理论对自我治理有诸多论述。

（1）洛克的"政府论"。该理论认为，政府的权力来自被统治者的同意，人们在自然状态下拥有一些不可剥夺的权利。当人们为了更好地保护这些权利而建立政府时，政府的权力是有限的。② 这在一定程度上暗示了个体在社会中具有自我管理和自我决策的权力和能力。

（2）哈耶克的"自由秩序原理"。该理论强调自由市场和自发秩序的重要性，认为社会秩序并非完全是人为设计的，而是在个体的自由行动和互动中自然形成的。个体在这种自发秩序中能够进行一定程度的自我治理，政府不应过度干预。③

（3）"公共选择理论"。该理论以布坎南为代表，认为政治市场中的个体也是理性的经济人，会追求自身利益的最大化。在公共事务中，个体的自我治理和自主选择能够提高资源配置的效率。④

（4）福柯的晚期斯多葛学派的"自我治理观念"。福柯在20世纪70年代末的研究中，用于表达自我治理的概念包括自我诠释、自我修养、自我真相、自我实践、自我引导、自我技术等，而这些表达都始于同一个概念，即自我关照。⑤ 其所谓"自我关照"

---

① 萨拜因. 政治学说史（下册）[M]. 盛葵阳，崔妙因, 译. 北京: 商务印书馆, 1986: 208-279.
② 洛克. 政府论: 下篇. 论政府的真正起源、范围和目的[M]. 叶启芳，瞿菊农, 译. 北京: 商务印书馆, 1964: 53-55.
③ 吴赋光. 哈耶克"有限民主理论"评析[J]. 四川大学学报（哲学社会科学版）, 2000(3): 21-26.
④ 陈招顺，汪翔. 公共选择理论的理论渊源及其对现代西方经济学的影响[J]. 上海社会科学院学术季刊, 1990(1): 24-26.
⑤ 肖瑛，韩倩. 自我治理的双重本体: 福柯的晚期斯多葛学派研究中的家与自我[J]. 浙江学刊, 2024(4): 5-7.

中的"自我"指灵魂及其主动性，具有精神性，就是在自我灵魂中培养和实践这一理性能力，彰显主体性。由此带来从"自我认识"向"自我实践"的转变，即外部世界对个人的意义完全取决于个人自身的思想和实践。

西方自我治理理论从不同角度阐述了自我治理的可能性、重要性及其在社会运行中的作用和影响。然而，这些理论往往过度强调个人的自由、权利和自我实现，将个人利益置于优先地位，容易忽视集体利益和公共责任。这可能导致个体在追求自我利益的过程中，对公共事务缺乏关注和参与，难以形成有效的集体行动，影响社会的整体利益和公共福祉。同时，西方自我治理理论对人性的理解往往过于片面，强调人的自利性和独立性，而忽视了人的社会性和相互依存性。人的发展和自我实现离不开与他人的交往和合作。过于强调个体的自我治理，可能会忽视人与人之间的相互关系和社会支持对个体发展的重要性。同时，也可能加剧社会的分化和不平等。这与社会管理的公平、正义目标相背离，不利于社会的和谐与稳定。

（二）马克思主义理论体系中对自我治理的论述

马克思主义理论体系中虽然没有明确提出与自我治理完全对应的表述，但从以下方面可以分析与之相关的理念和论述。

1. 从国家治理角度

一是强调无产阶级专政。马克思认为，在推翻资产阶级统治后，需要建立无产阶级专政来管理国家。无产阶级专政下人民群众是国家的主人，虽然有国家管理机构，但人民群众集体参与国家事务、监督国家权力运行，在一定程度上可以理解为一种集体层面的自我管理、自我治理的早期形态。巴黎公社就是马克思所肯定的一种实践，它打碎了旧的国家机器，试图让人民群众直接参与社会治理和国家管理。公共事务是全体社会成员的事情，由全体社会成员共同参与、共同治理。其主体思想是以国家、市民社会和人民为治理主体，未来的理想社会特征是每个人自由而全面地发展。①

二是批判资本主义治理模式。马克思批判资本主义社会中所谓的"治理"只是为了维护资产阶级的利益，资产阶级并不关注治理主体的正当性和合理性，只在乎利益保障。这种批判也反向启示了真正的治理应是由人民自主参与、为人民利益服务，而不是少数人统治多数人的模式。

---

① 李达. 新时代社会治理理论的四个维度[J]. 社会主义论坛, 2020(12): 39.

2. 从社会发展角度

一是强调人民的历史主体地位。马克思主义强调人民群众是历史的创造者，是社会变革的决定力量。从这个意义上讲，社会的发展进步应该由人民自己来推动和主导，社会的治理和秩序的维护也应该由人民自身发挥重要作用，这是广义上社会层面自我治理的哲学基础。

二是关于社会发展规律的认知。马克思主义认为，人类社会是遵循一定规律从低级向高级发展的，人们在认识这些规律后，在社会实践中可以有意识地去遵循和运用规律来改造社会，而不是盲目地被社会现象和统治阶级所左右，这可以理解为人类社会对自身发展的一种自我治理式的把握。

3. 从经济生产角度

一是生产资料公有制的设想。马克思对未来理想社会的设想是实行生产资料公有制，劳动者共同占有生产资料和劳动产品。这意味着劳动者对于生产、分配等经济活动的管理和决策拥有平等的权利和机会，劳动者可以在经济领域实现集体的自我管理和自我治理，从而摆脱在资本主义私有制下被资本和资本家统治的局面。

二是自由人联合体。马克思提到未来社会是"自由人联合体"。在这个联合体中，人们用公共的生产资料进行劳动，并且自觉地把多个人的劳动力当作一个社会劳动力来使用，其中包含着劳动者对生产等经济活动的自主性和自我治理的思想。

4. 从个人与社会关系角度

一是人的全面发展。马克思主义追求人的全面发展，人在发展过程中不断提升自身的能力和素质，包括政治参与能力、社会交往能力、自我管理能力等。人在实现全面发展后，无论是个体对自身事务的管理，还是参与集体事务、社会事务的治理，都有了更强大的能力和更高的自觉性，这也为自我治理提供了人的发展基础。

二是个人在社会中不是孤立的。个人处于社会关系网络之中，马克思主义强调人在社会中通过集体和协作来实现目标，这也意味着个体要在集体中学会协调、合作、自我约束等，这是微观层面上在集体中实现自我治理的一种要求和表现。

马克思主义理论体系虽然没有明确提出自我治理这一词汇，但其在哲学基础、政治理想、经济理想、社会理想以及对人的发展等诸多方面的论述中，蕴含着对人民群众主体地位、集体协作、社会自主发展、经济民主等方面的强调和追求。这些理念和追求为理解和发展自我治理提供了深厚的理论根基和价值导向。

二、"一站式"学生社区自我治理的基本依据

随着高等教育改革的深入和国家教育法规的完善,学生参与社区自治管理具备了充分的政策依据。学校的教育理念强调培养学生的自主能力、责任感和团队合作精神,这是高校学生社区自我治理的出发点和目标,为学生参与社区自我治理提供了现实依据。

(一)政策依据

国家颁布的教育法律法规对大学生权利有明确的解释,对学生参与民主管理也有明确的规定。《中华人民共和国高等教育法》第57条明确规定:"高等学校的学生,可以在校内组织学生团体。学生团体在法律法规规定的范围内活动,服从学校的领导和管理。"2005年颁布的《普通高等学校学生管理规定》第41条明确规定:"学校应当建立和完善学生参与民主管理的组织形式,支持和保障学生依法参与学校民主管理。"《教育部关于进一步加强高等学校学生公寓管理的若干意见》(教发〔2002〕6号)要求:"各地各高等学校都要对学生公寓的日常管理,建立起有效的监督机制,以便及时发现并解决问题,要结合具体情况,建立由学生代表组成的学生民主监督机构,参与公寓的管理和服务,监督各项制度的执行,反映学生的建议和要求,协助做好安排学生勤工助学等有关工作。"《中共中央 国务院关于进一步加强和改进大学生思想政治教育的意见》(中发〔2004〕16号)规定:"要高度重视大学生生活社区学生公寓网络虚拟群体等新型大学生组织的思想政治教育工作,选拔大学生骨干参与学生公寓网络的教育管理,发挥大学生自身的积极性和主动性,增强教育效果。"

2019年,教育部思想政治工作司发布《关于开展"一站式"学生社区综合管理模式建设试点工作的通知》,探索开展学生社区"网格化"管理,践行"一线规则",推动形成全员全过程全方位育人格局。要充分发挥学生在"一站式"学生社区综合管理模式建设中的主体性价值,依托学生会、学生社区自我管理委员会、寓委会、楼委会等学生组织,鼓励学生自觉承担社区志愿服务和勤工助学岗位,围绕社区育人目标,自主设计、创新开展社区各类思想、学习、生活、文化、体育活动,积极参与宿舍文化建设和社区公共事务管理,增强自主、自律、自立、自信的意识与能力,促进德智体美劳全面发展。推动社区学生会、学生组织改革,强化党的领导和团的指导,遴选

党员、入党积极分子担任学生会和学生组织负责人，探索建立以服务和贡献为导向的激励和纪律约束机制，引导学生干部增强社会责任感、回归服务学生本色。建立健全社区学生的"成长档案"，激发学生自我探索、自我服务的意识，促进学生全面发展和健康成长。2021年，教育部发布了《关于深化"一站式"学生社区综合管理模式建设试点工作的通知》，强调高校"一站式"学生社区建设的重要性，对新时代思想政治教育和管理工作的开展提出了更高的要求，并将教育重点确定在大学生思想教育和学习发展方面。"一站式"学生社区建设，能结合多方教育主体力量，对高校学生起到教育引导作用，并调动大学生参与学生社区管理的主动性，激发学生积极自治的兴趣，展现新时代大学生的能动性和先进性，发挥高校协同育人职能，营造良好校园文化氛围，引导学生树立正确的世界观、人生观和价值观。另有相关法律法规，如《中华人民共和国治安管理处罚法》《中华人民共和国民法典》等，保障了学生在社区中的基本权利和义务。

（二）现实依据

学校对学生综合素质的培养要求，包含学生在社区自治中锻炼自我管理和服务他人的能力。作为社区活动主力，"00后"大学生具有明显的独立意识和民主意识，这为高校学生社区自我治理提供了有力的现实依据。学校制定的关于学生行为、学生组织、社团活动、住宿管理等方面的规章制度，为学生社区自我治理搭建了平台，提供了总体框架和原则。例如，学校对学生组织和社团的管理办法，也为学生社区自治组织的成立和运作提供了指导。学校各项规章制度的颁布和实施，为学生参与校园事务管理提供了合理有效的渠道，使学生参与自治管理的宏观环境得以优化，有助于激发学生的民主参与意识和主体意识，鼓励学生积极参与学校相关管理事务。

学校应尊重学生的意见和建议。学生自我治理，能够促使学校充分考虑学生在社区生活中的实际需求，如良好的学习环境、和谐的人际关系等，从而提高社区管理的针对性和有效性，使自治管理真正服务于学生的成长和发展。学生社区自我治理需要综合考虑多方面的依据，以实现社区的和谐、有序和学生的全面发展。

三、自我治理是"一站式"学生社区综合育人的基础和关键

有效的国家治理涉及三个基本问题：谁治理、如何治理、治理得怎样。这三个问

题实际上就是国家治理体系的三大要素,即治理主体、治理机制和治理效果。国家治理现代化的特征和要求是在国家治理体系和治理过程中充分体现主权在民、人民当家作主这一社会主义本质。[①]"一站式"学生社区综合管理模式建设的基本原则是围绕"培养什么人、怎样培养人、为谁培养人"这些根本问题,以高校党建为引领,遵循思政工作规律、教书育人规律和学生成长规律,聚焦并突破学生成长发展中的问题和难点。把维护学生的根本利益作为一切工作的出发点和落脚点,突出学生的主体作用,激发学生参与试点工作的内生动力,引导学生健康成长、努力成才。不论是顶层的国家治理体系还是基层的学生社区建设,在治理能力现代化的进程中,自我治理都是基础和关键。每个人都需要不断提升自身的各方面能力,以更好地适应和推动社会的发展。

(一)学校在"一站式"学生社区自我治理中发挥导向性作用

学校对学生社区的管理不同于普通意义上的社区管理,学生社区是学校育人工作的重要阵地,学校在学生社区治理中起着规范和引导的导向性作用。学校对学生社区的管理是服务育人与管理育人有机结合的过程,即按照育人目标,在学生社区开展育人和管理活动。学生在学生社区的自治是一定范围内的自治,自我治理的活动必须围绕学校管理育人、服务育人的总体目标和要求,不能脱离。学校需要制定明确、合理且符合学生发展需求的规章制度,为学生的自我治理提供框架和准则,要求学生须按照相关的法律法规行使自治权力,开展自治活动,强化意识形态风险管理、社区纪律安全管理等。同时,学校还要加强对学生的教育培训,培养学生的自我管理意识和能力。例如,开展领导力培训课程,教导学生如何组织团队、制订计划和解决问题。此外,学校还应提供必要的资源支持,包括场地、设备和资金等。例如,为学生活动提供专门的场所,配备相应的设施,以鼓励学生积极参与社区治理。

建立有效的监督和评价机制也至关重要。学校需要定期检查学生社区的治理情况,及时发现问题并给予指导和纠正。

(二)学生在"一站式"学生社区自我治理中发挥主体性作用

对学生来说,自我治理要求具备高度的自律意识和明确的自我认知。

第一,学生要自觉遵守国家法律法规和学校的各项规章制度。在学生社区管理过

---

① 施静春,任骏. 国家治理体系和治理能力现代化:马克思国家理论的深化与发展[J]. 学术探索. 2014(10): 6.

程中，解决学生间矛盾的关键是创建合法合规的协调机制。当参与学生社区自治或学生合法权益受到损害时，学生应通过合法合理的程序和途径进行反馈和解决，而不能以自我主观意志为中心，抛开法律法规的约束，破坏参与流程，盲目处理。学生会、学生党团组织、社团组织是高校学生参与社区治理的重要力量，可以通过相应的平台和渠道行使自我治理的权利。

第二，学生需积极参与社区活动的组织和策划，发挥自身的主动性和创造性。社区治理往往需要多个学生或学生组织合作完成，发挥各自的优势。在这个过程中，学生要学会倾听和尊重团队成员的意见，为实现社区治理目标而共同努力；学会沟通、协调，共同解决社区中出现的问题。同时，学生要不断反思和总结自己在社区治理中的行为和表现，发现不足并及时改进，寻求更好的解决办法。学生在社区治理中会遇到各种各样的问题，需要具备分析问题、提出解决方案并付诸实施的能力。

第三，学生需具备持续学习的意识和有效的时间管理能力。社区治理所需的知识和技能是在不断更新的。因此，学生需要有主动学习的意识，不断充实自己，关注社会发展动态和相关政策法规的变化，并及时调整社区治理的策略和方法。此外，学生要兼顾学习主业和个人发展，需要制订计划，合理安排学习和参与社区治理的时间，确保两者平衡发展。

学生社区治理能力的提升需要学校和学生共同努力，围绕育人目标，制定规章制度，搭建育人平台，在相互协作中促进学生的自我成长和社区的和谐发展。

四、自我治理是"一站式"学生社区服务学生成长成才的功效导向

高校肩负着为党育人、为国育才的重要使命，其育人目标是培养德智体美劳全面发展的社会主义建设者和接班人。教育部推行"一站式"学生社区建设，探索开展学生社区"网格化"管理，目标是打造富有中国特色、体现思政要求、贴近学生实际的生活社区，推动形成"三全育人"格局。高校思想政治教育当从学生社区的综合育人功能出发，以学生的成长成才为中心，遵循思想政治教育工作规律，探索促进学生社区育人功能有效发挥的创新做法，推进"一站式"学生社区建设高质量发展。在这一过程中，学生的自我治理发挥着不可或缺的作用，与习近平总书记对青年工作的论述中强调的有担当、有责任等要求紧密契合。

（一）自我治理是服务学生成长成才的价值体现

习近平总书记号召广大青年培育和践行社会主义核心价值观,要求青年学生在"勤学、修德、明辨、笃实"上下功夫。[1]自我治理与高校的育人目标高度一致,与习近平总书记对青年工作的论述相呼应,对于服务学生成长成才具有重要的育人功效,能够培养出德智体美劳全面发展、有担当有责任的社会主义建设者和接班人。

在德育方面,自我治理有助于培养学生的政治觉悟和家国情怀。在自我治理的实践中,学生通过参与社区事务、组织活动等,能更深刻地理解党和国家的方针政策,增强对中国特色社会主义的认同感和自信心。例如,学生自主开展党史学习教育,在组织策划过程中,深入了解党的光辉历程和伟大成就,从而坚定为党和国家事业贡献力量的决心。同时,自我治理促使学生学会自我约束和自我规范,培养良好的道德品质和行为习惯。学生在自我管理中,自觉遵守社会公德、职业道德和家庭美德,形成正确的价值判断和道德选择。在学生社区中,通过自我治理制定文明公约,倡导诚实守信、友善互助,营造积极向上的道德氛围。在应对校园突发公共卫生事件时,学生自治组织积极参与志愿服务,协助学校开展防控工作,展现青年学生的责任担当。

在智育方面,自我治理要求学生具备良好的学习能力,包括规划、决策、执行和反思的能力,这无疑锻炼了他们的思维能力和解决问题的能力。学生在自主组织学习小组、开展学术研讨活动时,能够激发其学习的主动性和创造性,提升学习效果和综合素质。

在体育方面,学生通过自我治理,参与体育活动的组织和管理,增强对体育锻炼的重视。例如,学生自主组织各类体育比赛,不仅提高了自身的组织协调能力,也促进了同学们积极参与体育锻炼,增强体质。

在美育方面,自我治理为学生提供了展示和发挥艺术才能的平台。学生自主策划文艺演出、艺术展览等活动,在实践中提升审美水平和艺术修养。

在劳育方面,自我治理中的社区服务、环境维护等活动,让学生体会到劳动的价值和意义,培养热爱劳动、尊重劳动成果的品质。

习近平总书记强调,广大青年要肩负历史使命,坚定前进信心,立大志、明大德、成大才、担大任,努力成为堪当民族复兴重任的时代新人。[2]自我治理正是培养学生担

---

[1] 习近平. 在北京大学师生座谈会上的讲话[EB/OL]. (2014-05-05). [2024-08-14]. https://edu.cnr.cn/pdtj/yw/201405/t20140505_515431201.shtml.
[2] 汪晓东,王洲. 让青春在奉献中焕发绚丽光彩:习近平总书记关于青年工作重要论述综述[N]. 人民日报, 2021-05-04(02).

当和责任意识的有效途径。学生在自我治理中面对各种问题和挑战，勇于承担责任，积极寻找解决办法，逐渐成长为有理想、敢担当、能吃苦、肯奋斗的新时代好青年。

（二）自我治理是服务学生成长成才的有效方式

自我治理为学生提供了锻炼和发展的平台。为了有效发挥"一站式"学生社区综合育人功能，实现精准管理服务，通过自我治理发挥学生主体作用既是有力保障，也是服务学生成长成才的重要途径和有效方式。

1. 对学生思想认识的影响

自我治理在服务学生成长成才的过程中，会对学生的思想认识产生多方面的积极影响，为他们未来的发展奠定坚实的思想基础。首先，自我治理可以培养学生的大局观和集体意识，有助于学生树立正确的价值观。当学生参与集体事务的管理时，他们需要面对公平、公正、诚信等价值观的考验；要考虑整个集体的利益和需求，而不仅仅是个人喜好；要兼顾不同年级、不同专业学生的兴趣和需求。这能让学生跳出个人的小圈子，从更宏观的角度看待问题，增强集体荣誉感和社会责任感。其次，自我治理有助于学生形成独立思考的能力，能够激发学生的进取精神和创新意识。在自我治理的过程中，学生需要对各种情况和问题进行分析、判断，并做出决策。为了实现目标，他们会不断寻求更好的方法和途径，提出创新性的方案。在组织社团活动时，学生需要考虑活动的主题、形式、预算等各方面问题，这促使他们学会独立思考，不盲目依赖他人。这种独立思考的习惯会延伸到学习和生活的其他领域，使学生在面对复杂问题时能够冷静分析，提出自己的见解。这种进取和创新的精神会影响他们的思想认识，让他们敢于挑战传统，追求卓越。

2. 对学生个人能力的影响

自我治理在服务学生成长成才的过程中，对个人能力的发展起到了全方位的促进作用。自我治理不仅有助于提升学生的决策能力，还能显著提升学生的组织协调能力和领导力。学生在自我治理中会面对各种问题，需要迅速做出判断和决策，这种经历能够让学生在未来的生活和工作中更加果断和明智。在自我治理的团队中，学生可能会担任领导角色，需要带领团队朝着共同的目标前进，激励团队成员发挥各自的优势。

此外，自我治理还可以锻炼学生的时间管理能力、应变能力、自我学习能力。学生在参与自我治理的同时，还需要兼顾学业，这就要求其合理安排时间，制订有效的计划，合理分配时间，确保各项任务都能按时完成。在出现突发情况和意外事件时，学生要有迅速应变的能力，及时调整方案，以保证活动的继续进行和人员的安全。为了更好地完成自我治理的任务，学生需要不断学习新的知识和技能。这种主动学习的态度和能力将伴随学生一生，使他们在不断变化的社会环境中持续进步。

3. 对校园环境氛围的影响

为了有效发挥"一站式"学生社区综合育人功能，提升育人能力是必要的手段。自我治理在服务学生成长成才的过程中，对校园的环境氛围产生多方面的积极影响，为学生的全面发展提供良好的外部条件。首先，自我治理能够营造积极向上的校园文化氛围和自主学习的环境。当学生积极参与自我治理时，他们会展现出主动性和创造性。例如，学生组织的各种文化交流活动和学术研讨活动，丰富了校园生活，传递了正能量，使整个校园充满活力和进取精神；同时，学生在自我管理学习时间和方式的过程中，也会带动身边的同学形成良好的学习风气。其次，自我治理有助于构建和谐的人际关系环境。在自我治理的过程中，学生需要与不同背景、不同性格的同学合作和交流，共同参与社区管理。学生之间相互协商和配合，可以增进彼此的理解和信任，减少矛盾和冲突，从而营造友善、互助的人际氛围。再次，自我治理能够促进公平公正的竞争环境的形成。在学生自主管理的各种事务中，学生需要制定并遵循公平的规则和程序。这会让学生在校园中就养成尊重规则、公平竞争的意识，为步入社会奠定良好的基础。最后，自我治理还有利于营造民主开放的校园治理环境。学生通过参与学校事务的决策和管理，能够表达自己的意见和建议，学校也能更加了解学生的需求和想法，从而形成一种民主、包容的氛围，使制度更加合理和人性化。

（三）自我治理与服务学生成长成才双向促进

自我治理是个体对自身行为、思维和情绪等方面的自主管理和调控能力，涵盖自我规划、自我监督、自我激励和自我评价等多个维度。自我治理作为学生发展的重要能力之一，与服务学生成长成才之间有着相辅相成的关系。自我治理是服务学生成长成才的内在要求。学生只有具备良好的自我治理能力，才能有效地利用学校和社会提供的服务和资源，实现自身的成长和发展。服务学生成长成才为自我治理提供外部支持。优质的教育服务能够为学生自我治理能力的培养提供引导和帮助，创造资源和环境，帮助学生充分发挥潜力，实现个人的全面发展。两者相互促进。深入探讨这一关系，对于优化教育方法、促进学生全面发展具有重要意义。

1. 自我治理是服务学生成长成才的内在要求

自我治理能够培养学生的责任感和自律能力。学生在参与自我治理的过程中，需要对自己的行为、决策和后果负责；在自主策划活动时，需要考虑活动的各个环节，以保证其顺利进行。这使得学生逐渐明白责任的重要性，并学会自我约束。自我治理有助于提升学生解决问题的能力。在自我治理的情境下，学生不可避免地会遇到各种问题和挑战。通过不断面对和解决这些问题，学生的思维变得更加灵活，应对困难的能力也得到增强，为未来的成长成才打下坚实基础。自我治理可以激发学生的创造力和创新精神。在自主管理的空间里，学生能够充分发挥想象力，尝试新的方法和思路而不受过多的限制，可以在社团活动和校园活动的组织形式上进行创新，吸引更多同学参与。这种创造力和创新精神的培养，对于学生在学术和职业领域取得成就具有至关重要的作用。自我治理能够增强学生的团队协作和沟通能力。在共同管理的过程中，学生需要与他人合作、交流想法、协调行动。以宿舍文化建设为例，室友们共同制定规则、分工合作。这不仅营造了良好的居住环境，更增进了室友之间的友谊，提升了团队合作和沟通水平，同时也提高了组织能力和协调能力。

2. 服务学生成长成才为自我治理提供外部支持

当以服务学生成长成才为出发点时，自我治理的目标就更加清晰。首先，无论是学校的管理机构还是学生组织，其自我治理的各项举措和活动都围绕着如何助力学生在知识学习、品德培养、能力提升等方面的发展。这使得自我治理有了明确的价值导向，避免了盲目性。其次，关注学生成长成才能够激发参与自我治理的主体（包括学生干部和其他相关人员）的热情。当看到自己的工作能够切实对同学们的成长产生积极影响时，他们会更有动力去完善治理机制、创新治理方法。这种积极性和创造性会不断推动自我治理水平的提高。再次，服务学生成长成才的过程也是检验自我治理体系有效性的过程。通过收集学生在成长过程中的反馈，如对学习环境、活动组织、权益维护等方面的意见，可以发现自我治理中存在的问题。学校或学生组织可以根据这些反馈及时调整治理策略、完善规章制度、优化资源分配，这使自我治理体系更加符合学生发展的实际需求，有利于形成一个持续改进的良性循环。最后，当自我治理以服务学生成长成才为宗旨并取得成效时，能够赢得学生群体的广泛支持和认可。这种认可会增强自我治理主体之间的凝聚力，大家会更愿意为共同的目标而努力。同时，在学生眼中，自我治理机构和组织的公信力也会提高，使得各项治理措施能够更好地得到贯彻执行，进一步保障自我治理的顺利开展和持续发展。

自我治理与服务学生成长成才相辅相成、不可分割。在教育实践中，应注重培养学生的自我治理能力，同时不断优化服务学生成长成才的体系和措施，为学生创造更加有利的发展条件，助力他们在成长的道路上不断前进，实现自己的人生价值。

综上所述，自我治理在推动"一站式"学生社区建设中发挥着至关重要的作用。围绕立德树人这一根本任务和高校育人目标，以"一站式"学生社区建设为平台，通过自我治理，有助于全面提升管理效能、服务效能和育人效能，推动形成全员全过程全方位育人格局。一方面，自我治理意味着学生在社区管理中扮演更积极主动的角色。学生通过自我组织、自我规范和自我监督，减轻了学校管理部门的工作负担，提高了管理的效率和效果。另一方面，学生对自身需求有着最直接和最深刻的了解。自我治理有助于更精准地发现服务中的问题，并迅速提出有效的解决方案，提升服务满意度。更重要的是，自我治理为学生搭建实践锻炼的平台，促进其更好地成长成才，为其未来走向社会奠定坚实的基础。

第二节 自我治理与服务学生成长成才的实践探索

青年者，国家之魂。青年理想远大、信念坚定，是一个国家、一个民族无坚不摧的前进动力。作为广大青年学生学习与生活的沃土，高校"一站式"学生社区不仅是他们开展个体与群体性活动的广阔舞台，更肩负着促进学生全面发展的核心使命，成为提升思想政治教育质量、锻造学生综合能力的关键平台。当今，在高校"一站式"学生社区建设领域，自我治理被视为促进学生全面发展的核心要素。它不仅彰显了学生的自我管理能力，更是学生在高校环境中积极参与决策、管理与服务过程的重要途径。[1]自我治理通过赋予学生更多的参与权和决策权，助力学生培养责任感、独立性和领导力，为学生的终身学习和综合发展奠定良好的基础。

本节将深入探究在高校"一站式"学生社区综合建设中，学生参与社区治理的实践与探索。作为社区的主要居住人员，学生无疑是参与社区治理的主力军。因此，高校学生社区的建设应充分发挥学生的主人翁意识，激发学生的内在动力，着力培养学生形成共识、共治、共享的治理理念。通过深度参与社区治理，学生能够及时发现、反馈并解决各种问题，从而提升学生的责任意识和综合能力。为了支持和鼓励学生积极参与社区治理的各个环节，高校应积极搭建学生社区事务参与治理的平台，构建群策群力的管理模式，共同营造温馨和谐、充满育人氛围的学生社区环境。

---

[1] 单德伟，强飙. 高校"一站式"学生社区建设内在逻辑与实践进路[J]. 江苏高教, 2024(5): 88.

一、自我治理的实践形式解析

自我治理作为一个广义的概念，涵盖了学生在高校"一站式"社区建设中参与管理、组织决策和自我发展的过程。它不仅包括传统意义上的学生参与服务组织和社区治理，还涵盖更加个体化和网络化的参与形式，反映现代教育对学生自主性、责任感和社会参与能力的高度重视。

在传统意义上，自我治理通常与学生的积极主动参与密切相关。学校通过建立管理和服务组织，遴选学生党员、入党积极分子担任负责人，使学生能够直接参与到学生社区的建设和治理过程中。这种参与形式不仅有助于学生在实践中锻炼领导能力、组织能力、服务能力、管理能力，还能将学生社区打造成集学生思想教育、师生交流、文化活动、生活服务于一体的教育生活平台。同时，这种参与形式也培养了学生的团队协作精神和集体责任感，充分发挥了高校党建的示范引领作用，构建了全员全过程全方位的育人模式。

然而，随着时代的发展，自我治理的实践形式逐渐超越了这些传统的集体性参与方式，开始向个体化的方向拓展。个体化的自我治理强调学生在日常学习和生活中通过自我管理、自我监督和自我反思，培养自主意识和自律能力，推进德智体美劳全面发展。例如，学生通过制订个人学习计划和时间管理策略，以及在生活中进行自律打卡和自我评价，发挥主观能动性，实现多元化发展和个性化培养。个体化形式的自我治理更加注重个体的内在驱动力，有助于克服高等教育专业化的局限和弊端，协助学生提升综合素质，建立均衡合理的知识结构和能力结构。

此外，随着信息技术的发展，网络化的自我治理形式也成为学生参与治理的重要途径。通过社交媒体、在线平台和各种数字化基础设施，运用大数据、人工智能、物联网等技术，学生能够更加便捷地参与到校园事务和社会活动中。这种网络化的参与形式不仅打破了时间和空间的限制，还能使学生更加主动地获取信息、表达意见、组织活动。例如，学生可以通过校园论坛、线上社团活动或发起网络讨论，参与学校政策的制定或社会议题的讨论。网络化的自我治理形式进一步提升了学生的参与意识和数字化素养，为学生成长发展提供便利化、个性化服务，拓宽了自我治理的范围。

总体来说，自我治理作为一种广泛的实践形式，既包含了传统的学生组织参与，也涵盖了个体化的自我管理和网络化的数字参与。多元化的形式不仅提升了学生的自主性和责任感，也为他们在未来社会中的全面发展奠定了坚实的基础。通过这种多层次、多维度的自我治理，学生能够更好地适应现代社会的复杂性和多样性，成为真正的自我管理者和社会的积极参与者。

二、典型案例介绍

（一）华南理工大学——学生与学生互助陪伴

1. 形式与内容

华南理工大学"一站式"学生社区践行"学生永远在C位"的育人理念，着力构建新型校生关系、师生关系、生生关系，培养学生自主意识和自律能力。学生互助陪伴主要通过结对互助的形式进行。学校根据学生的不同需求和特长，将学生分成多个互助小组或互助对象。互助内容涉及学业辅导、心理支持、生活帮助等多个方面。具体来看，学校在学生社区内建设学生朋辈帮扶中心，搭建学生学习互助平台，开展朋辈课堂，发挥朋辈互助效能，促进优良学风建设；组建朋辈心理咨询师队伍，形成一支24小时全覆盖的心理危机识别队伍，实现对心理危机事件的第一时间干预；每周佳片欣赏会、每月生日欢享会、时时兴趣小组活动营造"家"的温暖，让学生由"同学"变为"家人"。[1]通过定期的交流、活动和互助，学生在学习和生活中共同进步，携手面对困难与挑战。学校还提供了专门的指导和资源支持，确保互助过程高效、有序。

2. 特色与成效

学生与学生互助陪伴，突出了华南理工大学"共享""以生为本"的教育理念，其最大的特色在于"学生帮助学生"的模式。与传统的学校、教师主导的教育模式不同，该创新模式更强调平等与共情，参与者更容易打开心扉，分享彼此的困惑与经验。这种平等的互动方式不仅有助于知识的传递，还促进了情感的交流，增进了学生之间的信任与友谊。通过学生与学生互助陪伴，许多学生不仅取得了学业上的进步，还在心理素质和社交能力方面得到了显著提升。

3. 育人价值

华南理工大学始终以党的十九大及历次全会和全国教育大会精神为指引，围绕实

---

[1] 韩续冰. 高校"一站式"学生社区建设研究[D]. 武汉：华中师范大学, 2023.

现高等教育内涵式发展的目标要求，以"一站式"学生社区建设试点工作为重要抓手，高举旗帜、铸魂育人，聚力高质量内涵式发展，着力构建"三全育人"新格局，培养德智体美劳全面发展的社会主义建设者和接班人。首先，通过学生与学生互助陪伴，学生学会了如何在团队中团结协作，如何寻求、给予和接受帮助，如何关心和支持他人。这些经历不仅对他们在校期间的学习和生活有益，也为他们未来进入社会奠定了良好的基础。其次，参与互助陪伴的学生能够在帮助他人的过程中获得成就感和自信心，有助于他们自我价值的实现和人格的健全发展。最后，这种互助陪伴模式通过促进学生之间的互相理解与支持，帮助他们建立积极向上的人际关系，形成健康的心理状态和正确的价值观，对学生的成长与成才具有深远影响。

（二）苏州大学——功能型党支部

1. 形式与内容

在"一站式"学生社区中建立功能型党支部，是深化和完善高校学生党建工作和基层党组织建设的有力探索。①2021 年"五四"前夕，苏州大学成立首个功能型党支部。该党支部遵循"不收党费、不转党组织关系、不发展党员"的"三不"原则，支部成员党组织关系隶属原支部，党员参加双重党组织生活。成立功能型党支部的初衷是积极顺应共青团改革的要求，保持和增强团委领导下的学生会、研究生会等学生组织的政治性、先进性。功能型党支部成立后，一方面将加强对学生会的改革，另一方面将督促学生会和研究生会从学风入手，增强服务功能。功能型党支部是深化学生会（研究生会）改革，加强学生会（研究生会）政治建设，探索党对学生组织引领，发挥学生党员先锋模范作用的创新举措。

2. 特色与成效

苏州大学功能型党支部的最大特色在于其功能性和灵活性。依托宿舍、楼宇、楼层等场所，功能型党支部围绕特定的功能领域，以"跨学院、跨专业、跨年级、跨楼栋"的方式灵活组建，并开展与之紧密相关的工作和活动。功能型党支部的成立，既丰富了学生社区基层组织的设置形式，又轻松解决了学生党员的来源问题，使学生党员无论在所属学院还是在学生社区中，都能充分发挥党员的模范带头作用，引导和动员其他入党积极分子、共青团员乃至学生群众。例如，2024 年 5 月，苏州大学交响乐

---

① 蒋闰蕾, 成盼攀. 功能型党支部在高校"一站式"学生社区建设中的应用价值和发展展望[J]. 西部学刊, 2024(14): 91-94.

团功能型党（团）支部的成立，在高水平专业学生乐团中进一步加强党的领导，全面发挥党团组织的政治功能，增强乐团发展的组织力与凝聚力，这是一次先行先试。苏州大学交响乐团功能型党支部开展的一系列社会实践活动，充分发挥专业优势，结合专业特色，将红色文化融入音乐创作，激发奋进动力，为实现中华民族伟大复兴的中国梦贡献力量。

3. 育人价值

苏州大学功能型党支部与传统党支部相互融通，通过在"一站式"学生社区中的党建活动，积极发挥在政治学习、思想引领和育人服务方面的作用。开展与思想政治教育相关的一系列功能性实践活动，可以提高学生的思想政治觉悟，加强学生社会主义核心价值观的培养。功能型党支部是"一站式"学生社区实现学生自我治理的重要途径，能够充分激发学生的主人翁意识。学生是高校"一站式"学生社区建设的核心主体，以往高校学生多以志愿者、助理的身份被动参与社区管理服务，功能型党支部能够打破学生自我治理在途径、深度和广度等方面的限制，注重发挥学生的主体作用，真正让学生成为社区的主人。

（三）上海对外经贸大学——学生社区居委会

1. 形式与内容

上海对外经贸大学学生社区居委会的前身是上海对外贸易学院方松街道贸院居委会，成立于2005年4月12日。它是全国最早成立的学生社区居委会，是一个学生自我管理、自我教育、自我服务的学生自治组织，主要负责学生寝室的日常管理、社区文化建设以及学生权益保障等工作。学生社区居委会作为学校校级学生组织，主要由主任团、传媒中心、文化活动中心、生活服务中心、实践拓展中心组成。在学生社区居委会内部，综合服务大厅、会议区、办公区、咨询辅导区、户外庭院区等功能区一应俱全，为同学们提供了一个集学习、工作、咨询与便民服务于一体的休闲空间。其中，综合服务大厅是使用最频繁的区域，提供许多便民服务，如资料打印、自助补卡或小组讨论空间，还有爱心伞、充电插口、学习用品等人性化配置。此外，学生社区居委会每年还要举办新生节、学生社区文化节、劳动教育活动月等一系列学生活动，并协助学生社区做好新生季、毕业季等相关工作。

2. 特色与成效

上海对外经贸大学学生社区居委会的特色在于其鲜明的自主性和实践性。首先，学生社区居委会在管理方式上充分尊重学生的主体地位,在学生社区内成立功能型党委,鼓励学生自主决策、自主管理。学校以全国首个大学生居委会为依托,不断完善以学生为主、多方参与的"一站式"社区治理机制,建设"楼宇责任学院—专职辅导员—兼职驻楼辅导员—楼长—层(厅)长—寝室长"六级学生社区工作队伍。其次,学生社区居委会积极倡导"以学生为本"的服务理念。"一站式"学生社区设置驻楼导师工作站、心理健康工作站、就业创业工作站、退役军人服务站等功能,推动教授、科研骨干、教学名师、关工委老同志等入驻学生社区,满足学生的多元化需求,不断提高学生社区全员全过程全方位育人的能力。由学院承办的学生社区文化建设轮值机制,更是形成了"社区搭台,学院唱戏"的育人特色。"一楼宇一品牌,一学院一特色"文化项目建设,推进学生社区"两节两季一月"建设活动,营造"天天有活动、周周有讲座、月月有沙龙"的文化氛围,增强学生的社区归属感和凝聚力。最后,学生社区居委会注重与学校管理部门的协作,通过有效沟通与协调,为学生争取更多的权益和福利。基于学生的现实需求,学生社区居委会联合学校各部门,推出"一站式"学生社区"接诉即办"综合服务平台,以畅通意见反馈渠道为导向,建设学生社区综合信息平台,驱动社区信息服务升级,形成"便捷反馈—迅速传达—火速回应—长线跟踪"的工作机制,在学生社区"最后一公里"做到即知即改、同向同行。学生社区居委会充分发挥学生支部教育、管理、监督学生党员,以及组织、宣传、凝聚、服务学生的功能,结合社区工作的实际特点,以高质量党建引领"一站式"学生社区高质量发展,将学生社区打造成党旗高高飘扬的战斗堡垒。

3. 育人价值

上海对外经贸大学学生社区居委会在育人方面具有重要价值。首先,作为一个学生自我治理的组织,它为学生提供了一个锻炼自我管理能力的平台,通过一系列基层实践,学生能够培养组织管理、团队合作、沟通协调等多方面的技能,这对他们未来的职业发展具有积极意义。其次,学生社区居委会以功能型党委为依托,将党建工作融入学生学习、日常生活的方方面面,充分发挥学生的主观能动性,引导学生将社会主义核心价值观内化为自我追求、外化为自觉行为。最后,学生社区居委会还为学生营造良好的学习和生活氛围,通过举办丰富多样的文化活动,提升学生的文化素养,传承和弘扬中华优秀传统文化,增强文化自信。①总体来说,上海对外经贸大学学生社

---

① 李伟. 高校"一站式"学生社区建设的育人功能及实现路径[J]. 南华大学学报(社会科学版), 2022, 23(5): 23-27.

区居委会在学生的全面发展和综合素质提升方面发挥了重要作用，是高校"三全育人"的重要实践探索之一。

（四）上海立信会计金融学院——"接诉即办"工作平台

1. 形式与内容

上海立信会计金融学院的"接诉即办"工作平台，作为驱动"一站式"学生社区综合管理模式改革的核心要素，创新性地搭建了一个全方位以学生成长为中心的服务架构。该平台深入学生社区基层，实现服务前移，依托即时响应机制，确保学生的需求与问题能够第一时间被捕捉，并得到有效解决，真正将矛盾化解在基层，实现了从"最后一公里"到"服务零距离"的转变。这一变革不仅增强了学校服务学生的能力，更深刻体现了教育领域"以学生成长为中心"的核心理念，为上海立信会计金融学院探索并实践具有自身特色的"枫桥经验"奠定了坚实的基础。

2. 特色与成效

上海立信会计金融学院的"接诉即办"工作平台，通过构建多元化的信息渠道，为学生提供便捷的服务。平台集服务热线、接诉邮箱、微信留言、意见箱以及学生之家"接诉即办"窗口等多维沟通方式于一身，确保学生的诉求能够第一时间得到反馈和解决。平台运作机制层次分明，分为三级。从社区办、学生社区物业的快速响应，到学生社区事务联席会议的多部门协同，再到"一站式"学生社区综合管理模式建设工作领导小组的宏观决策，形成了一套高效严密的处理体系。每日巡查与首接负责制度更是为问题的及时发现与解决提供了双重保障。平台还确立了规范的服务流程，包括受理登记、处置解决、反馈确认及事项归档等环节，确保了工作的系统性与透明度。其显著特色在于快速响应与高效协调的双重能力，无论是日常琐事还是跨部门难题，都能在平台的精妙协调下得到妥善解决。值得一提的是，平台创新性地吸纳学生参与治理，与校团委携手成立学生志愿者团队，让学生深度参与服务流程，不仅重塑了校园管理模式，更极大地提升了服务效率与质量。学生志愿者的积极参与，不仅加快了问题的响应与处理速度，也为他们提供了宝贵的实践舞台，促进了个人的成长，为校园共治注入了青春活力。平台的高效运行和学生与社区的紧密联动，确保了各类问题能够得到及时妥善的解决，从而有力维护了社区的安全与稳定。

3. 育人价值

"接诉即办"平台不仅是一个帮助学生处理事务的工具，更是一个重要的育人平台，其涵盖多元化的治理主体、数字化的治理技术、全过程学生参与的治理形式，共同推动实现高校"一站式"学生社区治理现代化。[①]通过该平台，高校得以将"围绕学生、关照学生、服务学生"的育人理念落实到具体行动中。学生在提出诉求和参与问题解决的过程中，培养了主观能动性和责任感，同时也感受到学校对他们的关爱与支持。借助互联网技术，平台实现了高效运作和问题的快速解决，为学生营造了一个宜居、宜学的社区环境，有利于他们的身心健康与全面发展。此外，平台在服务过程中所展现的高效、透明和公正的处理方式，也为学生树立了良好的行为榜样，助力其在未来的社会生活中形成积极向上的价值观和行为准则。

三、自我治理实践探索存在的问题与发展展望

自 2019 年起，高校"一站式"学生社区综合建设积极响应政策号召，顺应时代发展潮流，回应育人新要求，在深化改革中守正创新，开创了新时代学生社区教书育人的新篇章。各高校在自我治理方面的实践探索已取得了显著成效，积累了宝贵经验，但"一站式"学生社区建设在自我治理参与度、设施建设、协同机制、党建引领等方面仍存在一定的问题。

高校"一站式"学生社区自我治理参与度不足。在当今高等教育改革的浪潮中，高校"一站式"学生社区不仅承载着生活居住的功能，更成为实现全方位育人的关键舞台。然而，面对学生日益增强的个体意识与对私密空间的需求，学生社区自我治理的参与度不足成为亟待破解的难题。宿舍社区，这一被部分学生视为简单居住空间的场所，其"自我领地"的属性在一定程度上削弱了学生对社区治理的参与热情。尽管自我治理在理论上被视为激发学生主人翁精神、培养其自主管理能力的有效途径，但在实际操作层面却遭遇了挑战。学生对社区治理的热情并未如预期般高涨，反而对社区作为育人平台的认同度有所保留。部分学生认为社区事务复杂烦琐，参与社区治理的回报不明显，导致自我治理的实际效果并不理想。为此，高校需勇于创新，积极探索激发学生主体意识的新路径。例如，构建多元化的激励机制，设立"社区之星""治理能手"等奖项，激发学生的参与动力；同时，加强教育引导，让学生认识到参与社

---

① 袁红."接诉即办"：形塑党建引领基层治理机制新样态[J]. 云南社会科学,2024(4): 34-42.

区治理不仅是责任，更是成长的机会。此外，高校可以通过定期举办社区文化节、治理经验分享会等活动，搭建学生交流互动的平台，营造浓厚的社区文化氛围，使自我治理成为学生生活中的一部分。

高校"一站式"学生社区基础设施建设有待完善。学生参与社区治理需要一定的资源支持，包括资金、场地、人员等。在一些高校，资源配置不足成为学生社区发展的瓶颈。例如，受高校宿舍空间和学生社区公共空间的限制，学生不仅缺乏自习室、党员活动室等公共空间，还缺乏文体活动中心、心理健康咨询室、共享交流研讨室等多功能空间，这给学生的日常学习和生活带来了诸多不便，阻碍了各项学生活动的正常开展，削弱了学生对宿舍、社区的归属感。因此，高校应加大对"一站式"学生社区的资源投入，确保学生参与社区治理和服务工作的顺利开展。此外，校内外资源的整合度不够，影响了高校"一站式"学生社区的服务深度和广度。学校应积极探索校内外资源的有效整合，最大限度地发挥资源的使用效益，为"一站式"学生社区综合建设提供坚实的保障。同时，利用数字化手段，构建智慧社区管理平台，实现社区事务的线上办理、数据共享和智能分析，提升社区治理的效率和精准度，实现社区事务的线上线下联动，提升自我治理和服务的智能化水平。

高校"一站式"学生社区自我治理的制度设计有待优化。在高校党委的高度重视和大力推动下，各种育人资源和力量逐步向"一站式"学生社区建设倾斜。然而，部分高校学生自我治理的制度设计还不够完善，缺乏规范的管理机制和监督体系。这导致学生在社区自我治理过程中可能出现责任不清、权责不明的情况，影响了学生社区自我治理活动的有效开展。未来，高校应进一步完善学生社区自我治理的制度设计，明确各级学生组织的权责，加强过程监督与结果评价。同时，建立健全管理和奖惩机制，确保自我治理的规范性和有效性。除此之外，高校应加强各部门间的沟通与协作，建立高效的信息共享和工作协调机制。高校可通过定期的联席会议或工作交流，及时解决学生社区治理和服务中的问题，提高学生社区的工作效率和服务水平。

高校"一站式"学生社区党建引领需进一步加强。作为学生社区建设的基本载体，基层党支部通常基于楼宇、片区或社区内某项具体工作建立，党支部的凝聚力相对较弱。随着学生宿舍的调整、新老生的交替以及专项工作的完成，支部党员流动性较大、党员群体不稳定等现象较为常见，导致学生社区内出现组织弱化、虚化的现象，难以对社区治理和活动开展产生长期、积极的引领作用。此外，学生社区党支部通常专注于社区建设、日常管理、应急处突等问题的处理，一定程度上弱化了最重要的政治理论学习和党员教育功能，导致党支部政治力量薄弱，未能在学生社区中充分发挥引领作用。作为在"一站式"学生社区建设中应运而生的基层组织，其核心任务是宣传和执行党的路线、方针、政策，积极发挥政治引领作用。①学生社区党支部必须以学校党委、党总支为依托，保证政治站位，实现应有的政治功能，积极在学生社区内为入党积极分子、共青团员、群众发挥模范带头作用。

在高校"一站式"学生社区综合建设过程中，自我治理的实践探索虽然面临诸多问题，但随着学生参与度提升、资源优化和制度完善，这些问题都将逐步得到解决。未来的高校"一站式"学生社区建设将更加注重个性化服务与高效治理，助力学生的全面发展和成才。

第三节 自我治理与服务学生成长成才的质效评价

在高等教育谋求高质量发展的背景下，学生的成长与成才需求日益多样化，传统的教育管理方式已无法满足这些新要求。教育部于2019年开启的高等学校"一站式"学生社区综合管理模式改革试点建设，要求从党建引领、管理协同、队伍进驻、服务下沉、文化浸润、自我治理这六个方面入手，践行"一线规则"，把校院领导力量、思政力量、管理力量、服务力量下沉到学生生活空间，打通新时代高校育人工作的"最后一公里"，不断提升学生社区管理水平、服务能力和教育成效。自我治理作为"一站式"学生社区建设的重要一环，在育人体系中发挥着不可替代的作用。中共中央、国务院发布的《关于进一步加强和改进大学生思想政治教育的意见》明确指出，高校要高度重视大学生生活社区、学生公寓的思想政治教育工作，发挥大学生自身的积极性和主动性，提升教育效果。由此可见，自我治理在服务学生成长成才中发挥着重要的育人功效。自我治理不仅是高校提高管理效能的手段，也是促进学生自主发展的关键。而开展自我治理质效评价可以阶段性地评价其实施成效，通过反馈与改进，直接影响人才培养质量。为此，建立科学合理的自我治理质效评价体系至关重要。其评价指标应涵盖组织实施的合理性、能力提升的有效性、资源

---

① 刘丹, 王连花. 功能型党支部发展的现实语境与发展展望[J]. 湖南行政学院学报, 2021(6): 80-88.

配置的规范性以及管理服务的科学性等方面。这些指标将为自我治理的实际效果提供量化依据，帮助高校持续优化社区治理能力与水平。建立和实施自我治理质效评价体系，可以帮助高校识别自身在管理和服务中存在的问题，进而制定切实可行的改进措施。同时，这一评价体系能够提升学生的参与感和归属感，使他们更积极地投入学习和校园生活，从而促进其全面发展。通过有效的自我治理，学生不仅能够提升自我管理能力，还能在成长过程中更好地适应社会的变化，成为具有社会责任感和创新能力的人才。

一、自我治理质效评价的预期效果、特点与原则

1. 自我治理质效评价的预期效果

自我治理质效评价从实践目标和育人价值两个层面全面评价自我治理的实际效果。在实践目标层面，评价的核心是明确自我治理的宗旨，即通过激发学生的自我管理和服务意识，推动"一站式"学生社区管理服务的持续改进，从而提升学校治理能力和水平。在育人价值层面，评价的重点在于考察自我治理在促进学生全面发展和成才方面的具体成效，确保其能够有效支持学生的成长需求。

（1）提升学校治理能力和水平是开展自我治理质效评价的实践目标。这一目标的实现首先要求高校立足治理理念，以多元主体参与学校管理服务，着重将学生自我治理作为突破口。学生自我治理要求对学生社区现有的管理事务进行整理，遴选出适合学生参与的事项，将学生力量融入管理流程，对各项管理流程进行梳理、再造和优化，以确保管理流程的合理性、高效性。通过强化学生与管理者之间的沟通与协作，发挥朋辈间的沟通优势，从而提升管理服务的柔性度、透明度和科学性。其次，探索建立一套科学的师生共同参与的管理机制，不仅能降低管理成本，还能显著提升管理效率和服务针对性，为学生提供一个更加温馨、柔性的服务环境，帮助他们在多元的校园生活中收获更暖心的支持，也能通过朋辈交流，增进对管理工作的理解，避免形成矛盾对立。

（2）提升人才培养质量是实施自我治理质效评价的价值内核。这一育人价值观贯穿于服务学生成长成才的全过程。首先，自我治理质效评价深刻体现了"以学生成长为中心"的教育理念，将学生的利益和满意度置于优先考虑的位置。这种理念要求学校不仅要关注学生在工作中是否顺畅，能否圆满完成岗位任务，还要关注学生在参与

治理过程中，是否在个人能力、工作经验、思想认识等方面有所成长，以及自我治理的实施是否营造了更有利于学生发展的环境。其次，自我治理质效评价在构建一个支持学生全面发展的教育环境中扮演着至关重要的角色。通过鼓励学生参与社区治理，学校为学生提供更加丰富和多元的学习与发展机会，激发学生主动性，为创造更好的成长成才环境形成育人合力，共同促进人才培养质量的提升。

2. 自我治理质效评价的特点

自我治理质效评价是一个多维、多向度的体系，它要求学校从不同的角度来审视和分析学生参与社区管理的各个方面。这一评价体系不仅要准确反映自我治理的成效，还要为自我治理的改进提供指导与借鉴。以下特点展现了自我治理质效评价的特殊价值。

（1）体系化与多维度相结合。自我治理质效评价作为一个多维、多向度的体系，强调从多个角度审视和分析学生在社区管理中的参与情况。首先，体系化意味着评价的各个环节和要素都应有条不紊地结合在一起，形成一个完整的评价链条，包括学生的参与度、管理效果、育人环境等。其次，多维度体现在评价不仅关注学生个体的发展，还应关注其在团队中的角色和贡献。自我治理质效评价通过综合考虑学生在思想、行为、社交等多个方面的表现，能够更全面地反映自我治理的成效。这种结合不仅提升了评价的科学性和全面性，也为后续的教育改进提供了更精准的依据，从而有效推动学生的全面发展和社区管理的优化。

（2）定性评价与定量评价相结合。自我治理质效评价在实施过程中，需要将定性评价与定量评价相结合，以实现全面、客观的评价。定量评价可以通过问卷调查、数据统计等方式，提供学生参与度、满意度和管理效果等具体指标，便于量化分析和比较。而定性评价则通过访谈、案例分析等方式，深入了解学生的真实体验、感受和反馈，揭示评价背后的原因和脉络。这种结合使得评价不仅有数据的支持，更能全面反映学生自我治理的真实状态和潜在问题。因此，利用定性与定量相结合的方法，不仅提高了评价的可靠性，还增强了其对教育实践的指导意义。

（3）个体评价与整体评价相结合。自我治理质效评价在实施过程中，既要关注个体的成长与发展，也要考虑整体的效果与趋势。个体评价强调对每位学生在自我治理过程中的参与程度、能力提升和贡献进行细致分析，帮助学生明确自身的优势与不足，促进其个性化发展。整体评价则关注整个学生群体的表现和社区管理的成效，通过分析整体数据，发现普遍存在的问题与改进方向。个体评价与整体评价相结合，能够实现个体与集体的良性互动。通过这种双向评价机制，既能为学生提供针对性的指导，又能为高校的管理决策提供有力支持，从而形成良好的教育生态。

3. 自我治理质效评价的原则

为确保评价的客观、公正、有效，在开展自我治理质效评价时，必须坚持评价的基本原则，包括客观公正性、系统连贯性、精简高效性和复制推广性。

（1）客观公正性。自我治理质效评价的首要原则是客观公正性。这要求评价过程中的所有数据和信息都应基于事实，避免主观偏见和个人情感的干扰。通过建立透明的评价标准和程序，确保每位学生的表现和每个维度的质效都能得到公平评价。同时，采用多种方法收集数据，如问卷、访谈和观察，有效减少偏差，增强评价结果的可信度。只有在客观公正的基础上，评价才能真正反映学生自我治理的真实状况，并为后续的改进提供可靠依据。

（2）系统连贯性。这是自我治理质效评价的重要原则，它强调评价体系应具备内部一致性和逻辑性。评价的各个环节、指标和标准需要相互关联、协调一致，形成一个完整的评价链条。通过明确各个评价要素间的关系，评价过程的连贯性得到保障，各项指标能有效地反映学生在自我治理中的综合表现和自我治理对管理服务改善的综合影响。此外，系统连贯性还体现在评价结果的反馈机制上，确保各类评价信息能够及时传递给相关部门，以便于进行必要的改进和调整。

（3）精简高效性。自我治理质效评价还需坚持精简高效性原则，旨在减少不必要的复杂流程，提高评价的效率。通过明确核心评价指标和简化数据收集方法，可在较短时间内获取有效的信息，从而降低资源的消耗；采用数字化工具和自动化系统来处理评价数据，能够进一步提升效率，减少人为差错。同时，精简高效的评价流程使得学生和管理者更易于理解和参与，增强评价的可接受性和实用性，为自我治理的实施提供及时支持。

（4）复制推广性。这是自我治理质效评价不可或缺的原则。为确保评价体系的有效性与持续性，采用的方法和标准应具备可复制性，以便在不同的高校或社区中推广应用。这要求评价体系在设计时充分考虑不同环境和条件下的适应性，使其能够灵活调整，以符合各自的需求。同时，通过总结成功案例的经验，形成可供借鉴的评价模式，不仅能促进自身的改进，还能为其他教育机构提供实用的参考，推动整体教育质量的提升。

二、自我治理质效评价的指标体系构建

构建一个全面有效的自我治理质效评价指标体系,是"一站式"学生社区综合管理模式改革创新的重要支撑。科学、合理、系统的指标体系不仅能用于衡量自我治理的效果,更能推动高校人才培养模式改革和治理水平的高质量提升。

1. 指标选取原则

指标体系的构建复杂而精细,它要求我们科学合理地设计指标框架。在选择评价指标时,我们既要考虑指标选取的精准性、严谨性,也要考虑其可验性和实用性。因此,制定严格的指标选取原则,确保指标不偏离既定目标,对于保障评价体系的有效性和可靠性尤为重要。

(1)坚持以目标为导向。指标选取应紧密围绕自我治理的既定目标,确保所选指标能够有效反映学生参与社区管理的核心价值与成效,使评价结果符合"一站式"学生社区综合管理模式改革的价值取向。

(2)坚持客观公正。在指标选取过程中,需确保指标的客观性和公正性,避免主观偏见的影响,以确保评价结果真实可靠,能准确反映自我治理的实际情况。

(3)坚持实用可操作。所选指标应具备实用性和可操作性,明确指标定义和操作流程,表述清晰准确,确保在实际应用中能方便地收集和分析数据,使评价过程简单明了,易于理解,便于实施和管理。

(4)坚持系统全面与精简高效相结合。在构建指标体系时,应综合考虑多个维度,包含组织实施评价、学生自我管理能力和个人素养评价、育人环境评价等,确保系统全面,同时避免重复冗余,保持评价流程的精简高效,使其能快速响应实际需求。

(5)坚持普遍适用与个性化需求相结合。指标体系应具备普遍适用性,能够适应不同高校的共同需求,同时也应考虑个性化的特定需求,以兼顾各校的特色工作,更好地服务于各自的改革目标。

(6)坚持可持续发展。指标体系构建应具备一定的教育前瞻性,以及动态调整能力,以适应教育政策、环境的变化,确保评价指标能在一定程度上满足教育改革发展需求,能够在较长周期内稳定发挥作用,从而为高校人才培养和管理模式的持续改进提供有力支持。

2. 指标体系的逻辑基础

自我治理质效评价指标体系的构建，在理论上应形成整体性的分析框架，以目标为导向，明确质效评价重点，完善层层递进的逻辑架构。在实践中，高校应根据评价指标，对自我治理形成体系化、可直观、可量化的执行指引，明确实施自我治理的价值要求和绩效观察侧重点。通过理论与实践相互转化，形成"实践—评价—理论分析—改进提升—反馈—再实践"的作用闭环，持续校准自我治理的发展方向、提升治理效能，为"一站式"学生社区治理能力与水平赋能增效。

基于以上考虑，从政策网络理论视角出发，将自我治理视为政策网络的组成部分，并将其看作进驻队伍中的一支，以此进行分析和解释。网络视角有助于理解自我治理的主体与学生社区进驻队伍之间的关系、相互的作用和影响；也可将自我治理视为各类进驻力量的延伸手段，学校各级领导力量通过引导学生自我治理提升管理服务效能，从而影响育人成效。自我治理作为系统要素纳入政策网络的组织形态，并根据网络主体相互评价、反馈，作用于自我治理的提升发展，形成评价指标系统和行为解释框架。

3. 指标体系的功能框架

自我治理在学校事务参与中具有灵活性，可以多样的形式参与治理，但也需明确边界。以下将结合自我治理行为解释运行框架（图6-1）进行阐述。鉴于学生以学习为主要任务，且能力有限，学校领导及各级组织机构应在"问题呈现"阶段重点明确自我治理的参与形式、深度与需要解决的问题。在学生参与自我治理过程中，为了有效发挥自我治理效能，学校需要在"合理通行"阶段对学生进行赋能、赋权，建立自我治理组织、团队与其他组织、人员之间的紧密合作关系，然后在"合作生产"阶段各司其职、各显其能，有组织有计划地将管理、服务、思政教育落实落地。在实践中，自我治理的作用发挥与"关系处理"阶段的要素联系密切。"管理者"的科学指导规范，自我治理参与者的主动协调沟通，治理对象的接受度、满意度等，都深刻影响自我治理的成效和发展。衡量自我治理的核心绩效是学生素质提升情况和育人环境改善情况，对其展开评价决定了自我治理的价值意义。结合对"自我治理组织实施"的评价，在"动态反馈"阶段，总结上一阶段实践的经验、教训、成效与不足。通过体制机制的进一步完善，各级组织针对新的发展要求，不断提高自我治理水平。上一阶段的问题、不足将进入新的"问题呈现"阶段，开启新一阶段的实践。

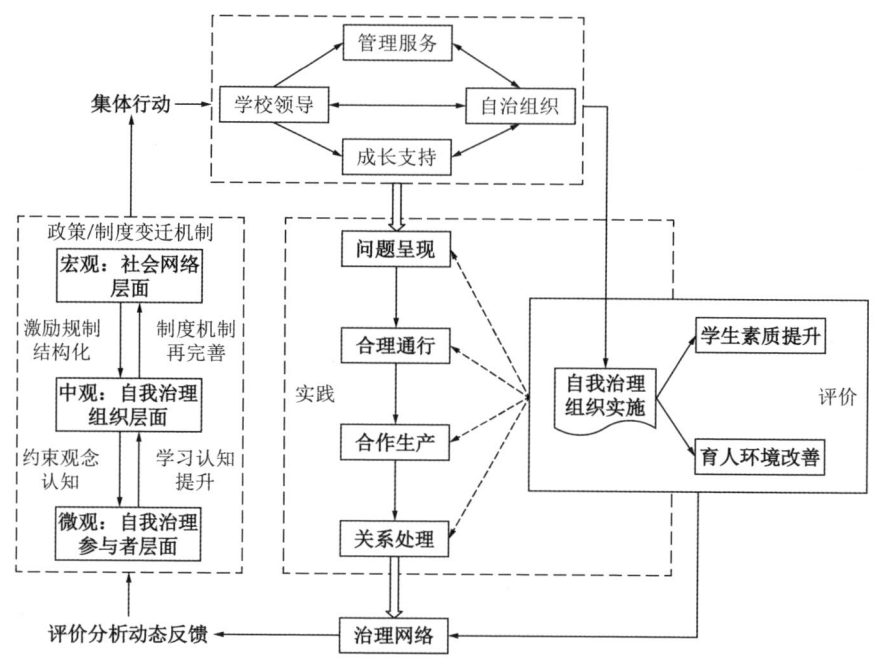

图 6-1 自我治理行为解释运行框架

4. 指标体系的构建方法

从理论上来讲，自我治理质效评价指标体系的构建基于政策网络理论，采用德尔菲法，通过问卷调查和专家咨询，对指标体系进行实证分析与系统验证，筛选关键绩效指标，最终确定满足信度、效度与解释力的自定性质效评价指标体系。但在实际操作中，可依据学生社区建设的不同发展阶段和建设目标，进行选择性评价，根据观测点内容自行设定具体量化指标，通过问卷调查、一对一深度访谈、问询等方式收集数据，即可对自我治理的绩效进行综合评价。

5. 指标体系的基本架构

自我治理质效评价指标体系的基本框架是构建具化指标矩阵的总设计图，发挥总纲作用。它决定了评价的具体结构，锁定了评价的总方向。

（1）评价主体与对象。开展评价工作，必然存在评价主体和对象。评价主体是实施评价行为的发起者、推动者、执行者，决定了评价的内容、标准、范围和手段，在自我治理与服务学生成长成才质效评价中居主导地位。评价对象是评价行为的主要目标群体或事项。自我治理与服务学生成长成才质效评价主体通常为教育者、管理者，可以是具体负责"一站式"学生社区综合管理模式建设的部门，或学校相关管理单位、教师团队、科研项目团队等，也可以是校外教育主管部门、第三方评测机构、行业协会，以及关注学校发展的社会人士，他们存在发起此项评价的动因。若多主体参与评价实施，则有助于强化评价的规范性、公正性和可靠性，提升评价结果信度。自我治理与服务学生成长成才质效评价对象主要是学生自我治理的组织者、参与自我治理的学生、学生自我治理参与的管理服务事项，以及"一站式"学生社区整体环境，包含了采集信息的主要方面。

（2）评价指标筛选。本书参考《高校"一站式"学生社区综合管理模式建设提质增效指南》（第一版）自我治理的指标内涵及观测重点，网络调研兄弟院校关于自我治理的经验做法，选取归纳关键要素，梳理自我治理质效评价指标，采用德尔菲法，通过专家咨询，确定3个一级系统指标、7个二级维度指标、21个三级观测点指标，构成自我治理与服务学生成长成才质效评价指标，如表6-1所示。

（3）指标体系构建。一级系统指标包括自我治理的组织实施、学生素质提升度、育人环境改善度。每个一级指标下，进一步细化为二级维度指标、三级观测点指标。下级指标是对上级指标的分解和细化，每个三级指标下应根据指标项的实际情况，具体采用问卷调查、访谈、数据汇总统计等措施来搜集数据。

自我治理的组织实施指标，主要观测评价学生自我治理是否管理有序、制度明晰，以及学生参与度的情况。

学生素质提升度指标，主要观测评价参与自我治理对学生个人能力和素质的提升情况，以及通过学生自我治理对提升学生社区整体学生素质的作用如何。

育人环境改善度指标，主要从学生社区管理工作和服务工作的改善度两个维度进行观测，从制度合理性、信息公开度、传达率、沟通效率、违纪发生率、诉求响应度、服务满意度等方面来评价学生自我治理对改善学校管理服务工作的作用。

表6-1 自我治理与服务学生成长成才质效评价指标

一级指标	二级指标	三级指标
自我治理的组织实施	组织架构清晰度	管理层级数量
		制度类别与数量
	形式多样性	组织形式数量
		参与事项数

（续表）

一级指标	二级指标	三级指标
自我治理的组织实施	学生参与度	学生参与决策数
		学生参与自我治理的人数
		各组织、各事项的工作团队中，学生占比
学生素质提升度	参与自我治理的学生素质提升度	自我认知
		他人评价
	学生社区整体学生素质提升度	学生自我评价
		管理服务相关方评价
育人环境改善度	学生社区管理工作的改善度	制度健全与合理度
		信息传达率
		信息公开度
		执行偏差率
		沟通协调顺畅度
		违纪发生率
	学生社区服务工作的改善度	活动丰富度
		设施设备改善度
		诉求响应度
		服务满意度

各级指标及其具体观测点为评价提供了可量化、可操作的评价点，构建了一个全面、多维度的评价体系，为准确评价自我治理效果提供了科学依据。

三、自我治理质效评价体系的运行模式

（一）评价实施流程

1. 准备阶段

确定评价目标：明确自我治理与服务学生成长成才质效评价的具体目标，包括提

高学生参与度、改善服务质量等。

组建评价团队：由教育者、管理者、学生代表及第三方评价机构组成评价团队，确保评价的专业性与公正性。

2. 实施阶段

指标体系的学习与培训：对参与评价的各方进行指标体系的培训，确保每个人都理解评价的目的、方法及重要性。

数据收集：通过问卷、访谈、案例分析、征集汇总等方式收集评价数据，确保数据的全面性和代表性。

3. 分析阶段

数据整理与分析：将收集的数据进行整理，运用定量和定性分析方法进行深入分析，形成初步的评价结果。

召开评价意见征询会：邀请评价团队成员和相关利益方代表召开评价意见征询会，分享初步分析结果，广泛征求意见。

4. 报告阶段

撰写综合评价报告：根据分析结果，撰写包含定量数据、定性反馈及改进建议的综合评价报告。

评价结果应用：根据评价结果的使用价值，将其定向发送至相应的受众群体。面向相关管理层发布评价结果，以进一步提升自我治理的成效；面向参与自我治理的学生发布评价结果，使其认识自身的成绩与不足，激发其持续参与的热情；面向全体师生员工发布评价结果，帮助其了解自我治理实施成效，引导更多力量关注、支持学生参与自我治理。

5. 改进阶段

制定改进方案：在"一站式"学生社区整体评价工作的框架下，根据评价结果和反馈意见，制定针对性的改进方案，按需明确落实责任与时间表。

跟踪评价：在实施改进方案后，定期开展跟踪评价，评价改进措施的有效性，并及时调整。

（二）评价体系的持续优化

1. 定期评审与调整

建立定期评审调整机制，定期对评价指标体系进行审查与调整，确保其适应性与有效性。根据实际情况，灵活调整指标，以反映新的管理需求和学生发展需求。

2. 参与多方反馈

鼓励学生、教师及管理者积极参与反馈，定期举办座谈会，了解各方对于自我治理的看法与建议，确保评价的全面性与公正性。

3. 创新与学习

积极借鉴国内外高校在自我治理质效评价方面的先进经验与做法，结合本校实际，不断创新评价方法与工具，提升评价的科学性与有效性。

四、自我治理质效评价的提升策略

在高校"一站式"学生社区建设中，自我治理质效评价是确保社区综合管理模式创新发展和有效运作的重要环节。自我治理质效评价需要紧密围绕立德树人的根本任务。各高校应明确自我治理的目标是培养学生的德育素养，将社会主义核心价值观根植于学生思想、品德和行为中。因此，评价指标应强化学生的道德认知、行为规范和社会责任意识。自我治理质效评价的组织实施和结果运用应坚持价值引领。高校通过将社会主义核心价值观融入自我治理的各个环节，增强学生的价值观认同与内化；在评价机制上鼓励学生积极参与社区治理，通过自我管理与互助合作，营造积极向上的社区氛围。积极融合数字化手段是提升自我治理质效评价效能的重要策略。高校可以运用信息技术建立数据平台，实时收集学生反馈和社区活动数据，通过大数据分析评价自我治理的效果。这不仅可以提高评价的效率和准确性，还能及时发现问题并进行调整，推动自我治理的持续优化。

在"党建引领、管理协同、队伍入驻、服务下沉、文化浸润、自我治理"六大板块中，自我治理与其他五大板块紧密关联，形成了一个动态、互动的整体。党建引领为自我治理提供了精神指引，管理协同增强了自我治理的协同性和执行力，队伍入驻为自我治理提供了更大范围的思政力量支持，服务下沉为自我治理搭建了更广阔的服务平台，文化浸润则丰富了学生的校园生活与价值体验。高校通过建立跨领域的协作沟通机制，确保自我治理质效评价与各板块质效评价相互关联，从而形成合力，提升"一站式"学生社区的综合育人效能。

第七章

质效评价体系运行模式探究及未来研究展望

以学生成长为中心：
高校"一站式"学生社区综合管理
育人质效评价研究

> 面对新时代教育发展的新要求与新挑战，对于"一站式"学生社区综合管理模式的研究应立足现有实践基础，聚焦核心问题，探索更具前瞻性、系统性和实操性的发展方向。随着人工智能等技术的飞速发展，我们还需进一步探索新形势下学生社区管理的新变化、新方法。因此，高校"一站式"学生社区管理的育人模式在未来还具有更大的研究空间。
>
> 本书前六章从党建引领、管理协同、队伍进驻、服务下沉、文化浸润、自我治理六个维度，构建了全方位、多层次、系统化的学生教育服务体系，并对每个维度的质效评价进行了系统分析和指标设定。本章以"第三章 队伍进驻：增强学生成长成才支持度"为基础，具体分析队伍进驻质效评价体系的运行模式，为"一站式"学生社区综合管理模式中其他维度质效评价体系的构建提供思路。

一、质效评价体系运行模式探究——以队伍进驻指标体系为例

本书在第三章中对队伍进驻维度的指标内涵及观测重点进行了归纳整理，选取了关键要素，梳理了队伍进驻质效评价的自定指标。本章在此基础上采用德尔菲法，通过专家咨询，构建队伍进驻质效评价指标体系。

（一）德尔菲专家咨询法

1. 专家甄选

在构建队伍进驻质效评价指标体系过程中，课题组甄选了8位专家作为咨询对象。甄选标准包括以下三个方面：一是具有4年及以上的高校学生工作实践经验；二是曾参与省市级及以上关于高校"一站式"学生社区建设的课题研究，具有较高学术水平；三是自愿并积极完成两轮咨询。

2. 咨询过程

课题组通过"问卷星"生成的电子问卷咨询专家意见。第一轮咨询没有设置任何限制和说明，专家凭各自理解和经验对指标的重要性进行独立打分。重要性评价采用李克特量表进行计分，分为非常重要（5分）、重要（4分）、一般（3分）、不重要（2分）和非常不重要（1分）五个评价等级，每级指标后均设置"修改意见"栏，用于收集专家对指标增减的意见。第二轮咨询内容主要是将第一轮咨询结果的统计数据反馈给专

家，并对指标体系的构建思路和运行框架，以及7个维度之间的逻辑关系和指标做出解释和说明，由专家进行第二轮打分。

课题组对第二轮专家打分结果进行统计分析，根据变异系数（CV）和肯德尔协调系数（W）来判定和协调专家对各指标的协调程度，以确保专家意见的一致性和集中性，对表述不清晰的指标进行修改完善，删除不符合变异系数要求的指标，保留专家意见集中度和一致性较高的指标，综合专家意见增加或替代相应指标等。

变异系数是各指标的标准差与平均值的比值，该值越小，表明专家意见的集中程度越高。通常来说，变异系数小于0.25被认为是可接受的范围。肯德尔协调系数的取值区间为（0，1），W值越大，表明专家意见的协调程度越高。

（二）指标确认及权重确定

1. 第一轮专家咨询数据分析

课题组分别对二级指标权重和三级指标权重进行统计分析。二级指标权重的专家咨询结果显示，肯德尔协调系数（W）值为0.659（表7-1），说明专家一致性程度较强。指标筛选的CV值小于0.25（表7-2），各指标变异系数CV值也小于0.25（表7-3），说明专家意见集中程度较高。应用层次分析法（analytic hierarchy process，AHP）对7项二级指标的重要性通过判断矩阵进行两两比较（表7-4），从而确定二级指标权重（表7-5）。接着，进行一致性检验（表7-6），针对7阶判断矩阵计算得到CI值为0.000，查表确定RI值为1.360，计算得到CR值为0.000，小于0.1，意味着该判断矩阵满足一致性检验，计算所得权重具有一致性。

表 7-1　肯德尔协调系数 W 检验

评价项数量	W	统计量X^2值	p值
7	0.659	7.909	0.245

表 7-2　评价指标筛选界值

项	平均值	标准差	界值
算术平均值	4.571	0.756	3.815
变异系数CV值	0.102	0.140	0.242
满分频率	71.429%	39.340%	32.089%

表 7-3 第一轮专家意见集中程度及指标变异系数

项	平均值	标准差	变异系数CV
质量指标	5.000	0.000	0.000
满意度指标	5.000	0.000	0.000
效益指标	5.000	0.000	0.000
关系指标	4.500	0.707	0.157
结构指标	3.500	0.707	0.202
功能指标	5.000	0.000	0.000
规模指标	4.000	0.707	0.179

表 7-4 7项二级指标重要性判断矩阵

AHP 层次分析判断矩阵								
平均值	项	质量指标	满意度指标	效益指标	关系指标	结构指标	功能指标	规模指标
5.000	质量指标	1	1	1	1.111	1.429	1	1.250
5.000	满意度指标	1	1	1	1.111	1.429	1	1.250
5.000	效益指标	1	1	1	1.111	1.429	1	1.250
4.500	关系指标	0.900	0.900	0.900	1	1.286	0.900	1.125
3.500	结构指标	0.700	0.700	0.700	0.778	1	0.700	0.875
5.000	功能指标	1	1	1	1.111	1.429	1	1.250
4.000	规模指标	0.800	0.800	0.800	0.889	1.143	0.800	1

表 7-5 7项二级指标权重

AHP 层次分析结果				
项	特征向量	权重值	最大特征值	CI值
质量指标	1.094	15.625%		
满意度指标	1.094	15.625%		
效益指标	1.094	15.625%		
关系指标	0.984	14.063%	7.000	0.000
结构指标	0.766	10.938%		
功能指标	1.094	15.625%		
规模指标	0.875	12.500%		

表 7-6　判断矩阵一致性检验

一致性检验结果汇总				
最大特征根	CI值	RI值	CR值	一致性检验结果
7.000	0.000	1.360	0.000	通过

三级指标权重的专家咨询结果显示肯德尔协调系数（W）值偏低（表 7-7），仅为 0.232，介于 0.2~0.4，说明专家评价一致性程度一般；指标筛选的CV值小于 0.25（表 7-8），说明专家意见集中程度较高。"队伍实践锻炼情况 C5"指标的CV值大于 0.25，不符合变异系数可接受的区间要求，因此删除该指标。专家提出，"成员间资源依赖关系 C38"和"调动校内外资源的集成能力 C52"略微接近，建议将"调动校内外资源的集成能力 C52"代替"成员间资源依赖关系 C38"。专家建议将"学生学业发展指导次数 C74"放在"专业指导（科研训练、技能实训、项目实践、学业发展指导等）指导次数 C70"指标中予以考量。有 5 名专家认为有部分指标内容重叠，建议将"服务的有效性分布 C1""综合服务的供给水平 C10""解决问题的能力 C15""队伍进驻成本 C17""服务重叠率低 C19""标志性成果（社区育人品牌）建设情况 C26""扶持联动情况 C27""成员间配合程度 C30""队伍的持久性与稳定性 C40""主体目标一致性 C42""交流咨询情况 C45""进驻资源可获得性 C49""进驻资源合理性分布 C51""可信承诺情况 C58""建立活跃联动机制的情况 C61""本部门组成进驻人员数量 C64"这几项指标删除。另外，专家建议将表述不清晰的指标"队伍合作的创新性、灵活性 C7"修改为"队伍合作保持灵活性与创新性 C7"。课题组吸纳上述所有专家意见，形成队伍进驻质效评价指标新问卷，再进行第二轮专家咨询。

表 7-7　肯德尔协调系数 W 检验

评价项数量	W	统计量X^2值	p值
74	0.232	67.855	0.648

表 7-8　评价指标筛选界值

项	平均值	标准差	界值
算术平均值	4.409	0.688	3.721
变异系数CV值	0.162	0.057	0.219
满分频率（%）	52.365	17.638	34.727

2. 第二轮专家咨询数据分析

三级指标权重的专家咨询结果显示，肯德尔协调系数（W）值（表 7-9）介于 0.4～0.6，专家意见一致性程度中等。但由于评价者数量较少，因此，统计检验未能达到显著性（$p = 0.679$）。58 个三级指标对应的变异系数（CV）值（表 7-10），全部介于 0.105～0.225，小于 0.25，专家意见的集中度和一致性较高，均可以保留。应用层次分析法对 58 个三级指标的重要性做出两两比较，通过判断矩阵和赋值均数来确定指标权重（表 7-11）。接着，进行一致性检验（表 7-12），针对 58 阶判断矩阵计算得到 CI 值为 0.000，查表确定 RI 值为 1.713，计算得到 CR 值为 0.000，小于 0.1，意味着该判断矩阵满足一致性检验，计算所得权重具有一致性。

表 7-9　肯德尔协调系数 W 检验

评价项数量	W	统计量 X^2 值	p 值
58	0.413	48.587	0.679

表 7-10　第二轮专家咨询各指标变异系数

项	平均值	标准差	变异系数 CV
1. 常态化交流互动机制建立情况 C2	4.500	0.577	0.128
1. 学校党委重视程度 C3	4.750	0.500	0.105
1. 社区安全情况 C4	4.750	0.500	0.105
1. 学生对是否解决社区安全问题的感知 C5	4.750	0.500	0.105
1. 解决涉及学生思想、学习、生活、发展等实际问题的能力 C6	4.750	0.500	0.105
1. 队伍合作保持灵活性与创新性 C7	4.250	0.500	0.118
1. 专业队伍入驻情况 C8	4.250	0.500	0.118
1. 公共设施开放与维护情况 C9	4.750	0.500	0.105
2. 在校生、毕业生满意度 C11	4.750	0.500	0.105
2. 成员间信息动态反馈效率 C12	4.500	0.577	0.128
2. 为成员行为选择提供的合理预期情况 C13	4.500	0.577	0.128
2. 学生诉求信息反馈率 C14	4.500	0.577	0.128
2. 发生问题的概率的变化 C16	4.500	0.577	0.128
3. 服务提供的范围 C18	4.750	0.500	0.105
3. 专项业务经费 C20	4.500	1.000	0.222
3. 政策扶持力度 C21	4.250	0.957	0.225

（续表）

项	平均值	标准差	变异系数CV
3. 满足和回应学生的需求和期待的专题会议或协调次数 C22	4.750	0.500	0.105
3. 支撑学校人才培养的贡献度 C23	4.500	0.577	0.128
3. 推动形成学校特色系列社区育人品牌的政策、制度、标准的贡献度 C24	4.500	0.577	0.128
3. 标志性成果可持续影响的时间（以年为单位）C25	4.500	0.577	0.128
4. 成员互动关系的强弱变化 C28	4.500	0.577	0.128
4. 制度规范力度 C29	4.500	0.577	0.128
4. 成员间沟通交流情况 C31	4.250	0.957	0.225
4. 按照优先级序列满足学生需求的情况 C33	4.250	0.957	0.225
4. 参与社区建设的程度的变化 C34	4.500	0.577	0.128
4. 领导力量对社区组织服务的整合程度 C35	4.500	1.000	0.222
4. 问题解决的系统性计划 C36	4.500	1.000	0.222
4. 进驻队伍成员对"一站式"社区育人理念的主动理解程度 C37	4.250	0.957	0.225
4. 社区资源系列项目、服务的集合程度 C39	4.500	1.000	0.222
5. 各成员主体利益的联结情况 C41	4.500	0.577	0.128
5. 信息化技术人才队伍建设 C43	4.000	0.816	0.204
5. 成立学生社区管理中心（工作办公室）等主管业务部门 C44	4.500	0.577	0.128
5. 事务转介的规范程度 C46	4.000	0.816	0.204
5. 成员间合作程度 C47	4.250	0.500	0.118
5. 成员间信息共享的便捷程度 C48	4.750	0.500	0.105
6. 部门主动挖掘并充分利用社区资源的情况 C50	4.250	0.957	0.225
6. 调动校内外资源的集成能力 C52	4.000	1.155	0.230
6. 明确岗位责任清单 C53	4.500	0.577	0.128
6. 提升进驻队伍专业化能力和水平的情况 C54	4.500	0.577	0.128
6. 队伍教育培训次数 C55	4.750	0.500	0.105
6. 队伍交流研讨频率 C56	4.250	0.957	0.225
6. 相互监督反馈情况 C59	4.250	0.957	0.225
6. 进驻工作嵌入部门业务程度 C60	4.500	0.577	0.128
6. 新增经常性的活动及活跃人员的数量 C62	4.000	0.816	0.204
7. 活跃参与具体事务、活动的比例的变化 C63	4.500	0.577	0.128

（续表）

项	平均值	标准差	变异系数CV
7. 校院领导下沉次数 C65	4.500	0.577	0.128
7. 思政教师与学生互动交流次数 C66	4.250	0.957	0.225
7. 专家（学术名家、行业专家等）指导频率 C67	4.000	0.816	0.204
7. 党政团干部下沉次数 C68	4.500	0.577	0.128
7. 专任教师与学生面对面交流次数 C69	4.250	0.957	0.225
7. 专业指导（科研训练、技能实训、项目实践、学业发展指导等）指导次数 C70	4.250	0.957	0.225
7. 生涯规划指导次数 C71	4.250	0.957	0.225
7. 心理辅导次数 C72	4.000	0.816	0.204
7. 主题讲座或沙龙分享次数 C73	4.250	0.957	0.225
7. 安全教育频率 C75	4.250	0.957	0.225
7. 投放聚焦最需要解决的问题和最迫切需求的注意力 C76	4.750	0.500	0.105
7. 选择性支持（授予荣誉称号等）的情况 C77	4.000	0.816	0.204
7. 校内外资源（专业化育人资源等）的引入情况 C78	4.000	0.816	0.204

表 7-11　第二轮专家咨询 58 项指标权重

AHP 层次分析结果				
项	特征向量	权重值	最大特征值	CI值
1. 常态化交流互动机制建立情况 C2	1.024	1.765%		
1. 学校党委重视程度 C3	1.080	1.863%		
1. 社区安全情况 C4	1.080	1.863%		
1. 学生对是否解决社区安全问题的感知 C5	1.080	1.863%		
1. 解决涉及学生思想、学习、生活、发展等实际问题的能力 C6	1.080	1.863%		
1. 队伍合作保持灵活性与创新性 C7	0.967	1.667%		
1. 专业队伍入驻情况 C8	0.967	1.667%	58.000	0.000
1. 公共设施开放与维护情况 C9	1.080	1.863%		
2. 在校生、毕业生满意度 C11	1.080	1.863%		
2. 成员间信息动态反馈效率 C12	1.024	1.765%		
2. 为成员行为选择提供的合理预期情况 C13	1.024	1.765%		
2. 学生诉求信息反馈率 C14	1.024	1.765%		
2. 发生问题的概率的变化 C16	1.024	1.765%		

（续表）

AHP 层次分析结果				
项	特征向量	权重值	最大特征值	CI值
3. 服务提供的范围 C18	1.080	1.863%	58.000	0.000
3. 专项业务经费 C20	1.024	1.765%		
3. 政策扶持力度 C21	0.967	1.667%		
3. 满足和回应学生的需求和期待的专题会议或协调次数 C22	1.080	1.863%		
3. 支撑学校人才培养的贡献度 C23	1.024	1.765%		
3. 推动形成学校特色系列社区育人品牌的政策、制度、标准的贡献度 C24	1.024	1.765%		
3. 标志性成果可持续影响的时间（以年为单位）C25	1.024	1.765%		
4. 成员互动关系的强弱变化 C28	1.024	1.765%		
4. 制度规范力度 C29	1.024	1.765%		
4. 成员间沟通交流情况 C31	0.967	1.667%		
4. 按照优先级序列满足学生需求的情况 C33	0.967	1.667%		
4. 参与社区建设的程度的变化 C34	1.024	1.765%		
4. 领导力量对社区组织服务的整合程度 C35	1.024	1.765%		
4. 问题解决的系统性计划 C36	1.024	1.765%		
4. 进驻队伍成员对"一站式"社区育人理念的主动理解程度 C37	0.967	1.667%		
4. 社区资源系列项目、服务的集合程度 C39	1.024	1.765%		
5. 各成员主体利益的联结情况 C41	1.024	1.765%		
5. 信息化技术人才队伍建设 C43	0.910	1.569%		
5. 成立学生社区管理中心（工作办公室）等主管业务部门 C44	1.024	1.765%		
5. 事务转介的规范程度 C46	0.910	1.569%		
5. 成员间合作程度 C47	0.967	1.667%		
5. 成员间信息共享的便捷程度 C48	1.080	1.863%		
6. 部门主动挖掘并充分利用社区资源的情况 C50	0.967	1.667%		
6. 调动校内外资源的集成能力 C52	0.910	1.569%		
6. 明确岗位责任清单 C53	1.024	1.765%		
6. 提升进驻队伍专业化能力和水平的情况 C54	1.024	1.765%		
6. 队伍教育培训次数 C55	0.910	1.569%		
6. 队伍交流研讨频率 C56	0.967	1.667%		
6. 相互监督反馈情况 C59	0.967	1.667%		

（续表）

AHP 层次分析结果				
项	特征向量	权重值	最大特征值	CI值
6. 进驻工作嵌入部门业务程度 C60	1.024	1.765%	58.000	0.000
6. 新增经常性的活动及活跃人员的数量 C62	0.910	1.569%		
7. 活跃参与具体事务、活动的比例的变化 C63	1.024	1.765%		
7. 校院领导下沉次数 C65	1.024	1.765%		
7. 思政教师与学生互动交流次数 C66	0.967	1.667%		
7. 专家（学术名家、行业专家等）指导频率 C67	0.910	1.569%		
7. 党政团干部下沉次数 C68	1.024	1.765%		
7. 专任教师与学生面对面交流次数 C69	0.967	1.667%		
7. 专业指导（科研训练、技能实训、项目实践、学业发展指导等）指导次数 C70	0.967	1.667%		
7. 生涯规划指导次数 C71	0.967	1.667%		
7. 心理辅导次数 C72	0.910	1.569%		
7. 主题讲座或沙龙分享次数 C73	0.967	1.667%		
7. 安全教育频率 C75	0.967	1.667%		
7. 投放聚焦最需要解决的问题和最迫切需求的注意力 C76	1.080	1.863%		
7. 选择性支持（授予荣誉称号等）的情况 C77	0.910	1.569%		
7. 校内外资源（专业化育人资源等）的引入情况 C78	0.910	1.569%		

表 7-12　判断矩阵一致性检验

一致性检验结果汇总				
最大特征根	CI值	RI值	CR值	一致性检验结果
58.000	0.000	1.713	0.000	通过

（三）构建层次结构模型及评价指标体系

课题组将"队伍进驻质效评价"作为决策目标层，将社区网络层面、组织间层面、组织行动者层面共3个一级指标作为系统层，将质量维度、满意度维度、效益维度、关系维度、结构维度、功能维度、规模维度共7个二级指标作为要素层，将58个三级指标作为指标层，构建队伍进驻质效评价层次结构模型（图7-1）。在此基础上，课题组完成了队伍进驻质效评价指标体系的构建（表7-13）。

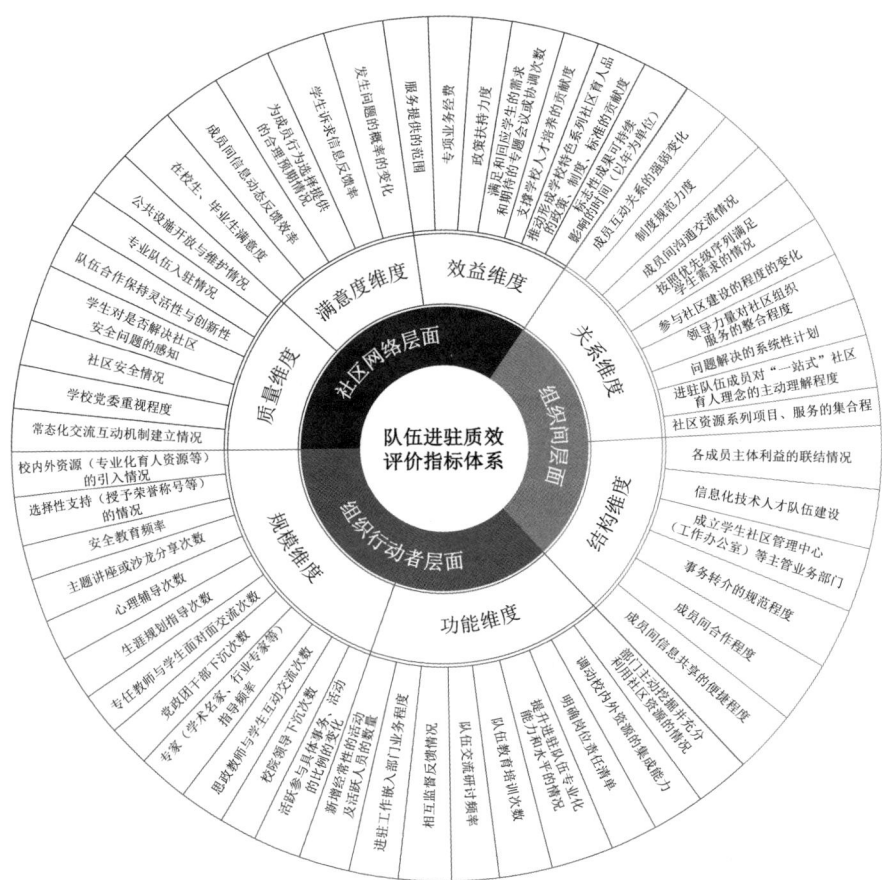

图 7-1 队伍进驻质效评价层次结构模型

表 7-13 队伍进驻质效评价指标体系

一级指标	二级指标	二级指标权重	三级指标	三级指标权重
系统层	要素层		指标层	
社区网络层面 A1	质量维度 B1	15.625%	1. 常态化交流互动机制建立情况 C2	1.765%
			1. 学校党委重视程度 C3	1.863%
			1. 社区安全情况 C4	1.863%
			1. 学生对是否解决社区安全问题的感知 C5	1.863%
			1. 解决涉及学生思想、学习、生活、发展等实际问题的能力 C6	1.863%
			1. 队伍合作保持灵活性与创新性 C7	1.667%
			1. 专业队伍入驻情况 C8	1.667%
			1. 公共设施开放与维护情况 C9	1.863%

（续表）

一级指标 系统层	二级指标 要素层	二级指标权重	三级指标 指标层	三级指标权重
社区网络层面 A1	满意度维度 B2	15.625%	2. 在校生、毕业生满意度 C11	1.863%
			2. 成员间信息动态反馈效率 C12	1.765%
			2. 为成员行为选择提供的合理预期情况 C13	1.765%
			2. 学生诉求信息反馈率 C14	1.765%
			2. 发生问题的概率的变化 C16	1.765%
	效益维度 B3	15.625%	3. 服务提供的范围 C18	1.863%
			3. 专项业务经费 C20	1.765%
			3. 政策扶持力度 C21	1.667%
			3. 满足和回应学生的需求和期待的专题会议或协调次数 C22	1.863%
			3. 支撑学校人才培养的贡献度 C23	1.765%
			3. 推动形成学校特色系列社区育人品牌的政策、制度、标准的贡献度 C24	1.765%
			3. 标志性成果可持续影响的时间（以年为单位）C25	1.765%
组织间层面 A2	关系维度 B4	14.063%	4. 成员互动关系的强弱变化 C28	1.765%
			4. 制度规范力度 C29	1.765%
			4. 成员间沟通交流情况 C31	1.667%
			4. 按照优先级序列满足学生需求的情况 C33	1.667%
			4. 参与社区建设的程度的变化 C34	1.765%
			4. 领导力量对社区组织服务的整合程度 C35	1.765%
			4. 问题解决的系统性计划 C36	1.765%
			4. 进驻队伍成员对"一站式"社区育人理念的主动理解程度 C37	1.667%
			4. 社区资源系列项目、服务的集合程度 C39	1.765%
	结构维度 B5	10.938%	5. 各成员主体利益的联结情况 C41	1.765%
			5. 信息化技术人才队伍建设 C43	1.569%
			5. 成立学生社区管理中心（工作办公室）等主管业务部门 C44	1.765%
			5. 事务转介的规范程度 C46	1.569%
			5. 成员间合作程度 C47	1.667%
			5. 成员间信息共享的便捷程度 C48	1.863%

（续表）

一级指标 系统层	二级指标 要素层	二级指标权重	三级指标 指标层	三级指标权重
组织行动者层面 A3	功能维度 B6	15.625%	6. 部门主动挖掘并充分利用社区资源的情况 C50	1.667%
			6. 调动校内外资源的集成能力 C52	1.569%
			6. 明确岗位责任清单 C53	1.765%
			6. 提升进驻队伍专业化能力和水平的情况 C54	1.765%
			6. 队伍教育培训次数 C55	1.569%
			6. 队伍交流研讨频率 C56	1.667%
			6. 相互监督反馈情况 C59	1.667%
			6. 进驻工作嵌入部门业务程度 C60	1.765%
			6. 新增经常性的活动及活跃人员的数量 C62	1.569%
	规模维度 B7	12.500%	7. 活跃参与具体事务、活动的比例的变化 C63	1.765%
			7. 校院领导下沉次数 C65	1.765%
			7. 思政教师与学生互动交流次数 C66	1.667%
			7. 专家（学术名家、行业专家等）指导频率 C67	1.569%
			7. 党政团干部下沉次数 C68	1.765%
			7. 专任教师与学生面对面交流次数 C69	1.667%
			7. 专业指导（科研训练、技能实训、项目实践、学业发展指导等）指导次数 C70	1.667%
			7. 生涯规划指导次数 C71	1.667%
			7. 心理辅导次数 C72	1.569%
			7. 主题讲座或沙龙分享次数 C73	1.667%
			7. 安全教育频率 C75	1.667%
			7. 投放聚焦最需要解决的问题和最迫切需求的注意力 C76	1.863%
			7. 选择性支持（授予荣誉称号等）的情况 C77	1.569%
			7. 校内外资源（专业化育人资源等）的引入情况 C78	1.569%

二、未来展望：关于开展数智时代的探索与实践研究设想

在新时代高等教育改革的背景下，高校"一站式"学生社区建设作为落实立德树人这一根本任务的关键举措，已成为高校思想政治工作和学生管理的核心。教育部及上海教育大会等均强调"以学生成长为中心"，推动"三全育人"综合改革，构建新时代育人新生态。数智时代的大数据、人工智能等技术为学生社区管理育人提供了新手段，提升了育人工作的科学性与精准性。然而，当前高校"一站式"学生社区建设仍面临育人主体协同不足、力量下沉不够、资源支持欠缺、机制待完善等挑战，育人作用未达预期。因此，开展高校"一站式"学生社区育人质效评价的实证研究，是落实相关精神、推动学生社区高质量发展的关键。

在研究内容上，我们将继续聚焦高校"一站式"学生社区育人质效评价这一主题，进一步深化实证研究，聚焦数智时代高校"一站式"学生社区育人质效评价的理论与实践。我们将构建一个科学、系统、全面的高校"一站式"学生社区育人质效评价理论框架与实践体系，运用大数据分析、计量统计等方法，对指标体系进行优化与验证，确保评价体系的科学性与有效性。

我们将开发一个针对高校"一站式"学生社区育人的大数据分析系统。该系统将与优化后的评价指标体系紧密结合，确保数据采集与分析精准服务于育人质效的评估。该系统将整合学生社区的各类数据资源，包括学生基本信息、学习行为数据、活动参与数据、心理健康数据等，通过数据挖掘和分析技术，实现对学生社区育人过程和效果的实时监测与评估。同时，该系统将具备强大的可视化功能，能够以直观的图表、报表、动态仪表盘等形式实时呈现数据分析结果，为高校管理者和教育工作者提供清晰、直观的决策支持。这将使育人成效和问题"看得见""摸得着"，便于及时调整和优化育人策略。

我们将紧密结合教育部关于高校"一站式"学生社区建设的要求和指导精神，探索如何将研究成果与教育部的"一站式"学生社区建设平台进行积极对接和融合。期待通过委托立项、联合研发等形式，与教育部"一站式"学生社区建设平台开展深度协同合作，将本书构建的评价理论、指标体系以及大数据分析系统等成果纳入平台的建设与运营体系中，为高校打造一个更加全面、高效、便捷的"一站式"学生社区育人综合服务平台。

研究成果将以专著、指标体系、数据系统等多种形式呈现，紧密契合教育部及上

海教育大会提出的深化"三全育人"综合改革、构建新时代思想政治教育体系的要求，助力高校完善立德树人长效机制，推动育人工作高质量发展，为新时代高校育人模式改革提供有益参考，为构建高质量教育体系贡献力量。

三、结语：持续深化的育人实践哲学

未来的研究应始终坚持"以学生成长为中心"的核心理念，在方法论层面倡导实证研究与行动研究相结合，在价值层面坚守教育规律与人的全面发展相统一，使"一站式"学生社区真正成为新时代高等教育改革的创新试验田与育人共同体。通过持续深化理论探索与实践创新，最终形成具有中国特色的高校育人新模式，为全球高等教育治理贡献中国智慧。